光尘
LUXOPUS

LES FILLES ET LEURS MÈRES

母亲与女儿

ALDO NAOURI

[法] 阿尔多·纳乌里 著　　李学梅 译

生活·讀書·新知 三联书店 生活書店出版有限公司

图书在版编目（CIP）数据

母亲与女儿 / (法) 阿尔多·纳乌里著；李学梅译
. — 2版. — 北京：生活书店出版有限公司，2022.3
ISBN 978-7-80768-336-0

Ⅰ. ①母… Ⅱ. ①阿… ②李… Ⅲ. ①亲子关系–家庭教育 Ⅳ. ①G782

中国版本图书馆CIP数据核字(2022)第045507号

策划编辑 李　娟
执行策划 邓佩佩
责任编辑 杨学会
特约编辑 袁晓芳
出版统筹 慕云五　马海宽
封面设计 潘振宇
封面插画 芊　祎
责任印制 孙　明
出版发行 生活書店出版有限公司
（北京市东城区美术馆东街22号）
图　　字 01–2022–0921
邮　　编 100010
印　　刷 北京中科印刷有限公司
版　　次 2022年3月北京第2版
2022年3月北京第1次印刷
开　　本 787毫米×1092毫米 1/32　印张11.625
字　　数 194千字
印　　数 00,001–10,000册
定　　价 58.00元
（印装查询：010–69590320；邮购查询：15718872634）

……我是个没有母亲的女儿……

抱歉，我想说的是，一个无视女儿的母亲。

（问诊实录）

告读者

当您阅读本书时，可能会为书中注释之少感到惊讶甚至不快，这是因为笔者虽从事家庭关系研究超过二十年，却不愿在该领域自我重复。然而，著书过程中不可避免会引用一些曾经解构或分析过的概念，鉴于本人无法将依据和出处一一呈现给感兴趣的读者，本书的一些结论可能会显得突兀乃至武断。

无论如何，笔者都希望上述缺憾不会让您对本书的诚意有所怀疑。

目录

一次会面

那是很久以前的事了。在一个寻常的傍晚，我正准备动身前往诊所开始第二轮问诊，电话铃响了。当时我就在电话机旁，于是立刻接了起来。声嘶力竭又难以抑制的哭声从听筒中传来，让我的内心一阵发紧。我愣了好几秒才意识到对方是个男人，却总也想不起他姓甚名谁。带着几分胆怯和小心，我又重新“喂”了一声，哭声愈加响亮。不过利用这一间隙，对方总算试探着唤了一声我的名字，于是我听出了他的声音和语调。虽然他一言未发，但我已猜到他想说的是谁以及发生的事情，甚至开始想象他会说些什么。我不由得暗自生气，为什么人们遇事总会头脑发热，采取这样愚蠢的应对方式呢？我对他十分了解，因此相信自己所料不错：那个女人一定是死了，而且可能就在不久之前。消息或许有些突然，因为从她近几周来的状况看，可以说是毫无预兆，但这种疾病导致的猝死也不是没有前例。

我又沉默了一阵，发现对方没什么动静，于是再次低声“喂”了一声。哭声愈加凄厉，几近号叫：“我的儿子，医生……我的儿子拉乌尔……拉乌尔他昨晚……”

那边哭得语无伦次，我这里唯有见机行事。我与他儿子素昧平生，我甚至来不及细想发生了什么，只能绞尽脑汁回忆孩子的年龄和家中排行，结果却是徒劳无功。然而，他接下来的一番话打断了我的胡思乱想：“他偷走了我的车……我的……还有一把枪……就这样跑了……没有驾照，什么都没有，还是在大半夜……就朝我父母家去了……”听到这里，我还以为发生了车祸，想到这个家庭遭受的一连串无妄之灾，心里更是泛起一种难以言说的恐惧。没想到更沉重的打击还在后面：“他把车停在路边……在距离巴黎150公里的地方……对着自己的脑袋开了一枪……”

我惊得目瞪口呆，如遭雷击。

在我的沉默中，他不断重复着最后一句，直至泣不成声。我没有打断他，不然我还能怎样？一两分钟后，他的情绪渐趋缓和，原本哽咽的声音已基本恢复平静，他接着说道：“我妻子……她还什么都不知道……她不在家里……从昨天起她就住院接受化疗去了……我不知道怎样……不知道怎样……告诉她这个消息……我怕她受不了打击，这事儿会要了她的命的……我自觉无法面对她……所以就想到了您……您能否……您能否跑一趟……告诉她这件事情……您是最适合的人选……您了解她……知道该怎么处理……这是您的职业……我真的不行……”“但是……”我刚想婉拒，他又哭了起来，这次哭得更加伤心：“求求您了，医生，就当是为我们……”

在他的哭声面前，我无言以对，唯有耐心地与其交谈，用尽可能温和的语气和简单的方式让他平静下来。我告诉他，我在听闻噩耗的时候浑身战栗，对他的遭遇感同身受，并为这个可怕的消息万分难过。我任由自己不停地与他讲话，这会让我感到好受一些，或许他也有同样的感觉。的确，在这种情况下，除了相互安慰或是试着交谈，我们还有更好的方法吗？

又过了一会儿，他终于不再哭了，电话里也没有了抽泣的声音。我开始试着向他解释自己的想法：虽然将噩耗告诉孩子的妈妈让人极其为难，但这件事只能由他一人完成，任何旁人都无法置喙。当然，说服他是件异常困难的事情，尤其我还要让他相信，我之所以拒绝，只是因为这件事情非常严肃，并不是因为胆怯而推三阻四。我告诉他，这是你的儿子，是属于你们两个人的儿子，你们给予了他生命，携手将他抚养成人，如今又一起失去了他，因此，噩耗应由两人共同承担，即便恸哭也应彼此相偎。他坚持不肯让步，强调说这个消息会让他的妻子精神崩溃或是惊恐万状，如果出现这种情况，必须事先做足防范措施。为了让他安心，我最后答应去一趟他妻子所在医院的住院处，与那里的护士提前沟通，然后共同制订一个应急预案。我还承诺他一如既往地重视这件事情，但无论如何都不会越俎代庖，等他觉得做好了准备，心理上也有了足够的承受力，我就会去医院探视他的妻子。大概是我的软硬兼施发挥了作用，他总算答应了下来。

话虽如此，但一直要等到48小时后，考验才如约而至。

对我而言，我的职责就是尽快找到医护人员，与他们进行沟通。不出我所料，他们也正在商量对策。随后我来到女人的病房，在那里我意识到，无论我做些什么，无论我怎样与她感同身受，都无法缓解她的丧子之痛，人生之哀莫过于此！

她笑着与我寒暄，眼中却闪过一丝讶异。我与她相识日久，对她的性情可谓了若指掌。她半是开心半是担忧地问道：“家里出了什么事吗？”然后又连珠炮般地追问：“没事的话，你怎么知道我在这里？”我只能含糊其辞地解释说，她每隔一段时间就会住院治疗，几乎已经成了规律，我从没忘记到医院探视她。这次在安排日程时有点犯晕，不过既然到了医院，就试下运气看她是否就在医院。我并不认为这个善意的谎言能够蒙混过关，但无论出于什么理由，我都不想再表演下去。这回轮到她故作镇静了，她甚至跟我开玩笑说，为了让自己的身材看起来“脱胎换骨”，她在晨衣里缝了一块小小的海绵垫。我们就这样有一句没一句地闲聊，最后我还是找借口离开了病房。我想我已仁至义尽，不然还能怎样？

在接下来的一段时间里，我一直试图摆脱这种浑浑噩噩的状态。然而还没等我恢复过来，我就在第三天接到了医院护士的咨询电话：“您曾告诉我病人异于常人，现在我可以确认您的判断完全正确。这几天我一直在病房门口留心观察，她的先生试图把整件事情和盘托出。当时他哭得十分伤心，几乎泣不成声，然而做妻子的却一滴眼泪也无，只是呆呆地靠在床沿，两眼发直，就这样一动不动坐了许久。然后她站起来开始穿衣。半晌，她终于打破沉默，有些抱歉地对我说要去参加葬礼，于是我陪着她向外走去。眼看到了病房门口，她却突然转过身来，直直地看着我，用一种不容置疑甚至生硬无礼的语气说道：‘我需要什么时候回到医院？我要尽快把病治好，越快越好！’”

我与她相识已有四年，现在回想起第一次见面依然恍若昨日。那是一个周四的下午，她走进我的诊所。在我的第一印象中，她是个身材娇小、面色苍白的女人，宽额头、尖下巴，一头黑亮柔顺的长发，将她棕色的双眸衬得愈加美丽。她身着马裤马靴，在我们这样的街区即便不算惊世骇俗，也多少有些出人意表。她怀里抱着个七个月大的婴孩。小家伙长得又大又壮，一头金色的卷发与妈妈深色的头发相映成趣，一双蓝色的小眼睛看上去却很是普通。她对孩子温柔地笑着，这一美好的瞬间让母子俩的反差显得愈加强烈。

接下来就是例行检查。如同无数次的“初诊”，医患双方相互评估、彼此试探，以便确定是否要将关系保持下去。

孩子名叫格温奈尔，是她的第四个儿子。在我的印象中，他的三个哥哥要比他年长许多，安热尔15岁，卡洛斯13岁，拉乌尔11岁，他们的名字也与西班牙裔的姓氏更为相配。是因为她太偏爱这个最小的儿子，还是想把这样一个名字赐予他作为厚礼？或是显示他们已经融入法国社会？我几乎可以肯定她是西班牙裔，无论从长相还是举止判断都能得出这一结论。当然，她说话不带一点儿口音，但这也不足为奇，或许她是成长在法国的二代移民呢？

她的声音十分温柔。然而在优美和谐的语调中，总能听到一个令人惊诧的颤音，虽然微不可闻，却暴露了她在长期练习中的小小疏忽。谈话的间隙，她不时做出夸张的手势，从这一点可以推断，她应该是个说一不二的女人。不过这也无伤大雅：一方面许是当时境况尚好，因此不经意流露出得意的情绪；另一方面则说明她在极力掩饰内心的胆怯。

她就医的理由再寻常不过：格温奈尔染上了流感，她希望我们能提供优于隔壁诊所的医疗服务。我提醒她孩子尚未接种疫苗，她有些抱歉地解释说，孩子从小体弱多病，而她自己琐事繁多，分身乏术，希望我能为她出谋划策，一解燃眉之急。

检查进行得很快。趁着我写处方的间隙，她坐在沙发上为婴儿整理衣衫。突然间，她低声惊呼起来，原来是格温奈尔拉了一泡稀稀的大便。我们两人一阵忙乱，才将诊室收拾停当。随后我在处方中加了几条注意饮食的医嘱，希望对她有所助益。

她走后，我开始接待下一位病患，然而送走了一位又一位，却始终无法摆脱她对我心情造成的影响。最让人气恼的是，连我自己也说不清楚，到底哪里出现了问题。

时过境迁。如今回想起她的行为，其实一切早有端倪。只不过那个时候，我仅仅是一名年轻的门诊医生，无论年龄还是阅历都不足以对此进行更深的思考，而学院教给我的知识，也仅限于诊断一名孩童的表面症状，我只是凭着本能，隐隐地感到事情有些不对。换句话说，我同所有人一样，能够感知内心的不安，甚至辨别其程度或是原因，却无法从中得出进一步的结论，除非这种不适来自一种隐秘而持久的负罪感。

对那时的我而言，这不过是生活中的一个小插曲，我迅速忘记了不快，将注意力转移到其他事上。即便偶尔想起，也没有太过在意。不过，我很快发现，事情远没有结束。第二天一早，我接到一个电话，不等对方自报姓名，我就听出了她的声音。格温奈尔咳嗽得越发厉害，事实上，她已经明白了一切，在养育前三个儿子时，她就有过类似痛苦的经历，因此这次十分确定：无论是阵发性咳嗽还是鸡鸣样回声，都准确无误地表明，格温奈尔患上了百日咳。

我去了她家。在那里，我再次陷入焦虑的旋涡无法自拔，脆弱与刚毅、温柔与坚决，如此矛盾地集中于一人，令人感到不安。我无心关注她家中的陈设，只记得她依旧穿着头一天就诊时的奇装异服。她又把自己确信的事情重复了一遍。如果不是她此前的言谈举止令我感到莫名的不适，我很有可能就这样被她说服。我试图让自己冷静下来，经过一系列检查，我告诉她，我不能仅凭一鳞半爪的信息就得出和她同样的结论。即便做了初步检查，即便她所描述的症状与百日咳十分相符，即便她的推测不无道理，我也不能略过生物检测妄下论断，只有验血结果显示淋巴细胞数大于或等于12000个，才能最终确诊，这也是当时通行的标准。就在此前一个月，我所在科室那位脾气暴躁的主任还曾清楚明白地强调过这一点。当时，身为一名菜鸟医生，我像所有实习生一样努力工作，生怕失去宝贵的见习机会，因此时常向他请教问题。这次我之所以采取谨慎态度，就是为了履职尽责，将我之所学都用于治病救人。虽然自己也说不清楚理由，但能够借助一次客观的检查将个人情绪和医生职责区分开来，我还是感到心头一阵轻松。

百日咳是一种非常棘手的疾病，如今已经十分罕见。对初生婴儿来说，它的表征痛苦骇人，有时还会致命，此外，它也不会随着年龄增长就对儿童免疫。直到不久之前，许多大型儿童医院还为此设有专门的治疗诊室。实事求是地说，我们总是过于草率地将大部分重度咳或慢性病归咎于百日咳，却没有对上述症状进行充分的分析，以此获得更加深入的认知，这也导致许多家长在孩子生病时产生不必要的焦虑。目前，传染病的治疗方法依然没有发生实质性变化，医生们惯用抗生素进行治疗，但往往收效甚微，因为后者虽然能够杀死病菌，却会释放大量毒素，临床则表现为久治不愈甚至日趋严重。

我在实习期间曾大量接触这样的病例。后来在从事自由职业医生[1]期间，我收治了一位病患，整个治疗过程一波三折，令我至今记忆犹新。患者是个四个月大的女婴，送到我这儿的时候已经性命垂危。此前，她在一家专治传染病的医院住了两到三周，最后她的父母决定接她出院，而院方也没有太多的挽留。这是一对极其年轻的夫妇，用那时的话形容就是生活在社会边缘的人群。他们在伊夫里老街上开了一家小小的杂货铺，如今已是人去屋空。孩子的父亲告诉我，医院没有进行任何特殊治疗，但即便如此他们也负担不起，因为他们没为孩子缴纳社会保险。之所以把孩子送到这里，主要是为了省钱，万一回天乏术，至少他们可以陪在女儿身边。他的讲述令人动容，然而孩子的病情的确不容乐观，之

1 在法国，医生分为自由职业医生和领薪医生两种。自由职业医生不受雇于任何机构，收入取决于每次医疗活动中患者支付的费用；领薪医生通常在医院工作，有固定薪水。——译者注

前的那家医院之所以同意她出院，大概也是出于这方面的考虑。接下来的几周里，我用尽浑身解数，不断调整治疗方案，希望保住这个小家伙的性命。我告诉她的父母，一旦孩子出现阵发性咳嗽，必须马上采取措施。为了缓解呕吐对身体造成的损害，我给她开了酸乳补充营养，这样做也有利于胃的排空，我还根据咳嗽的频次和强度绘出精确的曲线图便于监测。不过治疗中最重要的一点，还在于时时监测体重的变化，为此我从商店柜台请来了老"罗贝瓦尔"[1]，女婴的父亲把店铺里的秤拿来给我，同时外加多个糖袋，每袋重量刚好1公斤，方便我们称重。经过几周的抢救，女婴终于脱离生命危险，慢慢恢复了健康。当我确信治疗已经见效，我欣慰地告诉她的父母，孩子之所以痊愈，全都得益于他们的悉心照料和无私奉献。因为在最艰难的时刻，连我自己都不禁怀疑，这次治疗是否会以悲剧收场。

话题转回格温奈尔。检测结果显示，他的淋巴细胞数为18000个。

周五下午，我再次登门。孩子的母亲因事先料中病情而有些自得，但又表现得十分低调。她告诉我，安热尔、卡洛

1 一种商业秤，为纪念其发明者——法国著名的数学家、物理学家和机械设计师罗贝瓦尔得名。——译者注

斯和拉乌尔都曾在这个年纪或更大一些时感染过百日咳，如果这个“混账的毛病”没让格温奈尔付出一点儿代价，那她反而会感到奇怪。我立即着手开始治疗，并为此制定了一个后续方案，我跟她约好，下周一再来上门问诊。

接下来的几周，我做好了打硬仗的准备，因为在那个时期，医疗手段与今天相比不可同日而语，往往需要医生付出更多的心力，不过我的担心也仅限于此。

或许是检查结果给我吃了一颗定心丸，又或许是性格使然，我轻而易举地聚集全部精力，准备迎接挑战，然而在接下来的两天里，我根本无暇细想格温奈尔的病情，家里的烦心事一件接着一件，最要命的是周日下午，我陪孩子到户外散步，刚一回家被告知，我们的保姆遭到了一伙社会青年的轮奸。这是一个年轻的布列塔尼女孩[1]，平时帮助我们操持家务。此前我们曾警告她不要总跟那伙人来往，但她就是置若罔闻。出事后，她被送到附近的医院接受治疗。而我之所以焦急万状，无非也是出于极端自私的考虑：第二天家中必须有人留守，如果医院要求她留院观察数日，那我们将落到山穷水尽的境地。于是我顾不得雇佣之谊，虚伪

1 布列塔尼是位于法国西部的一个地区。——译者注

地亮出医生的身份，试图劝说院方让她立即出院，却被主治医师以受害者尚未接受法医鉴定为由断然拒绝。我好说歹说，终于征得了第二天一早出院的许可。

当天下午，我匆匆赶到格温奈尔家，却再次陷入了深深的焦虑。此前，我曾自以为是地认为不会再被这种心情困扰，如今看来只是痴人说梦。格温奈尔的情况很不好：从头一天的午后起，他就不停地咳嗽、呕吐，还伴有异常的哭闹、呻吟，无论采取何种措施都不能令他安静，或是缓解他的症状。正因如此，他的父亲才给我打电话，除了详细地描述他的症状，也希望我能尽快上门探视。

有人说，动物具有一种天性，能够预知即将到来的危险。它们甚至可以在事情急转直下之前，开启自我保护功能。不过这只是道听途说，没有确凿的证据。就我个人而言，我既没有验证过这一观点的真伪，也从未尝试在两者之间建立联系。但现在我倒觉得，如果传言属实，那么无论从哪方面来看，我就是这样一只动物，就拥有这样特殊的禀赋。别人也许会对此存疑，但我之所以这样说，既不是出于“事后诸葛亮”的自以为是，也无意于文过饰非，为所谓的控制欲，甚至是自己的失败找借口。即便在十几年后的今天，我对那些天发生的事情依然记忆犹新。

当时，我跟妻子讨论了保姆不在期间的事宜，并为此制订了预案。在把家事悉数托付给她后，我出门向格温奈尔家赶去。

开门的是孩子的父亲。格温奈尔肥硕的身躯可谓酷肖其父，不过也只是身材相似而已。他父亲的脸色比母亲还要黯淡无光，说话时带有轻微的西班牙口音，声音沉闷乏力，我想也许是为照顾生病的孩子忧心忡忡所致。但事实证明，我当时的猜想并不正确。他一面重复着电话里描述的细节，一面把我引到房间。格温奈尔躺在妈妈的臂弯里，母子俩都穿着晨衣。孩子的衣服一解开，我就立刻明白了他哭闹不休的原因：他身上出现了大面积腹股沟疝气，阴囊肿胀不堪，这是典型的百日咳并发症——长时间的剧烈咳嗽对腹部产生巨大的压力，当内脏受到挤压，就会偏离原来的部位，通过人体的薄弱点（即疝气口）进入肌肉和皮肤的间隙，在体表形成一个突出的肿块。当然，内脏移动的轨迹要视人体结构而定，如大肠移动就会导致耻骨区发生形变。在一般情况下，受到疝气影响的器官都会异常肿大，其主体部分卡在无法伸展的疝气口处，导致血液流通不畅，并引发一系列的连锁反应，比如疼痛难忍等，这既是身体发出的警示，也解释了格温奈尔为何哭闹不止。

我向他的父母做了详尽的说明，并开始对疝气进行治疗，试图让偏离的大肠回到原位。我采取的是当时通行的治疗手段，即苯巴比妥肌肉注射，以此来缓解孩子的痛苦，然后就着热水将肿块一个个轻轻抚平，令其各归各位。我让人找来一只盛满热水的大盆，请孩子的父亲从旁协助，就这样开始了治疗。

事后回想，这真是个不折不扣的噩梦。

我进行类似的操作不下数十次，每次只需几分钟就大功告成，然而这次却持续了两个多小时。苯巴比妥对格温奈尔毫无效果，他浑身紧绷，拼命挣扎。更要命的是他咳嗽得太过剧烈，以至于我刚刚将偏移的大肠部分归位，他的阵咳就让脏器偏离得更加厉害。有时我以为自己已经成功了一半，于是吩咐孩子的父亲死死按住疝气口，阻止脏器再度移位，然而一阵咳嗽再次导致我们前功尽弃。毕竟，我不能苛求一位惊慌失措的父亲拥有与医生一样敏锐的触感和娴熟的手法。眼看水溅得到处都是，床上地面一片狼藉，我突然感到疲惫不堪。我厌恶这种反复失败的感觉，甚至对昏暗的灯光心生怨怼：它让整个场景变得恍惚起来，在场的人们看上去影影绰绰，形同幽灵。

我认为自己已经竭尽全力，当务之急是尽快住院。然而当我看到孩子母亲的眼神，我就知道这个方法并不可行。她主动要求抱着孩子，没想到效果奇佳，孩子立刻安静了不少。一个靠男性蛮力都无法解决的难题，就这样被温柔的爱抚与呢喃软语轻易化解。我又忙活了大半个小时，这才把事情全部搞定。我将几块手帕打结连在一起，制作了一个简易绷带。在确认这个临时装置的可靠性后，我向主人家告辞，并告诉他们会在第二天再度登门。这时，孩子的妈妈告诉我，格温奈尔一整天都没有小便。是疝绞窄所致，还是他在浴盆小解时没被注意？这一切我都无从得知，除非拆掉绷带重新检查，否则我也无法妄下定论。我吩咐给他换上干净的尿布，表示我明天会尽早过来为他检查。

后来，每当我想起这件事情，或是其他类似的情形，我都会对“机缘巧合”的表述感到深深的困惑，相信很多人对此亦有同感。是我们在为能力有限寻找借口，还是偷奸耍滑逃避责任？是为掩饰自己的愚昧无知，还是历经沧桑后的痛苦领悟？又或者是命运高深莫测的安排？无论如何，第二天我必须按照事先约定前往医院，先将保姆接回家中，然后再到格温奈尔家中继续治疗。

这回迎接我的是孩子的母亲。她告诉我，格温奈尔还在睡觉，他一整晚都很安静，状态比前几夜好了许多。我走到摇篮前，俯下身去看他，小家伙也睁开眼睛，上下打量着我。突然间，他整个身体开始抽搐起来！

变故来得太快，让人猝不及防。

痉挛和疝气一样，也是百日咳的症状之一。一旦出现这种情况，往往意味着病人患上了脑炎。此类并发症虽然罕见，却也广为人知，并且十分凶险。如果我所料不错，那么这已是格温奈尔在短时间内出现的第二起并发症了。我不得不对此警觉万分，并对可能出现的后果做好准备。病情发展到这个阶段，我已经采取一切措施，尤其是考虑到自己能力所限，我认为有必要进行生物治疗。上周五我曾考虑将孩子送到医院，如今看来已是迫在眉睫。在那个时期，医院还没有急救服务或是急诊医生，也不存在什么重症监护，有时叫一辆救护车都要等上一到两个小时。因此我们也不作他想，我先给孩子注射了一剂苯巴比妥，随后把他裹在襁褓里，用自己的车载着他们一家前往出租车站。我快速写了一个字条，把相关情况做了说明，请孩子的母亲交给主治医生，然后吩咐出租车司机以最快的速度前往医院。

分手后，我继续前往别家问诊。然而一路走来，我就如同行尸走肉，心中懊恼不迭，一会儿自责公私不分，后悔没有提前一个小时赶往孩子家中，一会儿又自我安慰，觉得即使早到，孩子的病情也未必当时就急转直下，毕竟痉挛发生在我到达之后。更何况孩子的妈妈并没有再打电话给我，因此早到晚到差别不大。就算早到，难道我会当机立断送孩子就医吗？孩子在医院还是家中发病，其实结果都是一样。但是，周一的早上巴黎的交通拥堵不堪，出租车会不会堵在路上呢？想到此处，我立刻从刚才的纠结陷入新的焦虑，开始推算起出租车在路上耗费的时间。50分钟？1小时？1小时15分钟？还是更长？面对不可思议的噩运以及由此而生的无力感，我不由自主地陷入沉思，心情愈加沮丧。

类似机缘巧合的事情我也曾经历多次，但从未如此狼狈不堪。我细细回想这些日子发生的一切，一个瞬间、一个回合也不放过，希望从中找到问题的根源，哪怕是一点儿蛛丝马迹。我终于想起，慌乱之中我忘记检查绷带是否还在原位，也没有查看格温奈尔的尿布是干是湿。想到此处，我不但没有松一口气，反而更加担忧起来。

等到把最后一位病人看完，我马上打电话给家人，告诉他们我不回去吃午饭，然后就径直赶到了医院。在那里，我找到主治医师，他已经给格温奈尔做过检查，并正在竭尽全力实施抢救。肺部的X射线检查证实了此前的诊断，不过最值得庆幸的是，痉挛没有对孩子造成进一步影响。

出于谨慎和可理解的考虑，医生表示尚不能确认孩子患上了初期脑炎。

我向医院出口走去，在过道里与格温奈尔的母亲不期而遇。她正在这里等待消息，有些疲惫地冲我笑了笑。我把自己掌握的情况和盘托出，她一言不发地听着，态度安静而疏离。在某一瞬间，我以为她会像赛场上的拳击手一样痛击对手，斥责我耽误了孩子的病情，然而并没有。她只是向我致谢，尤其感激我为此事“奔忙到这个时候”。我提出开车送她回家，她接受了我的建议，然而我们却在回程中遇到了堵车。

等待之际，我向她询问早上去医院时路况如何。这样做也是替她着想，希望帮助她宣泄情绪，向人倾诉内心想法。她回答说自己根本无暇思考，因为类似生离死别的场面她已经经历过两次！我心头大震，不自觉地紧踩了一脚刹车，满脸讶异地向她望去。她依然是一副宠辱不惊的样子，一双大大的眼睛写满从容，一如我初见她的模样。在这双眼中，既无流泪或隐忍时留下的微红痕迹，也难以捕捉丝毫的情感波澜，平静得让人无法看出它的主人刚刚遭逢巨变。唯有一丝微不可察却动人心魄的微笑浮现在唇畔，让我惊觉于她的美丽。她与那些竭力装扮自己的女性不同，虽然后者的外表有时会令人赏心悦目，但她的美丽如此简单，如同秋日和煦而温润的阳光。她对我的反应似乎见怪不怪，于是把刚才在医院安慰我的话又重复了一遍，这令我更加无地自容，窘迫不已。为了让我相信她的诚意，她解释说儿子曾经两次濒临死亡，当时他没有任何反应，呼吸也已停止。无论她如何将耳朵紧贴在他的胸口，都无法听到任何心跳。她无计可施，只能求助于人工呼吸。“在这种情况下，冲动急躁或是大喊大叫又有什么用呢？”她向我解释道。当时，看到她如此淡定，反倒是出租车司机慌张起来。他把喇叭按得山响，不停地并线超车，甚至动员路过的摩托车为自己开道，最后总算及时赶到了医院。回想前两次的经历，虽然经历了漫长的煎熬，但她不也成功地将格温奈尔留在了身边？

这下轮到我受刺激了。我想不出一句话反驳她的观点。在她的讲述，或许还有她的眼神面前，我彻底败下阵来，感到前所未有的内疚和无能。我扪心自问，这次孩子只是因痉挛失去意识，只要抢救及时就会很快恢复，如果我面对的是她所描述的两次险情，那么我能否做出果断的处理？我可能会犹豫再三，难以决断吧。或者说在当时的情形下我根本无法思考，因为这需要何等强大的行动和情绪控制力！现在回想起来，难道我在刚认识她的时候没发觉这种能力吗？难道我不是因为这一点才对她产生了莫名的反感？在我的职业生涯中，经常会遇到一些棘手的难题，需要采取非常之手段。但我从未将其付诸实践，这样才不会扰乱我的内心，让我深陷焦虑以致难以承受。更何况，如果我面对的是至亲甚至是自己的孩子，天知道我会变成什么样子！

那么，我认识的这个女人，到底是精神不正常，面对恐惧和死亡麻木不仁，还是对自身及其孕育的生命报有绝对的信心，对生活充满热切的向往，不允许它有一丝一毫的闪失？我不由得想起为孩子治疗疝气时她的所作所为。她强大的意志力固然给我留下深刻的印象，但她对孩子温柔、怜爱和关切的态度，却也并不令人感到意外。或许我想得不够深入，未能将自己的想法表达得十分清楚，但在我眼中，她不仅是一位具象的母亲，更是母亲这一形象的化身。在她身上，淋漓尽致地诠释着为人母者最耀眼的特质，她是如此的纯粹、完美，堪称母亲的范式。这一发现也唤起了我尘封已久的记忆，往事不可追，却在不知不觉中留下或悲或喜的深刻印记。于是，我之前莫名的不快在逐渐减退，取而代之的是无尽的喜悦与探究的热情，我深陷其中无法自拔，并在这种心情的驱使下，开始收集各种相关事例进行分析，试图延续这段难得的心路历程。

这样的一番领悟，我们或早或晚都能体会。而我之所以深有感触，乃是不自觉地将自己的经历带入其中：母亲的一生对我影响至深，无论这种影响积极或是消极，我总能感受到它的存在，体会到它的效力。如果要用一句话来概括，那就是无所不在，无所不能。

从一位母亲

也许是我自己也不清楚，或是不愿承认，当我将她的经历诉诸笔端，到底是为了颂扬她净化心灵的美德，还是要将其长期以来并不愉快的人际关系展现于人前。

无论如何，我都不会在乎！真实情况如此，大方承认又有何妨。再说两者之间并无矛盾，一个是人前的表象，一个是潜在的影响。我之所以在开篇坦陈自己的内心感受，既非出于叙事手法的需要，也不是为了给故事增加看点，而是有意为之。我可不想让自己看上去像一位冷漠的技师，刻意与研究对象保持距离。我对这样的角色不感兴趣，也无法胜任，更不会为此改变自己。我实在想不明白，为何要违逆自己慢热的本性冷眼旁观，或是掩饰自身的无能置身事外，最后得出一个中立而平庸的结论。我不认为自曝其短会影响人们进行深入的思考或辩证地分析问题；同时，无论别人如何看待这个问题，我始终坚信，无论推理、说话、写作，还是发表演讲、陈述观点，我们都必须立足自身、着眼自身、联系自身，做到一切从自身出发，唯有如此，我们才能得出最符合逻辑的结论。因此，我绝不会在讲述中文过饰非，也无意在思考时刻意回避。如果这一过程在某一时刻、某些方面看起来像是自我炫耀或是有失体面，那么我仍然希望能够引导读者进行独立思考，而不是一味将情感的因素排除在外，或是禁止他们拥有自己的见解。

话到此处，我相信已经足够清晰地阐明了自己的想法。现在还是让我们回到拥堵的大街，将视线重新投向我的车子，继续关注我车中的那位乘客吧。

刚刚，她仅凭三言两语就让我丢盔卸甲，将我带入了一个全新的世界。就如同耀眼的光芒照在脸上，我深深感受到了这一时刻的重要意义。这种震撼是如此强烈与持久，让人不由生出“一语惊醒梦中人”的感慨。几天之内，惊人的事情接踵而至，目不暇接，缓慢的时间似乎也骤然变得浓缩起来。对我而言，这四天不啻一个巨大的转折，在一位母亲的带领下，我打破固有思维的禁锢，重新开启了一片与他人交流的广阔天地。在很长一段时间里，我囿于过往经历，遇事缄口不语，将沟通视为苦差。而事实也的确如此，我此刻的措辞之所以优雅得体，不过是距离与时间的功劳。正是因为时过境迁，我才能从容淡定地进行思考。如果事出突然，恐怕我的判断力就会大打折扣。因此，我所充当的只是事后诸葛亮的角色，再无其他作用。从感知事实到辨明真相，只有体会了难以描述的困惑，经历过无法理解、掌控或是分析的局面，才算真正参与了整个过程！而我唯一能够敏锐捕捉到的，就是一种令人不安和似曾相识的感觉，我自信能够证实这种预感，并为此兴奋莫名、跃跃欲试，却最终发现自己被排除在外，沦为局外之人。

事实上，我正在经历的是一种名为“反移情”的心理过程，只不过距离掌控自如还差之千里。这种方法被心理治疗师，尤其是精神分析师广为运用，目的是尽可能精确地分析造成内心冲突的原因，以便找到应对之策，帮助医生在工作中坚守“善意的中立”这一神圣而不可侵犯的从业原则。在这一过程中，仅仅是心如乱麻、神思不宁、不知所措、犹疑不决等消极情绪，就让我陷入莫名的窘迫与深深的懊悔无法自拔，以至于对自己的职业能力也产生了怀疑。此外，面对可能遭遇的失败，我总是忧心忡忡，并隐约感到问题的根源来自我所接受的医学培训。坦率地说，时至今日这种令人遗憾的缺陷依然存在，并在继续影响着未来的医生以及希望从事这项职业的人们。

在医学教育中，我们努力学习，试图掌握发现、研究、剖析、确认、论证、推敲、检验事物的本领，然而在实际操作中却收效甚微。这样的教育只有一个目的，即批量生产所谓的博学者，他们能够分辨所有病症，再罕见的症状也不在话下。正因如此，这种教育模式才能经久不衰。不过它只对记忆力有着超高的要求，培养出的也无非是些固执己见的医生，他们错误地将熟读医书当成职业的全部，整天被繁重的责任压得喘不过气来，完全不懂得如何排解烦恼，因为他们所受的教育宣称，上述烦恼才是工作的优先事项。在这种情况下，他们被指责浪费公众钱财，被贴上虚伪和草率的标签，真是一点儿也不让人感到惊讶。不过，人们在抱怨医生的时候总是避重就轻，忽略了教育这个根本问题，这实在是一个愚蠢的错误。事实上，医学教育已经无法适应现实的需要或是涵养高尚的医德，而受影响的除了医生本人，还有他们开方的对象——病人。

现在的医学教育从不向学生传授有关医患关系的基本常识，更是在人与生死的问题上三缄其口。它关注的对象只有人体，除了人体还是人体。这里所说的人体与英文单词corpse基本是一个意思，即尸体。在他们眼中，人体与尸体无异，不过是在意外、奇迹或是稍纵即逝的情况下才有了生命的迹象，只要加以抑制，终究还是会不可避免地回到原先的状态。至于生命中所包含的行为、欲望、冲突以及语言，根本不在医学的考虑范畴之内，打个比方来说，就是按照兽医的标准和要求培训一名儿科医生。传统观念认为，情感交流是个人的事情，要依靠医生自身的能力加以解决。事实上，这种能力复杂多样，因人而异，但人们只是开出一张空白支票，任由医者即兴发挥，全然不顾实际操作中的艰难繁复与巨大挑战。每当一些病例动摇了人们的固有观念，或是越过了传统医学的容忍底线，富有正义感的学生们就会跳出来进行反击，即便患者的症状特殊而复杂，他们也要强调技术的作用不可替代，并将其视为解决问题的唯一手段。在长达数年的学习中，他们只关注如何料理孩子的身体，虽然最终完成了医学院的学业，却对那些在生命的孕育、规划以及抗争中发挥重要作用的因素一无所知。[1]

1 虽然这一话题十分有趣，但因为离题太远，所以我不会再做进一步引申。我不仅对反对者们的观点烂熟于心，也很了解他们自说自话的激烈争辩。在我的另一部作品（*L'Enfant porté*, Paris: Seuil, 1982）中，我就这一问题进行了系统论述，欢迎各位读者关注。

不管怎样，在我们那个时代，我只能循规蹈矩，不敢越雷池一步。我按部就班地上学、接受教育，既不能发表任何批评意见，也从未想过除此之外还有别的可能。日复一日，我陷入了一种幼稚的狂热，一心想要取悦于人，为了表达自己的忠诚，我甚至可以将以往的观点、信念以及毕生所学抛诸脑后。我毫无保留地投身这种教育模式，坚信自己选择的道路正确无比，除了那些盖棺论定的观点，我绝对不作他想。身为一个认真而轻信的受教者，我一丝不苟地接受人们灌输给我的一切。更何况，无论从宗旨还是原则来看，教育不就是一种洗脑的过程吗？如果这样一群容易摆布，同时又心存焦虑，总在追求最大确定性的年轻人，也有幡然醒悟的一天，那么你能说这仅仅是一种偶然吗？

没错，当时的我就经历了这样的过程，就处于这样的状态，而这一切都源于一位母亲，因为她告诉我，为了自己的孩子，她两次战胜了死亡的恐惧。

即便从精神分析学的角度来看，她的故事也不乏解读的价值。它颠覆了我的观念，搅扰着我的心神，迫使我打破思维的禁锢，重新审视自己的内心。曾几何时，我自以为将一切都打理得井井有条，确信不会因为疏忽大意就将这些理念抛诸脑后，殊不知，这种心理却阻碍了我迈向独立思维的步伐和决心，我曾为自己定下远大目标，那就是自由的选择，真正的自由！然而不知为何，我突然在这位母亲身上发现，以往深信不疑的事物竟存在诸多不合情理之处。比如说，人们曾经告诉我，父母的角色仅限于对孩子的管教，但后来我发现事实并非如此，他们对孩子的命运起着决定性的作用，此外，他们还应拥有一种与生俱来的能力，将一个晦涩的故事、一个难懂的章节进行解读，激发孩子的好奇心。这种天赋连他们自己都不了解，在我接受的教育中更是被刻意忽略。

从哥伦布竖起的鸡蛋[1]，到黄油切割线、热水，再到阿基米德可悲又滑稽的“我找到了”[2]，我被告知的仅仅是一些显而易见的事实[3]，接触到的问题不是难以回答就是尽人皆知，如此这般，最终难免泯然于众人，所幸一路走来，我凭借丰富的经验、学历和知识，避免了这样的结果。如今留存在记忆中的，不过是一些曾经热切期盼或是出乎意料的事情，这就是人生教给我的全部。我素以行事严谨要求自己，面对如

1 哥伦布在一次宴会上用竖鸡蛋的游戏证明他发现新大陆并非是凭运气。——译者注

2 据传阿基米德在洗澡时发现了浮力原理，高兴得光着身子冲到街上大喊“我找到了”。——译者注

3 其实有些事实也未必全对。有些专门从事儿童精神分析的流派就曾宣称，他们只对儿童本身负责。这就好比一个人只顾浇灌植物的枝叶，却有意忽略了根部缺水的关键问题。

此单薄的样本，我又有权得出什么结论？如果要将我的个人经历回顾一番，真是要多迅速有多迅速。

我唯一关于亲子关系的体验，是通过观察自己和同事的双亲获得的，虽然多少能够遮掩一下论据的匮乏，却并不足以令人信服。至于与母亲的关系，我的经验主要来自自己的母亲，近几年又加上了我孩子的母亲以及我的岳母。但在我总结出的特点中，有些并不符合情理，它与我的成长经历格格不入，我别无选择，只能将其舍弃。至于我在工作中接触过的一些母亲，起初她们给我的印象总是有所保留且距离感十足。直到很久之后我才明白，我之所以产生这样的感觉，乃是因为总不自觉地用自己母亲的标准审视她们、理解她们的所作所为。

换句话说，我的戒备心太重，无法凭感觉和经验对事物做出判断。这是多么遗憾的事情啊。我从小体弱多病，看医生如同家常便饭，时常听人议论我的病情。他们对我生病原因、条件和环境进行的推测，令我受益匪浅。在前文所述的那位母亲身上，无论是醍醐灌顶的启示，还是不甚愉快的初见，都让我想起了自己的母亲，并在心里对两者进行了一番比较。

比较之际，母亲的音容笑貌再次浮现在我眼前。这在以前是绝不可能发生的事情，并非回忆令我窘迫不安，而是我从一开始就确信，任何的比较或观察即便不是愚蠢荒谬，也必定徒劳无益，因为家母与本人此前分析或接触过的母亲截然不同。这样说可能会令人发笑，她是如此的平淡无奇、朴实自然，在她身上每个人都能看到自己母亲的影子。尽管如此，我依然认为母亲是独一无二的，与所有人都有所不同。毫无疑问，我深爱着自己的母亲，但有时我也在想，我对她的爱是否建立在同情与怜悯的基础之上。

许久以来，她在我眼中总是一副年迈的模样。生活的重压让她精疲力竭、毫无生气。她讲的是另一种语言，生活在另一种文化、另一种文明中。更糟糕的是，我时常听到人们用“未开化”形容她的状态，对于这一歧视性的字眼，我几乎无从反驳。她始终穿着祖籍国的服饰，可以想象这将为她招致怎样轻蔑的目光。她也没有文化，至死都不会讲寄居国的语言——法语。作为她最小的孩子，我对她十分依赖，不过一直到很久以后，我才明白她对我也是如此。身处陌生的居住环境，我们之间形成了一种强烈的默契，这种感觉十分特别，可以说是一种真正而深刻的相互尊重。在她的几个孩子里，只有我接受了长期的高等教育。或许正是因为这样，我才能从她的言传身教中汲取智慧的精华。不过与此同时，我们的交流相对封闭，亦存在跨文化的诸多弊端，尤其是对思维的束缚，其影响时至今日都难以估量，这些都需要我着力克服。

只有了解这样一段背景，你们才能明白为何我对传统的教育模式深信不疑、照单全收。如今，我享受着脱胎换骨的喜悦，打算彻底摆脱这些华而不实的表面文章。虽然它们在很长一段时间里曾激发我的热情，但我心意已决，甚至不会对其心存感激。从前的世界对我而言不再具有挑战性，如今离开正当其时。当然，我也不会厚颜无耻到以假乱真，将过往的一切吹得天花乱坠。我沉浸在纯粹的幸福中，将简单易行的口号当作人生信条，而这些口号也的确吸引了越来越多的信徒。如果能够依靠理智与科学的力量迷途知返，难道不是一件值得自豪的事？如果在某一领域遭遇瓶颈，某项事业停滞不前，难道不能遵从规律对其提出质疑，从痛苦的经验而不是教条中汲取教训吗？

这许多感慨，是我执意自我辩解，将一切都归咎于生长环境，还是难忘峥嵘岁月，突发怀旧之情？

或许两者兼有，却不止于此。我希望从源头入手，理清我在遇到那位坚强的母亲之前，走过了怎样的心路历程。那天在车上的一席话如醍醐灌顶，让我重新审视自己的角色。

在接下来的日子我开始尝试关注孩子成长的家庭环境，而不像从前那样只将目光锁定病童本人。以前在我眼中，亲子关系就是一个不变的定量，要摆脱这种固有的思维定式，就需要有人对我当头棒喝，否则我将陷入一些机构和这个时代营造的舒适的假象中难以自拔。我们正在经历的危机已经证明，这种假象终将破灭。

这么多年过去了，我在研究的过程中突然灵光乍现，回忆起一件往事，它是如此清晰，仿佛刚刚听人谈起。

起初，一条五彩条纹的羊毛毯出现在我梦中，我很快想起，这是我儿时盖过的被子。我三四岁的时候，伏在妈妈的肩头，显然她正准备带我回家。我们居住在距离城市几公里的一个小村子里，村庄有个十分奇怪的名字：Elithêmê。直到我写下这段文字，我才第一次知道它的意思是“孤儿”。这一发现至少佐证了两件事情：其一，分析研究永无止境；其二，我们总是迫不及待地将事情归结于偶然，但在大多数情况下，它却源于命运的捉弄——我们自小失去父亲，为了躲避无休无止的轰炸，我们在众多地点中偏偏选中了这里作为避难场所。这是谁的选择呢？我们吗？我不知道，起码与我无关，但我却不得不承受由此带来的潜在影响。时至今日伤痛依旧存在，想要一探究竟却是为时已晚。我之所以记得这件事情，全靠母亲事后讲述。据她回忆，当时她刚刚带我看过医生准备回家，她累得气喘吁吁，嘴里抱怨个不停。医生告诉她，我已病入膏肓，回天乏术。许是为了表达他的悲痛与同情，他叹息道："太遗憾了，夫人，这是个多漂亮的小男孩啊。"母亲后来告诉我，乍闻这一消息，她只觉得天旋地转，惊慌失措，但她很快缓过神来，对医生的诊断提出质疑。她怒不可遏，表示决不接受这个无耻蠢蛋在此胡说八道，并当即决定转投医生的死对头——阿拉伯游医为我诊病！是的，当时她就是这样雷厉风行。

我依然记得那天的部分情景。炽热的阳光几乎将路面烤化，一列列德国军车鱼贯而过，掀起尘土飞扬。母亲想要拦下一辆，却徒劳无功。我什么忙也帮不上，只恨自己拖累了母亲，并为此深感自责。好在那个江湖游医十分认真，他笃定的话语让母亲备感安慰，又重新燃起了希望。此外，他还开出一剂令我和母亲终生难忘的药方：取一副羊脾，用篦子将其刺穿，然后悬挂于我的床前。他保证随着羊脾风干，我的病痛也会消失无踪。我不知道这是真实的记忆，还是掺杂了我的想象，但我确实在长达数小时的时间里，眼见一坨恶心的肉在我头顶晃来晃去。母亲不但一字不差地执行医生的嘱托，连配套的治疗措施也照行不误——她听从游医的警告，终其一生禁止我食用任何动物的脾脏。她日日紧盯，严防死守，唯恐我破戒犯忌，并不时翻出陈年旧账，强调当年多亏自己不肯放弃，才保住我一条小命。你们可以想象，她是怎样不厌其烦地重复这个故事；当我面对禁食的佳肴时，又是何等的悲喜交加。

时隔多年，当我遇到格温奈尔的母亲时，当然不会立刻想到自己的老妈，但这并不意味着往事远去、了无痕迹，当年母亲的坚忍与决绝令我震撼，这与格温奈尔的母亲带给我的感受如出一辙。我只能承认，母爱的力量真的能够起死回生。

两位母亲在具体做法上或许截然不同，但对孩子的心意却是一般无二。一位拒绝听天由命，不肯放弃任何希望，另一位决心挫败医生的死亡判决，将孩子从鬼门关拉了回来。我之所以死里逃生，或许正是得益于母亲对游医的深信不疑，以及她从我身上感知到的求生欲望。人们尽可以对治病的手段品头论足，但它不过是一个象征的符号，或是一段发展的过程，寓意生命的力量最终占据了上风。

我剥丝抽茧地分析了许多，看上去是为了塑造母亲的形象，特别是要引出母女关系的话题，但读者难免产生这样的疑问：既然是讲母女，为何选取一位四个男孩的母亲作为研究对象？此外，作为一名男性，笔者将自己与母亲的关系作为背景大书特书又有何意？我相信看到此处，很多人必然会愁眉苦脸、不明所以，甚至焦虑不安，并将这一反常现象归咎于作者的妄自尊大，或解读为面对难题时的避重就轻。接下来，我需要尽快扭转这种错误的认识，因为如果我再不为己进行辩护，就会坐实人们的指控。

正如我在前文中强调的，医生不能只关注病情，还要感知病人的心理过程。同样，我现在研究的问题也需要方法论的指引，这一问题不容小觑，来不得半点马虎。因此，我需要一个切入点，就像你们看到的那样，我选择讲述一个完整的故事，一方面是希望读者对亲子关系有个大致的概念，一方面也考虑到将亲身经历代入其中。毕竟我的思考会贯穿全书，同时作为一名男性以及一个儿子，我也无法摆脱这种独特而紧密的母子关系对我造成的潜在影响。此外，我在写书前曾设计了多个方案，但最终还是现在的结构和讲故事的方式占据了上风，至于为何做出这样的选择，连我自己也说不清楚。我相信随着研究的层层推进，读者终将认同“直觉为王”这个老理，并且意识到，凭直觉办事绝对事半功倍。我还会在书中向各位证明一点：在绝大多数情况下，如果一对母女关系紧张，而她们的下一代又是男孩，那么后者多少会受到一些负面影响。当然这并不是说女孩就不会受到影响，一旦她们无法摆脱心里的阴影，问题也会随之显现，只不过相对于男孩来说，这种影响出现较晚，表现形式也不会那样激烈和极端。从目前来看，我的结论可能既显草率又不成熟，远不能平息人们的争议，但它却构成了一个有趣的前提，它需要我们进行充分的论证，最终得出令人信服的答案。

此外，我还必须强调一点，母子和母女虽然在相处模式上不尽相同（关于其独特之处，我将在后文详加论述），却也存在诸多共同之处，首先就是身为人母的精神境界及其无所不能的强大力量，这一点尤其值得我们深入研究。因为只有了解了这些共性，才能更清楚地感知两者的差异，这一点我在后面也会有所涉及。

当然，还有一个原因我们不能忽略：不是每位女性都有女儿，但她一定是母亲的女儿，必然对母女关系有着切身的感受，从这个意义上讲，我列举上述例子也并非全无道理。

我时常在想，性别的分配是件何等神秘的事情！有的女性只生男孩，有些膝下一色千金，也有家庭轻而易举儿女双全，尽享天伦之乐。是纯属巧合吗？如果我们见识有限、不求甚解，或许会这样认为，但我一向对这种态度深恶痛绝，并通过讲述自己克服缺陷的经验，希望他人引以为戒。还是冥冥之中自有法则，只是因为人类对问题的感知相对迟缓且流于表面，才没有发现它的存在？如果真是这样，又是什么因素在发挥作用？在漫长的历史长河中，人类始终在追寻问题的答案，并试图掌控婴儿的性别，不过直到今天，现代医学依然无法破解这一谜团。环顾世界，类似的咨询服务处处开花：人们希望通过严格规定和控制饮食，按照自己的心意选择孩子的性别。这样做至少能够避免以粗暴的方式终止妊娠。比如在印度的一些地区，人们会事先鉴别胎儿的性别，只有男胎才能被保留下来；同样，英国的一些女权组织主张女性至上，只有女胎才能幸运地得以存活。

这一问题如此严重，不容我们袖手旁观。然而在现实生活中，人人却唯恐避之不及，他们推说，男性作为Y染色体的唯一拥有者，是婴儿性别的决定因素。那么，既然精子中X和Y染色体的数量能够保持平衡，为何不同家庭孩子的性别比例会天差地别？我想，这些人之所以揣着明白装糊涂，就是因为他们很难接受，甚至害怕将胎儿性别的决定权交给母亲。虽说到目前为止，人们未能完全揭示受孕的内在机制，[1]但随着医学的发展，我们逐渐认识到，女性生殖器官的

1 这一问题正日益受到人们的关注，可参阅 Anne Atlan, «La guerre froide des chromosomes» , *La Recherche*, n° 306, février 1998, p.42。随后，该杂志又在第 307 期，1998 年 3 月号第 19 页刊登了相关反应与评论。

复杂程度与功能超乎想象。从这个意义上说，如果我们能把一对夫妇不孕不育的病理分析清楚，将对了解上述问题大有裨益。例如排卵受阻、机能障碍、宫颈黏液抗精子抗体、妊娠子痫等。但目前的状况是，面对症状，我们不是缄口不语就是缺乏分析，其中固然有统计，特别是研究方面的困难，但这样做无异于一纸禁令，为医学界揭示问题的答案设下重重障碍。

当然，人们这样做也是出于谨慎，尤其要坚持政治正确！在一个对女性充满敌意的社会里，她们会遭遇不计其数的困难，因此在讨论问题时需要特别注意，不能因此增加女性的负疚感，让她们觉得自己应对孩子的性别负责。比如说，我们可以鼓励女性自我反思，一吐真言，因为她们尤其擅长此道，还可以想办法帮她们摆脱束缚。总之，这样做至少不会引起猜疑，也能避免她们将一切责任揽在身上。

需要强调的是，面对那些相反或截然不同的观点，我无意激化矛盾、制造冲突。

恰恰相反，我提出的所有观点、问题、推测及答案，都只为说明一件事情：我了解母亲。这些年来，无论是她们向我倾诉的秘密，还是无意中流露的情绪，都让我受益匪浅，也让我对母亲这一角色有了更深的认识。

那么，让我感慨良深的一点是什么呢?

那就是最好不要将她们视为弱者，或是把她们当成时时须要宠爱、保护和照顾，永远长不大的小女孩。在一些媒体刻画下，她们装腔作势，扭扭捏捏，然而受众早已习以为常，甚至赞赏有加。我认为，这才是对女性尊严的严重践踏和赤裸裸的羞辱，其目的就是让她们心甘情愿地充当附庸，陷入故步自封的可耻境地。不过，比这更虚伪的是有人变本加厉，以极其愚蠢的方式煽动性别歧视，事实却是这些歧视根本毫无道理。上述现象令人扼腕，但可悲的是，如果有人毫无偏见地对待女性，将其视为负责任的成年人，反而会遭到主流社会口诛笔伐，“鄙视女性”的恶名从此如影随形，再难洗刷。我之所以甘于自曝其短，向读者细述初出茅庐时尴尬、愚蠢、无能、幼稚乃至糊涂的糗事，正是为了避免造成这种误会，帮助母亲们抛开不必要的羞耻心，勇于面对自身问题，从而打破社会为她们设置的枷锁。从始至终，她们都在向医生倾诉心事，希望得到后者的帮助，然而一些医生不但态度冷漠，而且学艺不精，因此无法提出，或是倾听、领会这些发自内心的生命之问。

本书绝非为了批评她们而著，而是为了向她们表示支持。关于这一点，我还会在后文不断强调。

只因这些年来，我一直在观察她们，正如我不断深化对自己的认识，我也从她们的事迹中学到了很多。通过收集她们剖析自我的谈话片段，我逐渐发现了女性行为的共同之处。事实上，她们比自己想象中更加自信，这让我对她们身为母亲的心理活动兴趣盎然，并提出了一个有欠考究又乏善可陈的概念，即母亲的范式。

这一概念建立在我与百余位母亲深入交流的基础上，她们的年龄、出身、相貌、肤色、身材、性情各有不同，日复一日如走马灯般在我面前闪过，却丝毫没有影响我探究的热情。她们既有相似之处，又独一无二，别具个性，风格迥异。她们怀揣不同的故事，与伴侣关系有的岁月静好，有的一别两宽，有的阴阳相隔，可谓无奇不有，无所不包。她们时而开怀大笑，时而痛哭流涕，时而沉默不语，时而侃侃而谈。无论她们的孩子是男是女，境遇怎样，年龄如何，每一段亲子关系的背后，都既有温情脉脉，亦不乏烦恼悔恨。

她们的力量从何而来，如何解释？她们的信念因何坚定，怎样安放？她们为何欢喜雀跃，充满信心，这能证明什么，改变什么？她们为何犹疑不决，忧心忡忡，这能解决什么，释放什么？在她们的由衷之语里，我们能够发现多少人生至理？对于无法生育的女性，她们能否凭借旺盛的精力披荆斩棘，在事业上杀出一条血路？对于能够生育的女性，她们是否愿意直面挑战，选择成为单亲母亲？事实上，近二十年来，单亲母亲的数量大幅增加，甚至引起了社会的担忧。

有时，我总是抑制不住内心的好奇，冒失地向他人打听是否会与自己的孩子发生争执。事实上，亲子关系的性质就是这样，每个人都曾亲身经历，也会或多或少有所了解。这种关系异常坚固，既不能无视，也无从断绝，由于它难以掌控，因此需要我们竭尽全力、不断调整。如此看来，所罗门的判决是何等睿智！[1]无论你如何折磨她们，让她们感到痛苦——无论卸掉肢体，还是摘除器官，甚至以命相抵，都随你喜欢，只是不要触碰孩子的一根头发。除了极其个别的情况，孩子就是母亲至爱的珍宝、最深的牵挂，也是她们生命不可或缺的一部分。她们对此毫不隐晦，即便偶有疑虑，也会很快做出纠正，声称孩子高于一切，甚至“比自己更重要”。

或许有人会提出质疑：这样的亲子关系，无异于盘剥、折磨和束缚，对母亲而言，难道不是一种心照不宣且无穷无尽的奴役吗？这种对牺牲的反感由来已久，却不无荒谬之处，事实上，母亲在亲子关系中也是受益的一方。（正是通过孕

1 在两名妇女争夺婴儿的案子中，所罗门威胁将孩子剖成两半，一人表示同意，一人选择放弃，所罗门由此判定后者是孩子生母。——译者注

育生命，她们才得以体验最为充实与安心的人生，最终成为一个完整的女人。性别决定了她们的行为。）她们延续着生命，是生命虔诚的守护者。无论从什么角度来看，人与动物在天性上都有一定的相似之处。在一些动物纪录片中，我们不是曾经看到母兽竭尽全力保护幼崽，一切以后代为先，而将自己的安危与舒适置之度外吗？

自打有记忆开始，女性就在期盼这神圣的一刻，即生命在体内生根发芽的一刻。她们终于等到了他的降临，并相信自己就是为此而生。她们投入全部精力，无微不至地呵护着他，在这一过程中逐渐感受着天性的复苏。她们有生以来第一次发现，一段关系竟能如此和谐美妙，孕育生命的逻辑亦是这般完美和令人信服，在任何情况下都可被视为典范。我将这种逻辑称为孕育的逻辑[1]，后者是一个全新的概念，具体而言，是由怀孕期间的每一个决定、想法和态度共同构成的。随着腹中小生命的蓬勃生长，她们无时无刻不感到创造生命的力量，这种感觉非他人肉眼所能觉察，即便是通过明察秋毫、泛滥成灾的超声检查也无法体会，但却是上天赐予

---

1 欲知更多细节，参看 «Un inceste sans passage à l'acte, la relation mère-enfant», in Françoise Héritier, Boris Cyrulnik, Aldo Naouri, *De L'inleste*, Paris: Odile Jacob, «Opus», 1994。

她们的一份厚礼。

她们从不认为图像造影或是医理分析有什么存在的必要，现在是这样，将来亦是如此。在她们看来，无论是徒劳无益的检查，还是喋喋不休的解释，抑或是夸大其词的推断，又与自己有何相干？至于未出世的孩子能否成为栋梁之才，现在一探究竟是否为时尚早？如果不是内心笃定，又怎能坚信自己的身体能够满足胎儿的一切需求，不让他们受到任何伤害？即使未必真正了解个中甘苦，人们不也对她们表示了一致的关切与同情？她们的脸上总是洋溢着胜利的喜悦，如果将孕育生命比作一门艺术，那么她们就是完美的执行者，以一己之力担负起创作的重任。日复一日，她们在镜中身形渐显，善妒而冒失的伴侣也由此放下心来，不再日日紧盯，因为再没什么能动摇她们的情绪和守诺的决心。

接下来就迎来了分娩的时刻。这一刻既让人恐惧，又充满期待。众所周知，生产对女性来说不再意味着生死考验，即便是以锱铢必较闻名的保险业者，如今都敢于为孕妇死亡投保，孕妇身故一旦被认定为医疗事故即可理赔。至于疼痛的问题，只要借助硬膜外麻醉就能起到减缓阵痛的效果，这对孕妇来说更是家常便饭。然而，再先进的医疗手段也无法缓解此时此刻心头的焦虑。无论医学界如何强调分娩过程的顺利，或是坚称孩子在落地的一刻“绝不会出现任何缺陷”，都不能让孕妇完全放心。

真正让她们感到恐惧的，是直面现实的一刻，是与这个久违的小生命见面的瞬间。记忆中，她们曾无数次想象孩子的模样，但如果你认为她们期待的不过是“眼见为实”，那就大错特错了。她们既不幼稚，也不愚蠢，十分清楚内心深处的诉求绝非如此简单。她们相信自己的感觉，虽与孩子素未谋面却仿佛早已相熟。她们曾与小家伙梦中相见，最后发现梦境与现实的模样竟然分毫不差。

在成为母亲的一刻，她们的生活轨迹也会随之改变。变化往往在不经意间发生，很多细节亦难以觉察，却足以颠覆以往的生活，从前她们只要做好自己的事情即可，可如今情况却大相径庭。每个人都面临同样的难题：时间总被占用，用完即止；时光倏忽而过，只余回忆。是的，这就是时间。不禁盈盈一握，思之亦是惘然。它的存在本身就意味着变化，再深的印象，也会随时间的流逝渐渐淡去，最终消失无踪，剩下的只有无法改变的事实。她们对这一切心知肚明，甚至只有她们才能理解。这种意识并非存于脑海之中，也不是意识或思考的产物，而是以一种最可靠的方式获得。它发自肺腑，源于内心深处最私密、最真切的感受。作为生命的创造者，她们的壮举令人钦佩，而生育不正是一种古老而极致的体验吗？更何况她们自成熟之日起，就对时间周而复始的规律有着切身的体会：每隔26—32天，她们都会经历一次失血的过程。因此，无须更多的语言，她们自会明白，这意味着生命尚未在她们体内生根发芽；同时，她们也认识到，无论受孕成功或是失败，生存与消亡总是相生相伴、交替而行。在混沌的时光里，生与死合二为一，共存于她们的躯体之中，就如同硬币的两面，虽然近在咫尺，却无法丈量两者在时间和广度上的距离。作为腹中小生命的拥有者，她们清楚地知道，死亡有时会悄然而至，从不以人的意志为转移，这种威胁如影随形，令她们备受折磨。可以说，她们曾体验过多少生的活力，就会承受多少死的恐惧。她们下意识地抗拒外部的影响，认为这种控制不会产生任何效力。作为生命的承载者，她们尽情颂扬其高贵的品质，对一切可能使其蒙尘的事物忧心忡忡。她们拒绝使用代表丑恶与卑劣的黑色，而是选择象征正直与光明的白色装点心爱的衣饰，这既符合世人对女性的期待，也是她们梦寐以求的优良品格。她们如何运用自己的才华？怎样看待不可抗拒的命运？如何安放内心全部的欲望？是否任其熊熊燃烧，然后将残存废弃和令人作呕的沉渣统统装入罪恶的容器？相信这是她们身边之人的共同心愿，希望她们能够卸下包袱，活得轻松自在。怀孕期间，女性的身体不断发生变化，她们疲于应对各种状况，内心备受煎熬，也正因如此，这一阶段对她们而言至关重要，每每谈起总是刻骨铭心、印象深刻。

十月怀胎，一朝分娩，她们的身体突然获得解脱，腹中空空如也，又恢复了昔日的常态。生命的降临殊为不易，但同样历尽艰辛，换来的也可能是生命的终结，这种情况时有发生，并不在少数。在长达数月的时间里，她们用血肉滋养着腹中的小生命，对后者的存在习以为常，甚至将其视为自己身体的一部分，但如今一切都不复存在。曾经的期待戛然而止，即使孩子的到来全在意料之中，即便命运冥冥之中自有安排，她们难道不会感到失落，觉得自己遭到了背叛？她们的真实想法又是如何？生活是现实且物质化的，并非只有理想和承诺。那么，在经历了怀胎十月后，她们是否会对上述观点提出质疑，不再认为生活一无是处、难以忍受？当她们亲眼见证身体创造的奇迹，是否会期待这种充满感恩的日子永无止境？对此，有人心甘情愿为幻象所惑，有人不破假象誓不罢休，但她们最需要的还是以折中的眼光看待一切，以此满足内心的渴求。这样做不仅简单易行，而且能够极大缓解生命不可承受之重。总而言之，孩子的降生开启了一段携手同行的疯狂旅程，这条路如此漫长，却是每个人的必经之路。

于是，母亲的奶水舒缓了第一声儿啼，曾经挥之不去的死亡阴霾倏然退散。她们陶醉于怀中小人儿吮吸乳汁的快感，决心为孩子成为一个完美的女人，共同期待奇迹的到来……

此时此刻，我对自己的潜力再度充满了信心。回想我近一段时间的表现，虽然无法做到历历在目，对此我感到有些抱歉，但也足以令人眼花缭乱，叹为观止。知道吗，我可爱的小坏蛋/圣洁的小甜心，无论你有何需要，妈妈都会尽一切力量满足你，以前是以母腹温暖你，如今是用乳汁哺育你。虽然你沉默不语，但只要你愿意，你可以继续你的索取，而且永远都不会遭到拒绝。或许有一天你会借口自己羽翼渐丰离我而去，贸然飞向外面广阔的天空，你意欲征服整个世界，却不知它于你而言充满敌意、危机四伏。哦不，此刻我要将你紧紧抓住。你是我的，在我身边，依偎着我，就如同我身体的一部分。即使你不能，也不知如何表达，但你这般开心，我又怎会毫无知觉？你可熟悉妈妈身上的气味？没错，这对你来说应该再熟悉不过，你一直都是如此享受这种气味的陪伴；我的声音呢？当你还在我腹中之时，就已与你日夜相伴；我的口味，我的臂膀，我抱你的姿势，以及我逗你玩的样子，你早就已经烂熟于心。无论你未来变成什么样子，无论你会经历什么、年岁几何，你都无法忘却、抹去或摆脱这段记忆。

因为我所做的一切，正是帮助你从零开始感知人生，就好比学习要从最基础和最必要的字母表开始。这样做也有助于形成坚不可摧的情感支柱，由此你可以积累经验，从容应对世事变迁。当然，你还可以举一反三，不断丰富自己的人生储备，去寻找和发现成千上万的可能性和新想法。我赋予你的，是人生必备的关键要素。正如几个平淡无奇的音符组合起来，却能谱就一首首雄浑壮阔的交响乐。对你而言，你尽可随意挥洒，为乐曲打上你的烙印，奏响属于你的乐章。不过，这些最初形成的印记将永远无法摆脱我的影响，即便我一时冲动弃你于不顾，拒绝承认我们的关系（这种可能性微乎其微），或是你竭尽全力，自以为能挣脱我的怀抱，我却无处不在，始终隐藏于你的灵魂深处。无论你愿或不愿，认或不认，知或不知，你在这大千世界中的所见所闻，于这漫漫人生中的历练沉浮，乃至你所有的思考与构想，都与我的影响息息相关。这就是你人生的第一个真相，它因我而起，所以我对你的意义非他人可比；它也是属于你一个人的真相，你会始终牢记、捍卫这一事实，甚至希望得到世人认同，只因它定义了你未来的人生，其他任何因素都无法与之比拟。包括你自己在内，没人能像母亲这样左右你的人生，同样，你也无法对别人施加这样的影响。每个人都自有一番独特之处和人格魅力，都在相似的表象下各有各的不同。如果你拒绝承认他人的独特，只顾自己标新立异，那么苦恼、困惑、误解、孤独就会找上门来，你要克服这些负面情绪，才能发现一个真正的自我，一个生动鲜活的自我。为何被收养的孩子如此渴望见到自己的亲生母亲？难道只是因为他们的养母不够尽责？答案当然是否定的，而且事实恰恰相反。正是因为体会过温情与关怀，他们才对生母念念不忘，就好比嫁接的植物，即便接合得再好，也总会留下一道裂纹。日积月累，难免引起他们的好奇。他们会凭借本能，一点点拼凑出生母在其生命之初留下的印记，希望寻根溯源，为心灵找到归依之所。

你可懂得，为何我们的关系亘古不变？你可理解，为何以我一人之力，竟敢为你赴汤蹈火？你是否真的明白其中道理？为此，我想告诉你一些重要的事情，不过我们要事先说好，这个秘密必须小心保守。你知道，我们本非二人，而是一体，是独一无二的整体。我们相互依存，如果没有外力干扰，或许这种状况就会一直保持下去。你依靠我获得了生命，我时刻关注着你的感受、你的快乐以及你的骄傲，从中汲取着无穷无尽的力量。只有看到你，我才能确认自己的生命仍在延续，无论现在还是将来都是如此。我无视时间的流逝，更加抗拒死亡的到来，虽然我心里再清楚不过，每个人都难逃一死，人们也曾告诉我，死亡终有一天会降临到我的头上。然而，你是我身上掉下的肉，是我体内流动的血，无论现在还是未来，我们的关系都不会改变，我们也会永远存在于彼此的心中。你无须多言，我将竭尽所能与你相守，任何人、任何事都无法将我们分离。

你是否明白，我之所以敞开胸膛，用乳汁哺育你，正是为了延长我们相处的时间？我们曾经须臾不可分离，但这样的时光却早早离我们而去。我总是唯恐为你做得不够，因此无时无刻不在付出，以至于你习以为常，毫无知觉。你只顾索取和享受，却未曾对我以及我的关爱心存感恩。你懵懂无知，我却心知肚明。我甚至能够想象，有朝一日你会以怎样忘恩负义的方式“回报”我的奉献。这一预见着实令人伤感，我们是否应该做好心理准备？这样做又有什么好处？与其如此，倒不如抛开一切顾虑，至少到目前，以及今后的一段时间里，我们依然可以一起成长，这是长期以来我们之间形成的一种默契，需要两人共同努力加以完善；当然，它也会夹杂一些奇怪而独特的情绪，为人平添些许遗憾。因此，让我们尽情享受此刻的相伴吧，任凭喜悦之情将我淹没，就如同当初你还在我腹中之时，我是如此爱你，虽然你现在已脱离我的身体，却依然为我留下难以言表的深刻记忆。我之所以成为一个女人，既是因为体验过爱的愉悦，也是因为品尝了骨血分离的滋味，在前所未有的震撼中重新发现了自己。这会是一种潜移默化的影响吗？我一方面固执地认为，怀孕对我而言无关痛痒，另一方面，内心潜在的压抑和胆怯的一面又被激活，让我无时无刻不在期待孩子的到来。即便我服用了避孕药物，充分体会着性的快感，也无法阻止我对于再次怀孕的渴望。只有在孕育你的过程中，我才能找到通往圆满的道路，才会懂得何谓完整的人生。如今我终于明白，怀孕的经历，亦是女性成长的故事，这样的秘密，唯有女性才能心领神会，将其代代相传。

你啊，我可怜的小宝贝，身为男性，或许等你长大一些，即将身为人父时，才会对此中奥秘一探究竟。到那时，你将回忆起我们共同度过的美好时光，感叹上天竟然残忍如斯，让你无法享受为人母的幸福满足。身为男儿身，你从出生起就注定走上另一条道路。当然我必须承认，终有一天我也会成为局外之人，然后由你孩子的母亲将孕育生命的责任传递下去。

我们已经说过，生儿育女是大部分女性的必经之路。虽然养育你并不是为了复制我的人生，但我还是忍不住将自己的经历与母亲进行了比较。在你身上，我找回了曾被剥夺的东西。我回想起母亲对我漫无边际的控制，以及我为反抗做出的一件又一件忘恩负义的蠢事。我竟是如此荒唐无理！虽然我与母亲天差地别，你的存在却让我和她日渐趋同。我意识到自己和她一样，不能容忍你离我而去；我发现只要你有一刻不在视线之内，我就会心生嫉妒；我还知道，自己是怎样瞪大眼睛关注你的每一个进步，辗转反侧地琢磨你的每一个决定。我对你事事关心，只有在确认自己的影响无处不在后，才能放心让你远行。我为你的成就感到骄傲，当发现其他女子向你暗送秋波时，我总是心如刀绞，只能自我安慰说，任何人都无法取代我在你心中的位置，亦不能动摇我对你的影响，无论你结交多少女友，她们至多能够忝居第二。如果你最终选择了其中的一位，我相信她的气味声音、表达方式乃至一举一动只是为了唤醒我们一起生活的珍贵记忆，重现那些深藏心底、无法抹去的深刻印记。我与她之间多少有些相似之处，对你而言，一边是母子情深，恋恋难舍，一边是夫妻携手，共创未来，问题的关键就在于能否将二者分辨清楚、区别对待，并找到自己最适合的位置。

说到底，这始终是一个女性成长的故事。女性创造男性，也成就了自我；女性为孩子奉献一切，可谓一个愿打，一个愿挨。如果缺少了这种必不可少的联系，那么成长也将失去意义。不过，有些卑劣的男人对此毫无知觉，凡事易为表象所惑，才会炮制出“换妻”这样荒谬的概念！先哲曾言，如果一名男子在树下与人闲谈时提出一个好主意，必定是他的妻子在头天晚上曾对他面授机宜。不过，除了暗中出谋划策，难道女性再无其他方式施展才华？难道我们不该时刻保持警觉，全力捍卫美好，让未来变得更加具象，更加确定？这是我们永恒的追求，也是我们牢不可破的信念。

是的，我的女儿！你如此真切地站在我的面前，未来亦是如此。当你经历了怀孕生子，你就会像我一样懂得那一刻的美妙、独特和辉煌。你我感同身受，正如我与我的母亲拥有相同的体会，而她又与她的母亲心心相印……以此类推，我们甚至可以追溯到有史以来的第一位女性。时移世易，女性群体的行为和成长轨迹却变化不大，可谓异常稳定。我的女儿，欢迎你加入这一行列，继续书写女性的历史。你要在其中找到自己的位置，既不偏离主流，也绝不背弃责任。我会始终在你身边提醒你、支持你，随时准备付出一切，为你答疑释惑，向你传授经验，相信我们一定能做得很好。我会像我母亲帮我那样相助于你，不，不仅要分毫不差，还要精益求精！不过这一切其实都不重要，母亲就在我的身边，始终都在，正如我会一直陪伴着你，她关注着我和我们的一举一动，从旁评判我们做得是否正确。她是我们最重要的参照对象，我相信你对此亦有同感。如果说我们在接力续写女性的历史，她就是绝佳的代表，也是鲜活的记忆。有她无处不在的相伴和提点，我们是何等幸运！她将女性代代相传的幸福完好无损地交到我们手中，引领我们增长见闻，分享只有女性才能心领神会的经验。从今往后，在我们相伴的每一刻，我都会按照自己的样子塑造你。我要把自己的娃娃全部送给你，我一直为你保留着它们，其他玩具也是如此。待到合适的时候，我还会把儿时的照片拿给你看。我会小心谨慎，为你指明前行的道路，向你展示我走过的每一步足迹，我要让你远离一切恐惧，帮你实现最高的抱负，教会你如何阻止那些充满觊觎和猥琐的目光。

终有一天，你会得到应有的报偿——此前你一直求之不得，是因为你未曾体会生育的痛苦——只有这样的经历，才能赋予你不同的人生。我要让你吸引所有人的目光，但又不会给人以放荡之感，我要尽一切力量令你光彩夺目，让所有人都为你的美丽如痴如醉。你是如此耀眼，每当我看到你，仿佛自己的状态也会变好，整个人容光焕发、志满意得。你就是上天赋予我最完美的补偿，我一天天看你长大，直到出落成我和母亲当初的模样。有一天，你会来找我，为自己初尝禁果心绪难平、惊慌失措，到那时，我将带领你一窥性别的奥秘，告诉你它在人生中的分量，以及与死亡的关联，也只有我们，才能对死神嗤之以鼻。我会将他人传授的经验与亲身体会倾囊相授，我还准备将你培养成一个无所不能的人，强大到即便任性妄为或是犯下过错，也能扭转乾坤，朝着正确方向继续前进。我会不断努力，让我们共同生活的每一天都如此刻这般心意相通。

啊，我的宝贝，我的甜心，就让我像你一样，细细品味时间的流逝；让我和你一起，融入你的生活，将那些挥之不去和令人痛苦的想法统统抛诸脑后；让我感受岁月静好，体会被人需要的滋味；让我不再犹疑，彻底地活出真我；我要变得更加强大，与你携手，因你而强，为你而强，只要我们心心相印，那么无须其他理由，我就会成为一个无所不能的人。你是助我强大的动力，我则是你的拥有者和掌控人。我们将组成一个你中有我、我中有你的命运共同体，对此你永远不会感到厌烦或是怨怼。快呀，我已迫不及待要将这种亲密的关系变为现实，它会一直伴随着我们，让我们对和谐、美丽、完美和正直充满向往。你曾轻率地决定离开我，我却只愿此刻与你共度！我唯一的希望就是为你而活，虽然我们步调一致，对彼此异常珍视，但终有一天我会为这种默契画上句号。你如何想是你的自由，不过我绝不会忘记自己的所作所为和你为我做的一切，正是因为你，我才算真正地活过！

以上这一段非同寻常的独白，虽然未曾加上引号，却道出了无数人的心声。个中想法，我们或是心知肚明，或是一无所知，或是道听途说，或是推论而来，再或者曾经付诸实践，但这番话却能直击内心，将那些意外或汹涌的情感表达得淋漓尽致。试问哪位母亲对自己有如此透彻的了解？恐怕没有。有时人的想法就是这样奇怪，无论是经年累月的现实生活、稍纵即逝的灵光乍现、一闪而过的突发奇想，还是变幻莫测的情绪波动、奇特短暂的心灵感应，抑或是极其偶然的灵魂出窍，微妙得难以形容，而且毫无理智可言……面对这一切，我们总是一而再、再而三地试图将其转化为文字，并且通过整理赋予其真正的意义。同样奇特的想法还有深入他人的潜意识，从中发现离经叛道的思维。在这个世界上，只有人类才会努力地探究、追问他人的心思，并不惜冒险也要将其描绘出来，哪怕这样做徒劳无功且在法律上会落人口实。

但是请注意，无论这番独白是如何写就，又被怎样重构，它都不过是一个初级产品，只有再简单不过的基础性表述，如同树木粗糙的枝干，雕琢的水平刚刚及格。母女关系如此复杂，但它刻意回避了许多问题，就好像研究一棵树，却对根部的诸多贡献和作用视而不见，如果能补充这部分内容，必将产生枯木逢春的效果，让母女的故事广为传播。这种方法有助于透过现象看到本质，在分析母亲与孩子的交流问题上，我们可以如法炮制。

交流与我们每个人息息相关，但其过程却让人心烦意乱、痛苦不迭，我们将最不为人知的一面深藏于心，彼此的关系仿佛云山雾绕。许久以来，这种状况引发了许多漫长的战争，人们都希望以此来征服对方、达成共识。

现实中，谁在安抚谁？谁在保护谁？谁在孕育谁？又是谁在掌控谁？是孩子控制母亲吗？毫无疑问，这种现象一直存在；是母亲控制孩子吗？这一情况也比比皆是，而且按照她们自己的说法，持续时间甚至比前者还要长久。我们或许认为，简单地判断会自相矛盾，但事实并非如此。

在某些特定的情况下，无论男孩女孩，多少都有摆脱母亲的想法，但后者却对孩子怀有深深的依恋，这份依恋，及由此衍生的控制，很多时候会贯穿母亲的一生。在人生相当长的一段时间里，每个人都会为亲子关系投入巨大的精力，当然也会得到相应的回报。这种关系如此纠结却又充满激情，那么，我们到底应该如何面对呢？

一些社会团体疲于应对此类问题，对它的来势汹汹也无计可施。面对一位母亲的诉求，没人能够做到装聋作哑或是无动于衷。无论她大喊大叫，或是沉默无语，我们的情绪都不可避免地受到影响。有时，我们试图与她保持距离，但任凭你用尽浑身解数，却总是事与愿违。比如运用完美的逻辑进行分析，这一对策不可或缺，然而同样不能解决问题。

为什么她的喜怒哀乐对我们如此重要？无论你是男是女，年龄几何，境况怎样，似乎都无法摆脱母亲的影响。为什么在我们眼中，她的形象如此单调，仿佛源于一篇严丝合缝的论文？

因为我们心知肚明，自己根本无法置身事外。原因再简单也再充分不过，那就是我们别无选择！正因如此，我才不愿贸然将一个孩子的成长经历与母亲的情绪或执念画上等号。即便没有他人提醒，我们也都清楚，自己曾是一个孩子，随着年岁渐长，这个孩子始终存在于我们心中。那么，难道他不曾意识到这种与生俱来的特质？如果我们让他看到真相，又是否会对他造成伤害？

生存还是死亡，这是长期以来深深困扰人类的一大命题，即便一个人失去了全部记忆，也无法摆脱它的影响。在笔者看来，这也是维系人际关系最重要的纽带。人们又是否知道，无论过去或是将来，无论决心如何坚定，无论付出怎样的努力，那些曾经积累的人生经验，或是百般挣扎后做出的选择，终将一去不返。他可能会因此懊恼不已，但却必须承认这样一个事实：尽管他机关算尽，想要改变自己的境遇和人生轨迹，但是他的天性，以及诞生之初与母亲深深的牵绊，才是生命中难以磨灭的印记。谁不曾经历年少懵懂，但人们却需要耗费大量时间，甚至穷尽一生来反思和消除这些不快的记忆。他能做的，也无非是摆正心态，重新审视过往的经历。在最理想的情况下，他可以回想起自有记忆以来所有恐惧的时刻，以及由此带来的心理阴影。整个过程还可能带来一个收获，即重新确认事情的性质和严重程度，然后运用逆向思维推想自己所应采取的保护措施。我坚信他的努力不会白费，但对他而言，最重要的还是摒弃一些不合时宜的理念，首先就是完美主义，这种倾向从出生起就与他如影随形，并在相当长的一段时间里影响着他的人生。

以上我描述的，应该是最值得称道的一种类型。但是可惜啊，并非人人都是如此，现实与之相去甚远，甚至背道而驰。面对过往经历，绝大多数人或多或少采取了激烈否认的态度，毕竟，人们更愿意保持自尊，不愿求助他人，相信自己拥有独立的判断能力，就如同捍卫神圣而不可侵犯的自由。这种处事态度相当普遍，却总会为人带来不幸。除非某天出现这样一个孩子，虽然他注定要被培养成一个庸才，但由于身处一个宽松的环境，因此挺身而出，对上述态度提出了质疑。他这样做既是因为天真无知，也是在对令人窒息的关爱表示抗议，希望借此避免灾难性的后果。类似的情形起初只停留在想象之中，后来逐渐演变成一种执着的期待，大家都盼望自己能够正视现实，不再动辄采取麻醉的手段强迫他人装聋作哑，同时尊重事实，坦然地将真实情况宣之于众，绝不遮遮掩掩、语焉不详，使其无论在何种语境下都能为人广泛接受和采纳。

我们只需等待，这一天迟早都会到来。

我们始终跋涉在这条路上。

在此过程中，什么才是至关重要的因素？

是母亲。没错，依然是她，永远是她。她无私地奉献自己，虔诚地守护着爱，但也必须面对亲子关系的诸多难题。她肩负着传承之责，同时无论愿意与否，意识或是没有意识到，她都将全身心地投入其中。

……到另一位母亲

在前文中，我向读者讲述了一位母亲的故事。我不知道自己的表达是否足够准确，能让诸位了解我当时为什么，又是何等的惊诧莫名，甚至目瞪口呆。不过，我相信大家至少明白了一件事，即她是迄今我遇到的最令我难忘的一位母亲。她身上集中了一切众人艳羡的优点，她让人们在黯然神伤之余，更加期盼来自父母的关爱。她不是曾经告诉我，自己两次把儿子从死亡线上拉了回来？在回首往事的过程中，她是如此的镇定，那么她对挽回儿子的性命是否产生过一丝怀疑？当奇迹降临时，她又是否感到了一丝讶异？不知出于何种原因，孩子不再留恋母亲赐予的生命，决意弃她而去，她却置若罔闻，誓不接受这一决定，拒绝成全他的心愿。令人叹服的是，她虽然态度十分冷静，但在行动上却是不遗余力。毫不夸张地说，她用自己的人工呼吸换回了儿子的自主呼吸，不过此举更像发号施令，而非是在祈求对方。就这样连续两次，儿子在母亲的召唤下做出了让步，仿佛早已知晓自己别无选择。

她的故事让我感慨万千，我在记忆中不断搜寻，却找不出一件事能够缓解它对我的冲击。最神奇的是，身为一名医生，我应该再清楚不过死亡意味着什么，正因为懂得，所以才会投入毕生的精力与之抗争，然而我对她的经历未有片刻怀疑，我坚信整个故事真实可靠，并且赞同她所说的每一句话。虽然这个奇迹如此不可思议，但她并非言过其实。在我看来，唯一的解释就是意志战胜了宿命。听到这个故事时，我完全没有想到它会与我发生联系，是啊，这怎么可能呢？直到后来，我想起发生在自己身上的类似事件，才意识到这段过往一直隐藏在我记忆深处无法触及的角落。不过当时我只感到一股莫名的不适涌上心头，毫无疑问，这是一段时间以来负面情绪堆积的结果，但它如影随形，让我在下午的问诊中倍感焦虑。

正是在这样的精神状态下，我接到了来自格温奈尔所在C医院的电话。随着检查的深入，病情已经基本确诊。孩子患有严重的贫血，而且可以肯定的是，这是一种新出现的症状，因为在上周五的抽血检查中尚未发现。孩子的红细胞数量急剧下降，已经达到令人担忧的程度。更糟糕的是，血中的尿素氮含量居高不下，这说明孩子出现了肾功能衰竭。此外，电解质紊乱非常严重，仅仅是钾离子浓度的异常变化就能立即要了他的性命。这些指标与最初的诊断有所矛盾，在对此前结论进行了部分排除和修正后，检查确认无疑地显示：孩子患的是血栓性血小板减少性紫癜，也就是我们今天所说的溶血性尿毒症综合征，首字母缩写为SHU。医院向我通报了孩子的病情，同时表示他们已决定将格温奈尔立即转到另一家医院的肾脏科，那里我经常前往，再熟悉不过。

当时，人们对这种病知之甚少，却已能够辨认相关症状。就在几个月前，我还曾经确诊过一例，无论腹泻、咳嗽还是痉挛，患者最初的临床症状与格温奈尔一模一样，只是没有出现绞窄疝而已。换句话说，虽然我竭尽全力坚持己见，但还是被先前的诊断误导；同时我也被验血结果蒙蔽了双眼，这项检查没能查出贫血的症状，却将当时确诊百日咳的蹩脚标准列入其中。正如你们所料，事情发生后，我根本无法做到若无其事，每天备受煎熬，内心充满悔恨，而且这种感觉一直萦绕在我心头，无论多久都不会消失。事实上，肾衰竭会引发电解质紊乱以及动脉高血压，后者也是典型症状之一，而且在发病的后期才会出现。

我们都明白，这种病有多么严重，又会造成怎样致命的后果。虽然它十分罕见，但我们还是注意到，它总是以小规模流感的形式出现，谁也无法解释这种现象，当然具体的病因就更加无从谈起。正因如此，我们在治疗中只能尽力而为，也就是所谓的头疼医头、脚痛医脚，而且当时的重症监护正处于起步阶段，其手段之匮乏，在今天看来几乎不可想象。医院对孩子实施了腹膜透析治疗，即在腹部注射药物，借此暂时缓解肾阻塞的症状。液体溶剂进入体内后，能够有效消除水肿，对大脑形成保护，同时将尿素和肌酐的指数维持在一个正常的水平。此外，医生还使用离子交换剂降低血液中钾的含量，并为患者制定了一份严格的食谱，他们反复掂量、精打细算，对液体的摄入尤其不敢大意。他们时时监控孩子的体重变化，因为该数据能够反映液体在体内的大量积存或是过度消耗。医院希望通过这些治疗，让患者肾功能逐渐恢复正常，同时他们也在密切关注导尿管中排出的尿液，以便随时对成分进行化验。

如今，医学界对这种病有了更深的了解。在一般情况下，发病原因就是细菌性食物中毒，而致病细菌则以大肠杆菌为主。

大肠杆菌（从名字就能看出，它是结肠杆状菌中最普通的一种）是人体内一种常见的宿主菌。在不致病的情况下，它对机体而言不无裨益，除了提供维生素，还能在消化的不同阶段发挥作用。后来人们掌握了这一特性，将其广泛应用到实际当中，这才让大肠杆菌的价值得以发扬光大。在许多重要药品（如胰岛素、成长激素等）的成分中，都能找到大肠杆菌的名字，用它制药不仅成本低廉，而且纯度极高。大肠杆菌种类繁多，但是很少会对人体造成损害。到目前为止，人们早已将这些有益的菌种登记造册。与此同时，医学界也发现了一些恶性菌种，如55：B5、126：B6、26：B6、75：B12等就会引发小儿肠胃炎，一旦患病，后果将会异常严重。后来，人们开始运用血清识别病因，并且迅速找到了根治的方法。但在相当长的一段时间里，人们始终无法解释溶血性尿毒症综合征的致病原理。众所周知，牛的体内存在一种编号为O157：H7的大肠杆菌，在牛肉没有煮熟或是奶制品消毒出现问题的情况下，就有可能侵入人体。医学界于20世纪80年代研究发现，O157：H7会分泌一种名为Vero的毒素，后者存在两类变种，一旦进入人体循环系统，就会对血管壁造成严重损害。此外，它还会吞噬血小板，引发机体一连串的功能紊乱。当小血管中的纤维蛋白形成桥状连接时，就会导致经过的红细胞发生破裂并走向死亡，由此释放的血红蛋白则需要肾脏进行排泄。然而人们通过观察发现，如果血红蛋白的数量太过巨大，肾管就会发生阻塞，肾脏也会随之出现异常。体内有害物质堆积如山，身体自然就会险情不断，尤其当液体无法排出时会导致高血压，严重时甚至会造成死亡。以痉挛为例，我们根本无法预知它的严重性以及可能产生的后果，如果它不是因脑水肿引发，就是某些器官和组织出现了炎症，导致大脑因凝血功能障碍产生供氧不足。至于咳嗽，这种症状会发生在某些病患身上，并以百日咳为主，其致病原因应该是脑中枢为毒素侵袭，因此直接下达了刺激咳嗽的指令。

从今天的角度来看，这一诊断远不是最坏的结果，但在当时的医疗条件下，却是糟糕到了极点。正因如此，医院的同事一通电话，召我前去共商对策。

不巧我当天在外问诊，耽搁了不少时间，到达医院时天色已晚。我径直找到我的朋友皮埃尔-马里（Pierre-Marie）。他是当晚的值班医生，同时也是接治格温奈尔的医师。几年前，我们身为住院实习医生，在同一科室共事长达六个月之久。我十分喜欢他的为人，更加欣赏他在应对各种复杂情况，尤其是处置危重病人时表现出的严谨、干练、冷静，以及迎难而上、无所畏惧的职业精神。

他带我来到格温奈尔的病床前，从此，这个孩子就是我们共同的病人了。

我再次看到了她。

她坐在病房里，依旧是率真而直白的眼神，看得人心中一阵窘迫。我们互相打了个招呼，她对我专程赶来表示感谢，声音语调一如往昔。她对孩子的情况心知肚明，却没有表现出过分的讶异，许是白天经历了太多的事情。我对孩子的病情不置一词，只是与她闲聊了几句我和皮埃尔-马里过去的关系。既然无法给她任何安慰，我唯有极尽热情和认真地向她介绍后续的治疗方案。在那个时候，儿科病房出于消毒的考虑，出台了一系列严格的规定，比如禁止父母陪护在侧，只留出十分短暂的探视时间。这在现在看来或许不近人情，但在当时却是必要之举。我无论如何也不会想到，我们给予她的一点儿便利会让孩子的命运发生惊天逆转，事实上，那些防护措施一直都在发挥作用。我告诉自己，要以平常心看待此事，仅凭她待人接物的态度，就理应得到这样的宽待，而我也没有因此大惊小怪。

当晚，我又一次开车送她回家。从那以后，在孩子住院期间，我几乎每天都会做相同的事情。

几天后在回家的路上，她向我讲述了一些事情。

她告诉我，在怀上格温奈尔之前，她已经做过五次人工流产。夫妇俩为了养育三个男孩忙得不可开交，根本不想再要第四个孩子。在此，我们需要把她的话置于特定的环境中加以理解：在那个年代，避孕的措施尚不完善，发生这样的情况在所难免。所以，当她发现自己再次怀孕的时候，依然希望借助人工流产解决问题。然而妇科医生告诉她，此法凶险异常，严重时会危及性命。至于选择私家诊所进行手术，其可怕与危险程度同样不容小觑。无奈之下，她选择生下孩子，身边的亲友亦为她感到高兴。她有条不紊地向我讲述了整个过程，沉默了片刻，才接着说道："格温奈尔出生以后，我每晚都会陷入一个相同的梦境：我身处墓地之中，眼睁睁地看着他的父亲和三个兄弟将他的棺材埋入土中，四人全都身着紫色衣装。但是自从孩子住院之后，我就再也没有梦到这个场景。"

我意识到这番话至关重要，也许任何人处于我的位置，都会产生这样的想法。现在一切都再清楚不过，这下又轮到我目瞪口呆了，她总能随心所欲支配我的行为，而我或是浑然不觉，或是完全懵懂，面对她的疑问手足无措、败下阵来。我迅速在大脑中回放了一遍这段令人惊诧的谈话，却难以抓住要点。我最初以为，梦中的“紫色”一定与“强暴”存在某种联系，[1]或许是产科医生的独断专行让她感觉受到了“侵害”，而我之所以产生这样的联想，与家中保姆的遭遇不无关系。不过我很快推翻了自己的假定，又陷入对“衣装”的猜测，比如衣服的寓意、专属主教的紫色，以及我能想到的一切……尤其让我感到恐惧的，是她对于生死的态度，这大概也是她在打车送孩子入院时始终保持冷静的原因——“如果你活着就是为了延续我的生命，那么你必须一直活下去，否则我将死去，同时我付出的一切也会变得毫无意义。”当然，她没有清楚地表达或意识到这种想法，但她不就是这样做的吗？她的行为几乎等同于进行独特而真实的死亡祷告。这是何等的触目惊心！在长达数月的时间里，天天周而复始、不曾间断。不知在孩子住院期间，祷告是暂告一段落，还是彻底画上了句号？现实的考验如此持久而残酷，足以让她做出放弃的决定。

她还在絮絮地讲述，在她看来，梦境的消失如同“神谕，预示着一切不幸必将终结”。我为这番谈话感到震惊不已，一时陷入了沉默，于是她又进一步向我描述起不幸的经

1 “紫色”（violet）与“强暴”（viol）在法语中发音相似。——译者注

历，比如她是如何在一年内失去父亲和一位兄弟，他们先后因胃癌和喉癌离世，她始终陪伴在侧，直到他们生命的最后一刻。

大概是觉得她的故事太过伤感，我闭紧嘴巴，一言不发。除此之外，或许我还做到了充耳不闻。直到今天，我依然为此自责不已。在接下来的十几年时间里，我时常回想起当时的情形，心底有个声音反复在问，她与我分享这个故事，应该是希望在彼此间建立一种默契，那么我是否因为愚蠢错过了这个重要的机会？当然，现在提及此事为时已晚。如果当时我能了解这一情况，事情是否会向着另一方向发展？此外，我所受的教育也不允许我继续这个话题，因此说再多也是无益。事实上，她的无意识已经通过重复的梦境传递出强烈的信号，作为一个母亲，她只要稍加思索就能明白其中奥秘。而身为旁观者，即便我将所有的记忆拼凑起来，依然无法做到真实可靠，并且极有可能扭曲真相。

在那一刻，我不由得产生了很多可怕的想法，当然，有些或许是胡思乱想。

我在心里问自己：每次我见到这个女人，她总是表现出异乎寻常的冷静，但正如她向我讲述的故事，为何厄运注定与她相伴？就我个人而言，我曾参加过几次葬礼。虽然那时我年纪尚幼，却清楚记得当时的场景：空气中弥漫着悲伤的情绪，让在场的每个人感同身受，而且持续的时间很长。这种气氛还会令人心生恐惧、备感无力。人们说话时小心翼翼，唯恐提及不幸之事。他们或缄口不言，或闪烁其词、担惊受怕；他们紧紧站在一起，彼此依靠；他们惜字如金，交谈能免则免；他们几乎不会彼此对视，行动僵硬到极点，连最寻常的手势也一并省去，仿佛不这样做就会搅扰逝者的清净。他们的一举一动都异常迟缓，生怕动作太大引人注目，他们隐约感到，死者并未离去，依旧在注视着自己。从这个意义上说，民间传说中总是出现飘来飘去的死神并非偶然。在生者的世界里，人们尽可能不去冒犯他人，似乎只有这样做才不会为自己招致不幸，在他们看来，即便是最细微的动作也可能带来厄运。人们对新鲜事物兴味索然，也不愿意出类拔萃，在做事之前就认定必然遭遇失败。他们认为活着就是胜利，只要坚持足够长时间，既拥有谨小慎微的态度，又不乏虚度光阴的耐心，那么生命自会找到它的意义。如上所述是我亲身经历，不过我也不会轻下论断，将其视为普遍现象。许久以来，我就对事物的多样性有所认知，这要得益于我家乡的一句谚语："当我们择一地而栖，我们也应接受它的丧葬风俗。"在听到这位母亲的故事后，我本以为她会被恐惧击垮，在命运沉重的打击下一蹶不振，然而她总是这样毫不畏惧，始终保持着冷静的态度。她的勇气从何而来？面对新的不幸，她又该如何自处？

虽然我当时孤陋寡闻，但也对类似的人格有所耳闻，这种性格的人们热衷享受苦难，对不幸充满迷恋。有时仅凭这一特质，我就能将他们识别出来。他们乐此不疲的态度如此明显，让人无法不对他们感到厌恶。不过在我看来，她并不属于此列。她是这样的不可思议、难以琢磨，却又令人赞叹不已，以至于我有时会对自己产生怀疑，寻思是否结论下得过于仓促，或是产生了错觉；我还曾推测，她不过是用一种罕见却合宜的教养来掩饰身心俱疲的真相。虽然当时我既年轻又缺乏经验，但直到今天我依然坚信，自己对她的判断没有错误。由于始终无法弄清事情真相，我将这一切归结为沟通出现了问题，认为自己深受原生家庭价值观的影响，而这一想法又让我陷入更深的沉默。

日复一日，我依然在为琐事奔忙。然而，无论这些经历微不足道还是令人神伤，精彩绝伦还是出人意表，总能带给我无限感动。这天早上，我刚一睁眼就想起自己擅闯医院的经历，在接下来的一天时间里，我不停地盘算晚上的问诊会发生怎样的状况。扪心自问，我之所以如此紧张，难道仅仅是因为格温奈尔是我收治的一位年幼的危重病人？又或者是他的母亲给我留下深刻印象，而我至今依然百思不得其解？再或者是她本人和我们之间的关系出现了问题？老实说，我与她之间并无私情，虽然我常被众多女性的美德打动，但她显然不属此列。那么，这个孩子就是我的翻版？我是否在他身上看到了自己的童年，而她则象征着我的母亲？我希望从这对母子身上获得什么？从见到她的第一面起，我就毫不犹豫地任其摆布，我究竟希望从中探求怎样的奥秘？

事实证明，我绝不是唯一一个被她吸引的人。她身边的所有人都毫无例外地感受到了这种魔力。比如我的朋友皮埃尔-马里就对她关怀备至，当然我可以解释说，他素来体贴入微、天性纯良，对待每个人皆是如此，但其他医护人员也对她同样亲切，这就足以说明她的魅力。有一天，我好不容易克服平日的保守和胆怯，向我的上司询问他对格温奈尔病情的看法。他避而不答，仿佛我提了一个无比愚蠢的问题，又或者是他对我无话可说。不过出乎意料的是，他很快又接过话茬儿，发表了一通感人至深的自我独白。作为整个治疗过程的见证者，他毫不吝惜对她的溢美之词，他坦言，自己从未遇到如此令人震撼的母亲，内心的感动简直达到无以复加的程度。熟悉他的人都知道，这是个吹毛求疵的家伙，对秩序有着近乎苛刻的要求，哪怕一件鸡毛蒜皮的小事打乱了既定部署，都会令他暴跳如雷。然而就是这样一个人，居然肯网开一面，允许格温奈尔父母中的一人24小时陪护在侧，这在儿科病房可谓前所未有。这番私密的谈话对我而言无异于一颗定心丸。几天后，当我向医疗团队介绍格温奈尔的病情时，一位同事询问我的上司如何对百日咳进行初步诊断——虽然我的方法完全符合他的标准，但他却不点名地严厉批评了我："一个无能的医生，再加上一个亦步亦趋的实验室，当然可以随意做出任何诊断。"我本来可以见招拆招、反唇相讥，甚至是拂袖而去，但是我一言不发，内心也没有受到伤害或是愧疚的感觉，只是暗自盘算：如果为逞一时之快，搞砸了人际关系，那么只会对格温奈尔的治疗造成损害。在我看来，现在医院的气氛对他十分有利，无论哪方面都超出了我们的期待。

如今，格温奈尔已经成为儿科病房的大人物，每个人都对他的病情了然于胸，而且信息还会定期更新。人们关注并谈论着每次检查的曲线、图表和数据，同时也不忘到病房稍作停留，与他的母亲交谈片刻或是送上一个温暖的微笑。这既是出于同情，也传递着生命的讯息，表达着对生命的祝福。虽然祝福林林总总、各不相同，但我却认为它们拥有击退死亡的能力，正如格温奈尔母亲所描述的梦境，假如其中尚有几分真实，那么它也佐证了这一想法。于是，当尿袋收集到孩子的第一滴尿液时，我们很是欢欣鼓舞了一番。不过更令人惊讶的事情还在后面：孩子的排尿量也在迅速回升。我们开始相信，最艰难的时刻已经过去，我们即将为噩梦画上句号。接下来的日子里，好心情仍在继续，而且我发现，它竟然具有如此强大的感染力。一段时间以来，医护人员都倍感压力，那些冷漠的大领导试图把所有责任都推给他们，但无论人们以何种眼光看待他们，他们绝不会对自己的病人无动于衷。如果说面对灾难时，他们都在努力控制自己的情绪，那么在成功解救病人的一刻，他们也会尽情释放自己的快乐，而且病情越危重，这种感情就会越浓烈。纵然时光流逝，他们依然不改初心，因为即便是时间，也无法让他们对救人的快乐免疫。每当他们成功将病人从死亡线上拉回来时，就好像自己也获得了重生。

这是怎样的一个谜团！无论是众志成城的努力，还是感同身受的怜悯，抑或是众口一词的称赞，都让人百思不得其解。如果说我尚能对这段奇遇进行思考，那么其他相关人等则毫无例外地陷入了情感的旋涡，他们期待从这件事中获得快乐，这样的愿望固然令人动容，但也同样令人费解。

如今时过境迁，当我再度回望，我认为破解这一谜团，还是要从自我认知和心理投射中寻求答案，同时也要考虑到事情的复杂性与多样性。比如我们不能简单地认为，格温奈尔就是众人同情的对象，因为在儿科病房，像他这样生病的孩子还有很多，有的甚至比他还要严重。那么我是否可以得出这样的结论：人们同情的乃是他的母亲。假设这一结论成立，那么至少可以解释我的上司为何网开一面，对母子俩格外优待。不过对医护人员而言好像并非如此，按照常理，如果他们同情的是母亲，难道不应该站在她的角度考虑问题，像母亲对待儿子一样竭尽所能吗？从这个角度看，对母亲的同情可能并不是唯一的解释，我们还需要寻找其他理由。事实上，儿科医生可能是这个世界上最特殊，也是独一无二的一个群体，他们可以在无意识的情况下体验自我认知和心理投射的各种过程。他们时而是子女，时而是父母，在不同角色之间转换自如，对他们而言，这是再自然不过的事情。

我们或许可以由此认定，无论自我认知还是心理投射，他们锁定的目标都不是格温奈尔或是他母亲的其中一人，而是两者兼具。这一假设可谓吸引眼球，但却经不起推敲，至少有两个论据就能将其推翻。首先它无法解释人们为何对这对母子情有独钟，这一选择本身就匪夷所思；其次也无法解释医护人员为何如此投入感情，连病房里的孩子也不例外。那么我们只能得出一个答案，也是唯一的答案：人们的同情心并非源于孩子以及他的病情，也不是因为他的母亲及其行为举止，甚至都不是针对这对母子本身，而是这种独一无二的母子关系，尤其是两人之间的互动，让人不由自主深陷其中。虽然人们未必能觉察到这一点，但他们却本能地认为，事情与自己息息相关，如果置身事外就会显得格格不入。他们甚至没有十足的把握，对事情的来龙去脉能有清晰的记忆，却感到一种难以言表的幸福，因为他们无比确信：自己从未有过如此经历，类似的故事只存在于梦想之中。

要解释这种现象，大概要追溯到人生的最初阶段。

这一阶段，指的既不是童年的早期或晚期，也并非婴儿的恐惧期，而是比这更早的时期，早到孩子尚未牙牙学语，甚至没有独立意识的时候。无论外界发生什么事情，我们都无从辨别和认知，却能凭借异常敏感的天性，在脑海中留下深深的印记。这种感觉十分纯粹，且出自本能，一旦形成就再也无法抹去。我们每个人都无可避免地要经历这样的阶段，它汇聚了人类所有的原始恐惧，正因如此，我们在婴孩时期才会发出撕心裂肺的啼哭。痛苦总是不期而至，唯有及时的安抚，才能舒缓焦虑的心情。事实上，哭声越尖利，越折射出我们内心深处的渴望，而我们所要求的，不过是得到他人的关注，或是不可救药地期待适当的回应。即便是这样，我们的希望也总是一次次落空！每当生命走到尽头，那些萦绕于心头的人和物就会一一浮现，我们试图通过这样的方式粉饰内心的恐惧，然而收效甚微：竖起的大拇指、儿时的毛绒玩具，或是眼泪流入嘴中难以名状的滋味……此情此景，固然能让时间停滞，转移人们的注意力、减轻痛苦的程度，却无法真正驱逐心中的阴影、浇灭周而复始的希望。

这就是我们每个人的经历。

然而这世上还有另一种心境存在，即对人生拥有完全、有效和从容的掌控力，它能使人们免于痛苦的折磨，虽然未曾经历，我们却相信它的存在，并为它的缺失备感遗憾。这是一种深厚的大爱，无处不在且从不间断。这种爱纯粹、简单，目标单一；这种爱安静、无私，充满生机，一如生命含苞待放的最初阶段。

格温奈尔和他的母亲完美地诠释了这一切。面对这样的一对母子，试问谁能无动于衷，谁能不对他们顶礼膜拜？当人们如此做时，或许根本没有意识到，他们正是在反思自身的局限，审视曾经陷入的困境，试图从这对母子眼中转瞬即逝的情绪中获取一点儿安慰。于是，母子俩圣洁的形象变得愈加坚不可摧，相形之下，人们反而对自己的命运产生了些许怜悯。

尽管格温奈尔康复的可能性微乎其微，人们却不自觉地对此寄予厚望。事实上，他们对孩子的病情再清楚不过，但仍然期待用行动将共同的幻想变为现实。在这种情况下，如果你再看到人人期待奇迹，并坚信它必将实现时，还会感到奇怪吗？

然而，现实却与众人的祝福背道而驰，孩子反复出现腹泻症状，为人们不可抑制的热情浇了一盆冷水，成为笼罩在人们心头的唯一阴影。我们对此心知肚明，这意味着病势缠绵，复发亦在情理之中。这一担心很快变成了现实，孩子开始抽搐，我们采取当时惯用的手法进行处理，但在如今看来根本无济于事！在接下来的几天里，孩子连续出现抽搐，而且事先毫无征兆。医生们对此无能为力，只有通过反复的脑电图检查获取信心，希望在不经意间找到蛛丝马迹，以便做出正确的诊断。

得益于电视传播，普通人对重症监护室多少有所了解。那里总会有两三个人忙忙碌碌、各司其职，不过格温奈尔在大多数时间里基本上一动不动。他总是挂着尿袋，胳膊或足部接受例行的静脉注射。此外，他的身上永远布满电极，对于心电图和脑造影术来说，这些都是必要的设备。他看上去简直像是实验室里的动物！然而他的母亲始终陪伴在侧，有时会发生一些意外情况，足以令为人父母者见之色变，但她总能泰然以对。正如我所形容的那样，她全身心投入，完全成了医护团队中一员，而医护人员也会对她委以重任，并在治疗过程中参考她的意见。

就这样，我们来到了圣诞前夜。

12月25日是个周日，这天早上，我比往常迟了一些到达医院。

我顺着楼梯往上走，走到一半时，在空荡荡的平台上看到了格温奈尔父母的身影，他们紧紧拥抱在一起。我想，他们难得有这样的私密时刻，于是停下脚步，不想破坏这感人的一幕，然而耳边却传来格温奈尔父亲压抑的哭声，孩子的母亲则在一旁窃窃私语。我轻手轻脚地爬了几阶楼梯，缓缓向他们走去。妻子身形娇小，几乎是踮着脚尖依偎在魁梧的丈夫身上，他们彼此依靠，亲密无间。她的双臂从丈夫的腋下穿过，五指张开搂住他的后背。后者穿着栗色皮夹克，身形佝偻，几乎对折成两半，他将头埋在妻子棕色的长发中，哭得无法自已。她安慰丈夫道："别怕，我向你保证，我们的孩子还活着。他会活下去的，相信我，我能感觉到，我一直都知道。不要怕，冷静点。我们不能在最后关头掉链子。看着吧，我的话一定是对的。我是对的。我们的孩子会活下去，除此之外别无可能。”听到这里，我嗓子发干，仿佛凝成了一座雕塑，虽然距离平台仅有几步之遥，却不敢再向前一步，也不敢现身发声。我暗想，一旦我冒失地出现，会给他们带来怎样的不快，天知道接下来会发生什么。夫妻俩没有看到我，妻子仍在重复刚才的只言片语，丈夫悲从中来，恸哭不已。又经过一段漫长的时间，通往平台的唯一一扇房门打开，皮埃尔-马里和一位我认识的科室主任走了出来。夫妻俩放开彼此迎了上去，我也快步登上最后几级台阶与他们会合。皮埃尔-马里神情悲痛，向他们宣布：“他死了。”他的眼中隐约有泪光闪现，“他的心脏没能恢复跳动，脑电图也已变成一条直线。我们用尽办法却无济于事，我们什么都做不了，我很抱歉，真的很抱歉。”

我费了好大力气才没有让自己失声痛哭，格温奈尔的父亲放声大哭，悲伤得几乎跌倒在地，我们连忙抢上两步把他扶住。格温奈尔的母亲笔直地站着，目光逐个扫过皮埃尔-马里和科室主任，脸上露出了她独有的无可言状的微笑，她一字一句地对他们说道：“不，我的孩子没有死。不，我知道的，他没死。请你们赶紧回去，就像刚才那样抢救他，你们会发现他还活着。我很肯定，我知道一定是这样。”皮埃尔-马里一言不发，只是默默地看了我一眼，他的目光告诉我，他是多么的悲痛欲绝，又是怎样的心乱如麻。随后，他看了下自己的同事，匆匆向开着的大门走去，两人走了进去，又重新把门掩好。

我近乎崩溃，一句话也说不出来，周身有一种深深的无力感。我不知该说些什么，也不知道该以什么样的态度面对他们。孩子的父亲仰面朝天、背靠墙壁、泪如雨下。孩子的母亲一直注视着我，仿佛期待我拥有足够强大的力量，以便助她渡过难关，又仿佛在向我倾诉，她需要照顾自己的丈夫。随后，她再次拥抱孩子的父亲，紧紧依偎在他胸前，不断重复着刚才的话语，她就这样喁喁细语，仿佛在为丈夫吟唱一首轻柔的摇篮曲。我暗自思考着应对之道：对任何一位母亲而言，无论你用什么方式告知孩子的死讯，她都会因悲痛失去理智，这时我们需要做的就是让她接受现实。我曾见过医生向病患家属下达死亡通知，自己也做过同样的事情，但无论家属早有心理准备还是猝不及防，都没有出现类似的情形。突然间，我对皮埃尔-马里充满敬佩，所谓医者仁心，他是这样的体贴和细心，他理解一位母亲此刻的心情，知道她需要一段漫长的历程，才能接受这无可挽回的事实，才能下决心从封闭的情绪中走出，其实连她自己都没有意识到，她已经完全陷入一种癫狂的状态。面对这位温柔的母亲，他选择以同样的温柔安抚她的伤痛。

时间在缓缓流逝，又是一段无比漫长的等待。10分钟，15分钟，也许是20分钟。在当时的情形下，我们仿佛已经脱离时间的轨道，又好像依旧身处其中。每一缕思绪，每一种情绪，都显得如此厚重，这大概就是接近死亡的真实感受，我们不再自欺欺人，而是感到了生命沉甸甸的分量，以及其中包含的不确定性。事实上，这些因素从未改变，只是在此消彼长中达成一种平衡。格温奈尔的母亲大概深谙此道，因此对丈夫的安抚颇有效果，男人哭声渐低，慢慢恢复到我刚看到他们时的样子。

正在此时，门又打开了。

皮埃尔-马里微笑着走了出来，这让他的面容看上去充满快乐。我们三人齐刷刷地望着他，感到十分不可思议，就连格温奈尔的母亲也一时无语。她看上去异常紧张，仿佛在期待医生推翻可恶的死亡判决。然而这次她真的如愿以偿。皮埃尔-马里解释说，他和同事继续对格温奈尔实施抢救，经过几分钟的心脏按压和人工呼吸，孩子首先恢复了心跳，随后脑电波也有了反应。接下来他睁开眼睛，神志逐渐清醒，甚至与医生进行了眼神交流。到目前为止，他的状况十分稳定，令人满意。

死而复生！

我在心中默念：这已经是第三次了。

“这真是一个圣诞奇迹”，第二天，皮埃尔-马里给我写了封信。他在信中向我保证，虽说“在鬼门关前转了一圈”，但格温奈尔没有留下任何后遗症，尤其是神经方面。他的话让我感到些许安慰，这说明他并不知晓孩子前两次转危为安的经历，我从未向他提及此事，现在看来孩子的母亲也是一样。

时隔多年，我已忘记自己是第几次重温信件内容，仿佛我希望通过白纸黑字的形式，来确认这段经历真实存在，既不是人为编造，也不是白日做梦，更不是冲动之下的胡言乱语。当然，我多少应该为此感到羞愧，因为我从未将自己的观察以任何方式告知他人。直到1996年秋天，当时我正全力筹备这本书的写作，我在《世界报》上看到一篇报道。报道称，法律对死亡的最新定义是，四小时内连续两次心电图和两次脑电图均为直线。这一结论令我如释重负。如果说圣诞节发生的一切近乎奇迹，那么这篇报道则化解了我内心的不安，虽然我是整件事情的亲历者，但每次回想起来，总不免怀疑自己陷入了幻觉。

话说回来，难道我们应该不假思索，就把一切归结为“奇迹”的发生吗？不管愿意与否，我们都必须承认，如果皮埃尔-马里没有接受格温奈尔母亲的要求，没有秉持高尚的医德，使出浑身解数实施抢救，那么奇迹根本不会发生。如果不是母亲固执己见，事情还会朝着人们希望的方向发展吗？我可以在第一时间确认的是，正是因为她的坚持，孩子才能第三次起死回生，她就像从天而降的人物，凭借一己之力扭转了局面。如果说这次她是借他人之手展现无所不能的力量，那么在医生失去信心，并且做出不容置疑的判断时，她却能说服他回到孩子身边全力抢救。在整件事中，她充当了绝对的主宰者，在他人眼中，她有着难以言状的强大内心，其经历令所有人为之震惊，其人生仿佛在悬崖边行走，虽险象环生却能从容以对。我曾说过，她体现了一种人类的共性，人人都以为能够将其识别，但现实却是求而不得，令人遗憾。

一位战胜死亡的母亲。

她就是这样的人。

换句话说，她寄托着所有母亲的梦想，但人们心里明白，自己永远也无法抵达她的高度。孩子，你不会死，因为我是你的母亲，我会守护着你，绝不允许你离我而去。来，跟我一起默念：“我不会死，因为母亲在我身旁……我属于她，她属于我。我不会死，因为我们齐心协力，只要相互依靠，相互扶持，厄运就不会降临。连接我们的，难道不正是一种‘死亡之爱’吗？”这一表述读来十分怪异，原因就在于违背习惯用法，把一对反义词强行组合在一起。举个例子来说，在“汤勺”一词中，“汤”明确了“勺”的用途，以此类推，在“死亡之爱”中，死亡则限定了母爱的边际，事实上，无论亲情、友情还是爱情，死亡都是最终的归宿。

所有的母亲都对此心知肚明。这个残酷的现实意味着，她们在婴儿呱呱坠地的一刻起，就要为孩子牵肠挂肚。无论她们如何努力、是否愿意，孩子都将成为其一生的牵挂，永远无法摆脱。

正是这种不自觉的牵挂，让母亲们逃避现实，小心翼翼地维系着亲子关系的幻象，她们坚信，孩子不会离开自己。按照行为学原理，由于十月怀胎由母亲完成，因此她们会竭尽全力将孩子留在身边。哪怕是一个微不足道的要求，她们都会尽收眼底，哪怕是一声微不可闻的啼哭，她们都要立即行动，绝不耽误。为了避免孩子有一点儿不适或是受一丝委屈，她们殚精竭虑，唯恐有半点遗漏。遗憾的是，这样做只能破坏融洽的亲子关系，即便这种关系保持了相当长时间，但母亲的做法却会让一切毁于一旦。需要指出的是，这种近乎乱伦的冲动[1]相当猛烈，而且发自真心，它针对所有儿童，并不因性别而有所区别。总之，没有什么比这更值得称颂了！事实上，乱伦一词源于拉丁语*Incestus*，后者的本义是“毫无匮乏”，而我们现在做的，不就是满足孩子的一切要求吗？更何况，我们的社会还在不断强调，母亲对孩子的影响转瞬即逝，这种论调更加助长了不良风气。根据以往经验，分娩的疼痛有助于女性切身感受与孩子的分离，她们迟早会发现，分离才是最有益的结果。然而，随着硬膜外麻醉的普及，疼痛的记忆逐渐淡去，母亲们愈加坚信，孩子决不会离开自己。

话虽如此，我们也不能简单地将这种执念归结为极度危险或是有害，因为它同样不可或缺。只要我们将其限定在理智和可控的范围内，始终保持清醒的态度，不把它与狂热的信念混为一谈，执念就能激发生命的动力，帮助我们实现心中的目标。如果一个人的母亲行为端正，并且深爱子女，那

1 引自 *De l'inceste*。

么无论此人是男是女，终其一生都将拥有实实在在的安全感。反之，过分地束缚孩子，或是对其置之不理，则是以一种最恶劣的方式毁掉孩子的人生，类似的情况屡见不鲜，着实令人痛惜和感到不安。极端、疯狂、纠结及乖戾的追求会导致人走火入魔，只有死亡才能将其终结，在这种情况下，要么是母亲或孩子撒手人寰，要么是造成难以愈合的精神创伤。

如果一位母亲难以适应自己的角色，只是机械地承担为人母者的责任，终日沉溺于自我的世界无法自拔，那么她在孩子眼中就是一位简单的抚养者，虽然细致入微却缺乏感情，而且看上去毫无特点。这种环境中长大的孩子会在语言方面遭遇较大的障碍。对这些母亲而言，孕育和迎接生命的奇迹是这样微不足道，不值得同他人大讲特讲，如果你委婉地提出意见，劝说甚至鼓励她们改变自己的行为，她们倒也不会当面拒绝或是直言无用，而是充耳不闻、不屑一顾。虽然孩子能够得到母亲适当甚至是精心的照顾，但他们仿佛只是一具躯体，永远无法与母亲进行情感的交流。究其原因，还是母亲出了问题。她很难真正地融入生活，认为孩子无须与外界产生联系，甚至将这种联系视为无益、愚蠢和不当之举，正因如此，孩子总会游离于世界之外，仿佛只是个局外人。

在这种情况下，孩子不仅会疏远自己的父亲，而且对任何可能取代或填补父亲角色的人和事，都会保持距离。这一缺憾将伴随他的终生，即便有机会改变现状，他也会选择逃避，陷入幻觉无法自拔。直到有一天，他在机缘巧合下发现自我意识几近消亡，于是开始疯狂地迷恋同性，希望在对方身上重拾旧忆，唤回自我。这一心理过程反映在行为举止上，通常会显得十分怪异，因为随着时间的推移，他的内心与行动矛盾不断，始终处于交战之中。他只觉自己濒临死亡，之所以一息尚存，能够维持起码的状态，完全得益于心理和精神无意识的支撑。他不像我们想象的那样，动辄发烧或是生其他病。寻常疾病很难侵入他的肌体，但凡事皆有例外，对他而言，问题就出在语言，或者说是主观表达上。从字面我们就能看出，这是一个何等致命的缺陷。正因如此，精神分析学家在处理此类疑难杂症时，最重视的就是患者的身体反应，这既是治疗的重要依据，也是治愈的希望所在。

在婴幼儿时期发现病情是件非常困难的事情，因为孩子的外在表现往往具有长期的欺骗性。至于掌握病情的演变过程就更是罕见，只有在极个别的情况下，奇迹才会发生。我就是这样一位幸运儿，但我并不为此感到荣耀，因为有此奇遇，不过是一连串巧合的结果，我从来没有事先预知或是制定计划。

我第一次见到莱亚，还是在她出生三周的时候。她的血压值之低，以及对外界之冷漠，令我大为震惊。虽然她的身体没有检查出明显的疾病，但精神总是萎靡不振，反应速度与一个布娃娃无二。在接下来的几周里，她始终保持这样的状态。我一直守候在侧，却未能让她对外界稍有反应，你可以想象，这是何等的令人焦虑。莱亚是她母亲的第二个孩子。三年来，莱亚的姐姐也是由我照顾。这位母亲十分特别，大概是患有缄默症的原因，她从未与我有过只言片语的交谈，也不愿回应我提出的问题，所做的陈述或是判断，最多用一个字就将我打发了事。她如此惜字如金，简直让我怀疑她的态度出了问题，又或者是对我的专业能力有所质疑。

莱亚出生后，我发现她妈妈的状态愈加萎靡不振，不过这可能是因为生产的疲劳，以及照顾新生儿意外加重了她的负担。等到莱亚两个半月的时候，我再也无法忍受她对外界彻底的漠视。我想将她纳入先天性耳聋的范畴加以治疗，此前，我依托医院资源，一直致力于该领域的研究。仿佛是天意使然，一个极为偶然的机会，我接到一位正音科医生的电话，她告诉我，不知为何莱亚和她的母亲前来就诊，不过她对如何施救并无头绪。对一个如此年幼的婴儿进行正音治疗实在不可思议，但是出于本能的驱使，我并未探究或指责这一错误的操作，而是向医生询问起这位母亲的表现。对方告诉我，她们似乎建立了良好的关系，彼此相谈甚欢。我于是简单向她介绍了此前不快的经历，希望她继续收治这对母女，并建议她为病患开出30次机能训练的处方。她全盘接受，一一照做。此后一段时间，母女俩对我的态度没有发生太大变化，但小家伙却开始焕发新生，她逐渐摆脱了冷漠的态度，行为举止也越来越让人放心，恢复了这个年龄应有的样子。

回头再看，整件事中最有趣，或者说最令人大开眼界的，还是在几个月后，社保部门拒绝报销我开出的处方，理由是治疗手法太过荒诞。于是我不得不精心准备材料，向医疗机构提出申诉。我在材料中辩称，虽然疗法看起来不同寻常，但考虑到当时的特殊情况，它至少避免了将孩子作为精神病患进行医治，而且治愈费用也大幅降低，这足以说明我的处方正确有效。出乎意料的是，医疗机构采纳了我的建议，并如数报销了治疗费用。鉴于该部门一贯吹毛求疵，这一结果实在是非比寻常。

直到十一年后，莱亚已经长成一个健康活泼的青春少女，我才知道了整件事情不为人知的一面。一天，莱亚的母亲打来电话，向我询问一位精神科医生的地址，就在几天前，她自己的父亲曾经试图自杀。在电话里，她向我打开了话匣子，这是我们相识以来时间最长的一次交谈。她告诉我，自己是母亲的第二个女儿（与莱亚一样），在怀莱亚三个月的时候，她经历了激烈而富有戏剧性的一幕，母亲亲口告诉她，现在的父亲与她并无血缘关系。可以想象，这件事对她造成了何等沉重的打击，她几乎要放弃腹中的孩子，即便在生产之后，她对孩子及其未来也是漠不关心。从这个角度来看，莱亚出生后对外界的冷漠，不过是母亲情绪的真实反映。但在当时的情形下，她又无法向我倾诉，只因我是个男人，所以无法得到她的信任。事实上，对于孕期中的女性及其腹中胎儿，母亲的作用至关重要，但她的母亲显然没有发挥积极的作用。幸运的是，她遇到了一位女性医生，后者成功扮演了一位称职的母亲。她们建立了良好的个人关系，多亏这位上天派来的天使，她走出了生无可恋的状态，再次拥抱生活，并用自己的行动告诉莱亚，她永远是母亲不可或缺的珍宝。

与上述极端的例子不同，我们身边的母亲往往对生活的艰辛了然于心，也更明白生育的不易。正因如此，她们总是犹豫不决，直到实在无法拖延，才会将生育提上日程，付诸行动。这种心态也解释了为什么在我们这样一个相对富足的社会，妇女生育头胎的年龄在不断攀升。这类母亲会评估生育对日常生活造成的影响，为此制订详尽的计划，然后再迈出决定性的一步。不过自始至终，她的想法都受制于她的人生经历。一旦有了孩子，关于死亡的恐惧就成了她挥之不去的噩梦，她想尽一切办法避免意外的发生，坚信只要加倍小心，就能保护孩子不受伤害。与我们前文提到的母亲不同，她总是生活在极度的焦虑中，以至于陷入对孩子无条件的溺爱无法自拔。

她努力扩充自己的知识储备，力求做到无所不知，掌控一切，行为举止无懈可击。她还处处留心，不断思考对孩子最有利的结果，无论何事、何时，以何种方式，都要尽量满足孩子的要求。在做这些事的时候，她并不是机械地完成任务，而是充满了狂热和幸福的感觉。如果不是掺杂了一丝刻骨铭心、无可奈何却又显而易见的绝望，那么这种幸福可以说是大有裨益，甚至是一种理想的状态。显然，她并不迷信社会上关于母亲、孩子以及亲子关系的固有观念，只不过她的做法有些形式主义，可能会让他人产生误解。在她眼中，自己仿佛圣母降临，虽然所作所为毫无益处，却依然为此深深陶醉。此外，她也没有意识到父亲对孩子成长的重要意义，忽略了让伴侣发挥作用，共同承担起养育孩子的责任。所幸她对父爱缺失有着深切的体会，因此并未放弃向第三方寻求帮助。在她心目中，这个理想的人选应该为自己熟知，而且对孩子关怀备至。总之，无论是迫于工作压力，还是出于对孩子真正的爱，她都希望自己不在的时候，有人能够取而代之。为此，她将目光投向身边的亲友：母亲、父亲、公公、叔叔、阿姨、朋友，甚至是神父和精神分析师，当然孩子的主治医生不在此列。这些人存在的意义就在于填补父爱的缺失，当年她虽然百般努力，却没有获得一个幸福的童年，如今，她并不认为自己的伴侣能够胜任这一角色。当一位母亲心存愧疚，每日所思所想都是如何减轻负担时，她就会要求孩子时刻保持戒备，遇事能躲则躲，像对待圣人一样事事顺从，这样做会加重孩子的不安全感，让他们感觉生活在威胁之中。此外，母亲的执念还会对孩子造成心理阴影，让他们无法做到心境平和、充满活力。一有事发生，他们的第一反应就是逃避，一想起无处不在的死亡，他们就会因恐惧和无力颤抖不已。母亲的执念一旦传染给孩子，将造成他们持续的焦虑，他们想尽一切办法，利用一切机会疏解母亲的狂躁，驱除那个挥之不去的威胁，但是可惜啊，所有的努力最后都是徒劳无功。

我们可以想象，在这种糟糕的心态下，人们的精力都耗费在杞人忧天和自我安慰上，哪怕一个微不足道的决定也要犹豫再三。每个人疑神疑鬼，为预防不测做足准备，任何事情都要谨小慎微，行为举止必须一板一眼。得益于这些表面文章，我们成功制造出安全的假象，对自己也算有了交代。但这些仅仅限于表面，在我们内心深处，警报从未解除。

造成这一切的原因，在于母亲过早接受了生育的事实，却对其产生的后果估计不足。当然，除了上述两类母亲，还存在第三类母亲，她意志坚定，不为生活所惑，不为困难所动，全力应对出现的问题。虽然养育子女的压力在所难免，但她毫无疑虑、见招拆招，将那些看似无法承受的挑战消弭于无形。在为孩子制订计划时，她会充分考虑主客观条件以及不同因素，虽然可能用力过猛，但她总有办法破解难题。她的原则是：绝不一力承担所有责任，也不对孩子的前途大包大揽。此外，她对自己充满信心，如果有人对她的行为方式持批评态度，她就列举大量论据进行回击。如果劝她改变生活方式，活得更加轻松，她也拒绝接受。面对外界的干涉，她表现得异常焦虑，对于他人的建议更是油盐不进。从表面上看，这种态度令人无法接受，但却暴露了当事人内心的惶惑。

事实上，这些行为都是源于恐惧。只不过我们无法量化，也无从指摘。有人害怕电梯，有人拒绝出门，有人遇狗就躲，我们都能付之一笑，对其给予充分理解，甚至抛下心中的优越感表达同情。但这位母亲的恐惧超乎常理，根本无法引起人们的共鸣。不过话说回来，除非是发疯，否则谁能藐视死亡，将生死置之度外？正因如此，没有人会对她的烦恼视而不见，任由她一次次面对同样的敌人，任凭勇气在无法承受的压力中消耗殆尽，从而付出昂贵的代价。要知道，她所经历的一切，将影响她做出的全部决定。虽然孩子的父亲也能发表意见，但不是效果欠佳，就是遭受冷遇，再或者是孩子的母亲认为不合心意。他能知道什么？作为一个男人，他真的懂得或理解女人内心的纠结吗？对他而言，这实在是一片完全陌生的领域。

不过，孩子的母亲也会同第三者商讨对策，这种对话通常发生在女性之间。如果说她尚能听进或接受一些建议，是因为对方的观点完全契合她的立场，由此做出的决定也必然符合她的想法。举例来说，在看护小孩的问题上，即便环境所迫，她也不愿与孩子分离。与那些将孩子置之不理的母亲相反，她认为只有自己才能胜任看护和养育孩子的工作，为此，她必须做出很大的牺牲。如果实在无法实现，她的首选是寻找一位全职保姆，再不行就雇用一个看护，接下来是家庭幼儿园，最差则是集体幼儿园。但在内心深处，她不愿，也不放心将孩子交给任何人看管。一旦孩子离开身边，她就会对他人指手画脚，时刻提防意外的发生。她为接任者列出一长串注意事项，并频繁提醒后者查看自己编纂的“育儿宝典”，上面记载了所有孩子可能遇到的问题。她要随时了解孩子的方位，其中包括所在地标识以及前往的路线，最好是易于辨别、清晰详尽。除此之外，她还用小字记录了一系列电话号码，位居前列的是她认可的看护人员，这象征着她在孩子身上拥有绝对的特权和能力；紧随其后的是急救中心、中毒防治中心，以及按先后顺序排列的急诊医生、儿科医生（女士优先）和全科医生；最后才轮到孩子的父亲以及家中老人，其中尤以外祖父母居多，而亲属们的联系方式往往用更小的字号标注。

一旦孩子不在身边，她就会借口询问家中情况，一个晚上至少给保姆打上三四通电话，由于后者的存在，她再也找不到拒绝出门的理由，但在内心深处，她一步也不想迈出家门。如果在偶然或不得已的情况下，她需要离家一到数日，那么她就会不断联系自己的父母甚至伴侣，整天失魂落魄，如同行尸走肉（事实的确如此！）。在孩子的医疗保健方面，她同样表现得十分焦虑。从饮食制度到治疗方案，她要了解一切，掌控一切，应对一切，只有她的选择和决定才能作数。她就这样纠缠不休，直到主治医生做出和她完全一致的诊断，在她看来，这正是因为医生猜中了自己的心思。为此，她频繁光顾采取顺势疗法的医生，认为他们精益求精、医术高超。更重要的是，他们总会迎合她的看法，对她的关切给予高度重视，具体做法就是提出一堆问题，不放过孩子日常生活的任何细节。他们赞同她对孩子无微不至的照顾，对她始终保持警惕表示肯定。此外，他们通常采取温和疗法，寄希望于孩子自身的免疫系统发挥作用，抵御病毒的入侵。而其他医生往往是对症下药，手段比较粗暴。这几乎已经成为众所周知的事实，不是吗？

如果不是与其他行为方式进行对比，或是让局外人冷眼旁观，这种绝对的掌控其实无伤大雅。但问题就在于，人们从未质疑它对孩子是否适宜，是否有效，是否必要。随着时间的推移，母亲的做法逐渐被孩子内化于心，并在孩子的人生中留下难以磨灭的印记。此后，长大后的他们与外界的关系也不可避免地受到影响。由于意识到自己在母亲心中的分量，他们对死亡充满憎恨，行为举止无不被这种情绪驱使，在他们眼中，只有“控制者”才能理解他们的想法。当孩子遇到不同的控制者时，他们会与其建立一种融洽的关系，就像与自己的母亲相处一样。母亲无微不至的照顾让他们坚信，自己有能力支配一切。

以上我列举了三种不同的母亲类型。由于文化背景的差异，她们在总数中所占比例不尽相同，但却拥有一个共同点，即无论孩子的性别如何，母亲对孩子的影响都是惊人的相似。我向读者详细讲述了莱亚的例子，如果把她换成一个男孩，故事的结局并不会有所不同。面对生活中的不确定性，不是只有男人才会感到痛苦，也不是只有他们热衷于通过仪式、收藏以及反复的确认、伪装的策略来与之对抗。至于那些乐于助人，担负着拯救人性重任的人群，我们会发现，他们之中的男女比例几乎相同。

当然，世界上还存在第四类母亲，她们之所以自成一体、易于辨认，就在于她们只会对男孩产生影响。关于母亲与孩子的关系，我在前文已经做过详尽的阐释，这类母亲不过是个极端的例子。需要指出的是，当母亲与女儿的关系陷入紧张，那么无论这种关系是何类型、性质或内容，女儿的儿子都会受到显而易见的影响。不少见多识广的业内人士表示，这种类型的母亲十分罕见。对此，我既不能做出判断，更无从辨别真伪。虽然之前读过一些理论文章，也对个别病例有所了解，但我毕竟缺乏直接且令人信服的临床经验。其实这也不难理解，病人之所以到我这里，多半是口耳相传，慕名而来。如果没有这样一位母亲偶尔敲响诊室的大门，我们根本无法接触，她们也永远不会回到这里。就这样，我在不知情的情况下失去了认识她们、进一步观察她们的机会，这是何等的遗憾！但我有时会遇到她们的女儿，后者已经结婚生子，从她们的叙述中，我还是发现了这些母亲的特异之处。

这些母亲外表威严，内心却十分纠结、被动，甚至是复杂多变。她们承受着生活的压力，同时，家族中几代女性尊亲的命运变迁，在她们身上留下了不可磨灭的印记，对于这些长辈，她们始终怀有崇敬之情。当然，与前三类母亲相比，她们的代际传承有一个独特之处，即它会逐渐演变成对女性专属的崇拜，不仅是在身体方面，更体现在认知方式、所思所感，以及如何看待和理解这个世界等方面。这种思维代代相传，久而久之就会弱化或忽视男性的作用，后者于是不可避免地成了她们眼中移动的精子库。前几年有一个极端的例子，一个未婚的英国女孩在报上刊登启事，要求通过法律途径，获得人工授精的权利。这件事固然令人震惊，但它的发生绝非偶然，也不是心血来潮。它经历了一个循序渐进的过程，结果其实早已注定。从某种程度上说，它正是由一代代女性平庸的幻想累积而成。

正如我们所看到的，如果一位母亲发自内心地期盼孩子和自己获得永生，那么迟早有一天她会信以为真，并将人总会死亡这一事实弃之如敝屣。这种幻想每传承一代，就会变得愈加坚固，愈加极端，以至于当事人都深陷其中，浑然不觉。比如说，一个女儿笃信自己的母亲无所不能，那么她的女儿就会在此基础上更进一步，不假思索地认为母亲能够决定生死。接下来，她们的后代越走越远，最终演变成对永生的痴迷，并坚信自己的母亲必将长生不老。在一代代的传承中，死亡无论对母亲还是女儿都变得无足轻重。她们生来就是为别人而活，为所有的人而活，或者说只为别人而活。出于理智，我们不会否认她们的这种生活方式，但长此以往，为逝者举行葬礼的习俗会逐渐消失；再经过一连串变故，母女双方对永生的执念就会变得理所当然，进而影响到身边的每一个人，除非有人不识时务，拒绝接受她们的理念。出乎人们意料的是，这种近乎疯狂的执念并非出于内心对祖先的崇敬，但它如此坚定，几乎可以说是不容置疑。

我曾与一位母亲交谈，当时她的女儿出生不过数月。她告诉我，初为人母为她带来了无尽的快乐。她希望与女儿始终保持亲密的关系，一如她与母亲当年相处的方式。她的母亲居住在外省，虽然母女俩每天三通电话，还要互相写上几十页的长信，但都不足以表达她们对彼此的想念。听到此处，我不禁挑了挑眉，大概是我惊讶的表情让她有些受伤，她于是问我如何看待真挚的情谊，在她看来，这是人世间最可信赖的一种关系。

历史越是向前发展，人们就越想否定死亡，它构成了一切否定的源头，尤其在性别差异方面。这种心态会让人生变成夹缝中的求生，一种司空见惯的索取。它不会带来痛苦，也不会致人消沉，而是将人变得异常冷漠、苛责、独断专行。在它的影响下，婚姻要靠一种信念才能维持，即夫妻关系既是苦修，也意味着永恒。对于那些生活在屈辱或怨恨中的人们，这无疑是摆脱原罪心理的最佳方式。过分拘谨、过分害羞或心理不适等表现，其实都源于对同性疯狂的崇拜，如果换个说法，就是一种唯女性独尊的价值观，但它很容易被误解为受到压抑的同性恋。现实生活中，持有这种观点的女性总爱独揽大权，无论身在何处、面对怎样的境况，她们都要全副武装。我所说的可不是简单的装备！而是一副永不变形的钢铁盔甲，它是力量的象征，是贞洁的绶带，是批判的徽章，但它也意味着家中另一半的完全缺位。孩子的父亲毫无存在感，他被驱逐出不朽者的圣殿，实际上已经死去，当然，有人是真正故去，有人是名存实亡，但两者的差别微乎其微。我们可以想象，在这样一片情感的荒漠里，孩子的到来无异于一场及时雨，骤雨转瞬即逝，却影响深远，毕竟这一代人注定要将对祖先的崇拜传承下去。

如果是个女孩，那么她很有可能成为祖训忠实的信徒；如果是个男孩，那么他的生存空间将遭到极大的挤压。在很小的时候他就会发现，人生第一个爱慕对象——自己的母亲无所不能，甚至可以超越生死。于是他亦步亦趋，希望成为像母亲一样的人。比起效仿那个名存实亡的父亲，这种选择显然更具吸引力！但是，他也清楚地认识到，自己是个男孩，在不久的将来就会像那位了不起的父亲一样成为男人，遗憾的是，他永远无法过上母亲那样的生活。这种矛盾心理会一直伴随他的成长，成为一个难以解开的心结。不过最终他会通过一个小花招，或者说是恶作剧走出困境。为什么不呢？人们不是最喜欢将诡计上升到人生哲学的高度吗？在未来的日子里，他完全有机会找回自我，甚至摆脱母亲的影响，不过他首先要做的，是仅仅把母亲当作一个参照的目标，而不要考虑性别的差异。既然他生来就与母亲不同，却又极力想变成母亲的样子，那么解决两难的办法就是假装母亲和自己一模一样。他准备向外界宣称，母亲是世上唯一一个拥有睾丸的女人。一旦确认了这一点，他的内心才能得到平静，才能暂时避免痛苦的争辩。他是如此的机智、单纯、容易受人摆布，为了逃避“盔甲”下掩盖的真相，才一手炮制了这个荒诞的故事。但真相总有浮出水面的一天，当他了解到自己与死去的父亲不过是一丘之貉，精神上难免遭受重创，甚至会激发他的同性恋倾向，于是他只能转向身边的偶像，请他们帮助自己渡过难关。

经过一番盘点，我们可以迅速得出以下结论：虽然这些母亲十分典型，几乎就是漫画中的人物，但她们绝非孤例。她们之间细微的差别、不同的行为方式，都会一一投射到孩子的表现当中。不过，受家庭、人际关系、历史和环境等一系列因素影响，这些可能左右孩子成长的原始论据，在现实生活中不是被夸张就是被削弱。相比而言，父亲的形象反而误差较小，这一点我们还将在后文详加讨论。在整个研究中，最应该强调，且儿科诊所已经充分证明的一点是，母亲与类型绝非一一对应，比如一位生养了好几个孩子的母亲，可能兼有多个类型的特点。作为当事者，她既不会感到不适，也不会因为偶尔采取截然不同的举动而陷入矛盾。只有旁观者才能清楚地意识到，她说的每一句话都体现着这种差异。对于非独生子女而言，每个人都能清晰地回忆或描述出母亲对待其他兄弟姐妹的细节，当然他们也不是知无不言，言无不尽，一些事实和抱怨会被有选择地忽略。在这些故事中，他们的行为有时看似正当合理，其中却不免掺杂了嫉妒的成分。事实上，我们应该坦诚地告诉孩子或每一个有兄弟姐妹的人，母亲只属于他们自己，是独一无二的，不过恰好与其他兄弟姐妹的母亲寄居在同一个身体里，这样的说法不仅没错，而且对改善亲子关系大有裨益。

人类就是在这样的环境中成长起来的。在决定生死的力量面前，母亲始终与我们保持着一种微妙的联系，没有人能够逃脱她一手塑造的命运。对每个个体而言，只有在特定的年纪，通过母亲细致入微的交流方式，才能逐步形成所谓的思维结构。它在孩子的恋母阶段不断发展直至定型。一般来说，思维结构即便不是从天而降，也是无数种因素因缘际会的结果，我们姑且将这些因素称为“经历”。不可否认的是，经历的作用十分重要，而且远不止于此！早在孩子的思维结构形成之前，即女性初为人母之时，它就已经开始发挥作用。

由此我们就不难理解，一个人的思维结构一旦固定，那么无论他的职业、经历和寿命如何，都无法再发生根本性的改变。只有通过有限的干预，才能对那些发自本能的行为产生一定影响，使得当事人及其亲属的日常生活有所改善。这一观点至关重要，我们必须立场鲜明、毫不含糊。婴儿在诞生之初，每天都能获取大量知识，待人接物尚未带有歧视性目光，而且对外界事物反应敏感，这些特点有助于他们自主发展不同的思维结构，而不是任由母亲将自己的意志强加于人；同样得益于此，他们能够自成一体，并最终确认自己的身份。有人认为，这表明我们无一例外地隐藏着一颗神经质的内心，如同某些强迫症患者动辄就会歇斯底里；当然也有人反其道而行之，认为借助一些医疗手段就能轻易改变个体的思维结构，上述观点其实都有失偏颇。事实上，思维结构并无特别之处，它就如同一套精密的仪器，在我们年纪尚幼时已经形成，不久后则会彻底定型。借助这套仪器，我们能在各类概念中过滤和解码有关生死的信息，并直接衡量和校准自己与母亲的关系。这些基本概念会深深印刻在人们的脑海中，因为处理它们的仪器犹如一张白纸且灵敏度极高。无论收集信息，还是接收指令或命令，总之只要是母亲做出的安排，都会不折不扣地被加以执行。长此以往，我们就拥有了一个全面发展的大脑，它通过非常手段，一丝不苟地收集、储存那些未知和出于本能无法表达的话语，因为对一位母亲而言，她无须任何语言，仅用手势就能表达自己的想法。[1]

不过，在常人看来，这些交流和记录的频率几乎不可想象，除非我们曾亲眼见证，一个人在心智尚未成熟的幼年阶段，是如何坚持不懈地完善自我。他迫不及待地丰富自己的感官系统，拒绝一切外界因素的介入。举例而言，他发出的呼叫信号往往是单向的。无论身处何地，面对何种情况，一个孩子在学会熟练运用语言之前，表达不适或需求的唯一方式就是哭闹。这就需要父母，尤其是母亲用心倾听，尽可能正确理解其中的含义，唯有如此，才能让孩子停止哭闹。这可不是一件小事！我自己的亲身经历就是最好的例子。

一天下午，我同儿子，以及他13个月大的孩子待在一起。婴儿突然开始哭闹。要知道，他虽然年纪尚幼，但已能够独立行走，也懂得摆弄物件，还掌握了一整套手势和模仿

1 这样的结论或许出人意料，甚至有些极端。它从何而来，为何会突然推导到这一步？实际上，这一结论有着充分的依据，具体的运行机制在拙作中也有所涉及，参看：*Une place pour le père*, Paris: Seuil, 1985；«Points-Seuil», 1992；*L'Enfant bien-portant*, Paris: Seuil, 1993 et 1997。读者可以从中验证我提出的理论，即母亲的一切行为不过是其无意识的外在表现。

动作，总之完全有能力与他人交流，同时表达自己的好恶。但是这次他足足哭闹了半个小时。他的父母按照平时的经验百般安抚，然而抱在怀中无济于事，奶瓶伺候徒劳无功，外出遛弯更是遭遇惨败，甚至于母亲的温柔的呢喃，父亲大声的斥责都无法让他安静下来。当然，我们也没有忘记检查婴儿的襁褓，以防他因为排便弄脏尿布而感到不适。最后，我们只剩下摇晃和卧床两招，但依然毫无效果！直到他的父母抱着他走近一块椰子蛋糕，大概几十分钟前，我们将蛋糕放在餐台上，他狼吞虎咽地吃了几口，又推到了一边。这一次，哭声戛然而止，小家伙脸上绽放着快乐和胜利的笑容，小手指向自己垂涎三尺的美食，仿佛在下达命令。从号啕大哭到喜笑颜开，他几乎没有任何过渡，事实上，他也不具备这种能力。

这种从一个极端到另一个极端的激烈情绪，正是该年龄段儿童唯一的认知和表达方式。每当他感到不适，需求受到压抑，就会向外界释放巨大的能量，发泄的对象往往是能够满足他的人，而整个过程则会持续相当长的时间。不过，他与外界的互动也非毫无意义的信任也不是白费，在周而复始的试探中，他会逐渐形成自己的世界观，这种世界观如同一套安全系统，总会在他不自觉的情况下开启，为其提供适当的保护。如果我们能悉心、从容、睿智、稳重地照顾孩子，恰如其分地回应他的各种需求，那么他与身边的人或环境共处时就会感到安全。由此，我们就能理解为何雇人育儿既有成功经验，也会遭遇困难。我们也会明白，明明孩子一天中最清醒的时光都是与奶妈度过，但一旦与母亲相处，他总是充满快乐，即便后者只能在晚间断断续续地抽出半小时陪他。虽然奶妈能够带给他确定的安全感，但这与母亲的作用不可同日而语，母亲与他血脉相连、形貌相似，这种痕迹永远无法抹去。

不难想象，婴儿在成长过程中，面对的是怎样一个瑰丽多姿、光怪陆离的世界，一切都是如此生动刺激、魅力四射、新鲜有趣，以至于每一刻都心潮澎湃、情绪高涨。诱惑太多，他只想任性妄为。他用自己的方式表达着渴望，让照顾他的人们叫苦不迭。比如我的孙子，其实就是在尝试与父母沟通，希望自己的要求得到满足。从某种程度上说，他运用力量的方式近乎专制，当然，一般人不会想到这一点，年轻的父母也不会同意这种观点。于是，人们只能将上述行为定义为任性，不仅提出各种概念，还围绕如何教育给出五花八门的建议。对于母亲而言，她们大多认为这是婴儿的一种试探行为，不过也有人持不同观点，这就是我在前文中提到的第三类母亲。她们不能忍受一丝犹豫和半点挫折，因为这样会使其陷入消沉，自怨自艾。她们仿佛生来就不容失败，必须不断亮出最确凿的证据向亲友证明自己的优秀。至于第四类母亲则正好相反，她们不是采取冷暴力，就是独断专行、态度尖刻，再不然就是随意惩罚他人、以儆效尤。

综上所述我们不难发现，不同人在解决各类小问题时会采取不同的态度，由此产生的效果也是各不相同，这些效果会直接影响孩子业已成型的思维结构，或是为其指引方向，或是丰富其思想内涵。

作为一位普通的母亲，除非在极偶然的情况下，她在育儿方面一般不会有太大天赋，她同婴儿的关系实质上就是两种不同力量的较量。无论从强度还是性质来看都是势均力敌。婴儿随时随地都会哭闹，这种令人无法忍受的行为实际上是对母亲的一种胁迫，尽管后者在多数情况下并不情愿，但只要力所能及，她都会有所回应并试图安抚婴儿。可以说，婴儿在对母亲滥用权力，以此来换取她心无旁骛的照顾。作为交换，他本应回报母亲，并下意识地与母亲保持一定距离，而不再得寸进尺。但事实是，随着他的要求不断得到满足，他自以为拥有了不容置疑的强大力量，可以变本加厉地采取专制手段，试探和挑战这种力量的极限。母子之爱本是一切关系的源头，比如两性之爱以及由此衍生的关系，但这样的做法只会让它变得更加复杂。当孩子走向极端，开始以死相逼时，它就彻底变成了一种对立关系，一种不可妥协的面对面较量。母子俩彼此试探，加剧了关系的紧张，打乱了解决问题的节奏，最终不得不依靠第三方介入调解。

如果一位母亲时刻关注着孩子的行为，那么即便她并无过人之处，也能对如何把握时机满足孩子需求形成一种基本的认知。这一能力主要来自于她的失败教训，而不是成功经验。在孩子表达需求和得到满足之间，需要留有几秒钟的间隔。这样做能让孩子逐渐意识到，自己已不在母亲的腹中，不能再予取予求，并马上得到回应。一旦他习惯了等待，就会懂得，从切断与母体联系的一刻起，他们从身体到存在就是两个不同的个体。随着他不断成长，身体日趋成熟，他会进一步了解到，他就是他，既不是母亲，也不是母亲的一部分。接下来，如果母亲能对孩子笨拙的举动处之泰然，而不是动辄内疚自责、悔恨万分，那么事情就向着有利的方向又前进了一步。凭借这一方式——当然也是唯一的方式，母亲向孩子表明，他并不是自己的全部，除他之外，她的生活中还有其他乐趣，她的职责不过是将他带到这个世界。简言之，母亲会经历一个“失去”的过程，失去无所不能的地位，失去独揽大权的机会，失去无处不在的掌控，但这种损失非但不会影响她的生活，还会赋予其更加丰富的内涵和更加强大的力量，带给她无穷无尽的享受。对孩子而言，这也是一个与母亲进行磨合的契机，他由此找准了生活的方位，不必再时刻担心死亡的威胁。

在相关论述中，人们经常列举一些反面模型说明这一问题。但真实的案例其实并不鲜见，甚至超乎我们的想象。当一位母亲受外界误导，对自己的优点和才干估计不足，终日陷入自我贬低无法自拔时，也不能很好地给孩子成长传递正确的信息，如此，她与孩子的关系必然会受到影响。面对混乱的信息，孩子无计可施，只能不断提出苛刻的要求，希望得到更加明确的回应。母亲此举（母亲自我贬低）造成的损失显而易见，无论孩子如何任性地要求她做出回答或是采取行动，最终都是无济于事；此举还会引发一连串后果，如遇到育儿难题，孩子行为异常，夫妻关系出现问题等。盖因人类生来如此：只有意识到自己终将归于尘土，并接受命运的安排，才算真正地活过。弗洛伊德曾在信件中承认，母亲的去世令他悲痛万分，但奇怪的是，这也让他如释重负，让他更加真切地感受到自己还在呼吸，生的感觉如此美好，以至于他不愿预见自身死亡的一刻。

与之相反的是，还有一类母亲痴迷于扮演无所不能的角色，而且终日乐此不疲、意志坚定，在她们眼中，孩子就如同一个物件，无论在哪方面都必须达到最高标准，这大概与她们为人处世的方式密切相关。她们没有时间理会孩子的试探，母子间的磨合甚至从一开始就不复存在。任何逾矩的行为都不可想象、不合时宜，而且被严令禁止。在这种情况下，连第三方的调节都显得多余，因为我们的主角根本无意与孩子发生摩擦或是冲突。追根溯源，女性在怀孕期间与孩子血肉相连，并为此而感到与有荣焉，这种关系一直延续到生产之后，方才造就了她日后的行为方式，对此恕我不再一一赘述。这一行为逻辑形成于孕期，却始终在发挥作用，而且没有任何改变，就好像怀孕的过程仍在继续，无休无止，即便孩子诞生也不会对其造成影响，母亲固然没有分离的感觉，孩子亦收获了极致的满足。在外界小心翼翼的呵护下，婴儿不会感到失去的滋味，无法理解死亡的意义，而其中的悖论就在于，他也没有真正地活过。

正是在这一点上，婴儿的性别往往会发挥决定性作用。动物生态学家曾对母亲的育儿行为，尤其是母婴的身体接触进行观察。结果发现，无论怀孕期间表现如何，母亲都会在与女儿相处时表现出更大的自由度，她们触碰女儿的频率要远远高于儿子，这种现象由来已久，并非今日才刚刚出现。毕竟是生而为女性，相较于对自己身体的了解，母亲对男孩的身体极为陌生。举个例子来说，当她们发现，任何姿势都不会对小家伙的生殖器官产生影响时，往往会感到如释重负；如果医生反复要求男孩去做包皮切除手术，她们还会表示不满，认为这种强制性的手术有百害而无一利，并质疑医生是否懂得性别差异。总之，只要是与儿子身体有关的事情，都会让她们犹豫不决或是陷入尴尬。与之形成鲜明对比的是，在与女儿的接触中，她们会逐渐建立起一种更加可靠、互信、轻松和具有开拓性的关系。这样做虽然无法完全阻止孩子对母亲的试探，但至少可以大大缩短母婴磨合的时间。在这个问题上，几乎所有的母亲和儿童问题专家已经达成了共识，他们认为，女孩比男孩更加安静，要求更少，生病概率更低。正是因为她们能够更好、更快地得到满足，所以不少难题才能迎刃而解。

由此，我们不难得出以下结论：母亲的态度会对婴儿的外在行为产生影响，但如果我们仅仅满足于此，整个研究就会失去其真正的价值。我们需要了解有关时间的关键概念，因此它的重大意义毋庸置疑。如果说男孩对母亲的试探始终如一，那么他对外界的感知水平也会与日俱增，比如沮丧、延迟、时间的流逝以及挥之不去的记忆等。对女孩而言，由于无须对母亲进行试探，因此这一过程对感知能力的影响不仅微不足道，而且转瞬即逝，以至于日后当她们步入生育周期，生命被划分为青春期、怀孕、绝经等阶段，她们都无意掌控时间的流逝，反而对瞬间或永恒的概念更加重视。这或许是女性世界最独特的领域，一旦涉足其中，母亲与女儿就会产生强烈共鸣，两人的关系也会随之发生变化，或是陷入混乱，或是达成和谐。需要强调的是，这种关系不可避免地受到上一代母女关系的影响。正如我们无从得知母女俩从何开始，如何结束，我们也不知道对生的过分留恋和对死的极度焦虑究竟有何区别。

从这个角度研究母子关系虽然独树一帜，却丝毫无损其重要性、复杂性和丰富性。该研究更加深入地展现了母亲对孩子进行干预的心态和程度，同时也预见到这种干预走向失败的必然命运。事实上，这样的失败不无裨益，因为在条件允许的情况下，我们的两位主角或分道扬镳，或渐行渐远，都成了一种新的可能。

正是在这样的研究下，我们发现了一类独特的母亲，她们人数极少，孩子多以男童为主，在此，我姑且将其称为“教科书式的母亲”。这类母亲禀赋过人，第一眼就能不可思议地猜出孩子有无需求以及需求的性质，再经过一番判断，马上就能让孩子的需求得到满足。最令人称奇的是，她在做到这一切的同时，也不会过分地束缚孩子。与那些时时紧盯孩子、随叫随到的母亲相比，她的行为有着本质上的区别。前者首先考虑的是自己的名誉或战胜内心无声却强烈的负罪感；后者则试图尽善尽美地完成一项任务，这是这类母亲对自己的要求，她们通常全盘接受，没有半分勉强。她们抚养孩子，只是为孩子着想，从未考虑自己。在这类母亲看来，母子是彼此独立的个体，终有一日孩子长大成人，也会面临死亡，对此她们无能为力，唯有接受。她们进退有度、明辨是非、雷厉风行，这一切都要归功于她们深厚的同情心；此外，她们行事毫无机心，所求的不过是避免无谓的痛苦。换句话说，在见证了真实或虚构的死亡后，她们看待事物的方式变得格外通透，也更加懂得生命的价值，无论自己的生命，还是由她们延续的生命皆是如此。同样的原因，她们得以远离权力的诱惑，后者一旦发生作用，就会让她们体验到无所不能的力量，这种力量是如此真实，充满生机，能够决定所有，主宰一切。

如此研究让人精疲力竭，但我们无法避开其中的疑难之处，并且从多个方面看到了人性中最可悲的一面。谁不渴望十全十美？无论境遇如何，谁没做过这样的美梦？有时候，我们希望在他人眼中保持完美；有时候，我们又因不被理解而陷入苦闷。我们始终处于矛盾的境地，虽然这种意识隐藏在记忆深处无法察觉，但却根深蒂固，难以消除。以前，我们总盼望母亲的才能趋于完美，但如果有一天我们郁闷地发现，自己为母亲的奉献付出了代价，我们是否会因此而感到愤愤不平？

从这个意义上说，我提出的“教科书式的母亲”非同小可。她诠释着人们理想中的母亲类型：拯救孩子，却不会束缚他的自由；厚待子女，却不会令其感到亏欠。如果要在现实中寻找范例，人们会立刻想到格温奈尔和他的母亲。不可否认的是，当其他母亲为自己的无能和不足心生怨怼时，她的形象就会反复出现在她们的想象之中。她们恨不得向医生祈求：“请赐予我成为模范母亲的药方吧，至少让我尽可能地接近目标。”事实上，她们心知肚明：这种类型可遇而不可求，连医生都在苦苦追寻。不过，她们之所以提出这样的请求，不仅是因为养育孩子让生活变得一片狼藉，也是出于对社会共识的一种遵从：在所有的文化中，人们都将这类母亲视为典范，我们当然也不例外。我们总因为与父母的关系陷入困境，我们的父母与他们的父母也会遭遇同样的问题，每一代人概莫能外。从这个角度来说，格温奈尔的母亲对我们无疑具有重要的借鉴意义。一代又一代人的经历累积起来，构成了故事的各个层面，它隐藏在脑海深处，就连我们自己也无法意识到它的存在。与此同时，它又在不停向外界传递讯息，我们理应对此给予持续关注。

……再到更多的母亲!

说回格温奈尔的母亲，事实上，她拥有一切。我们无法命名或形容这些优点，但每个人都迫不及待地想证明它的存在。无论是引经据典还是滔滔不绝，他们的热情可能连自己都感到惊讶，仿佛每一次的致敬，都能抚慰旧日沮丧的情绪，让他们不必再回到过去或是自揭伤疤。

这就是所有奇迹见证者的精神状态。我们可以想象，当格温奈尔死而复生的消息传播开来，整个科室陷入了怎样的一种亢奋。在接下来的日子里，无论走廊还是食堂，人们反复探讨事情的细节，试图估算出格温奈尔心脏停搏的时长，不过没有一个数字合乎情理，能够被众人广泛接受。有人甚至猜测，格温奈尔曾数次失去生命体征。可惜的是，人们无法向当事人求证，因为他们刚刚经历了剧烈的反转，半句话也不想多说。但不管怎样，人们为此感到欢欣鼓舞。尤其在康复过程中，孩子没有发现任何后遗症，这让人们愈加相信：一切尽在掌握。

是谁不再相信奇迹？

这一切究竟是如何发生的？

我不知该说些什么。但这并非因为我想不起来，我也不愿勉强自己查阅材料，试图从中找到解答问题的线索。

或许健忘症的唯一功能就是自我保护。可以肯定的是，在回忆整件事情及其具体经过的时候，我肯定遗漏了什么内容或是细节。我心里也很清楚，无论再怎么联想，自己都无法提供有价值的细节，因此我的观点或立场其实已经无足轻重。许久以来，我曾冒着失败的风险努力尝试，但最后都无功而返。我也对这段时间的梦境进行了分析，同样未发现有价值的内容。这样的结论让我陷入深深的自责，或许这才是我讲述这个故事的出发点，也是唯一的出发点。

我写下这个故事，目的是还原我所经历的一切。那么，它是一次痛苦的忏悔，还是无限接近死亡的经历？两个问题的答案都是肯定的，但又不止于此。职业使然，加之日常见闻，我不时会近距离接触死亡，并投入一场场与死神的抗争，有时我会取得成功，有时也会以失败收场。生死背后到底有何玄机？对此，我有着无尽的感叹，虽然生死无常，却总能在我身上激发惊人的力量，让我感到它对人、对空间的巨大影响。不过问题随之而来：我能否时刻意识到它的存在？如果答案是肯定的，那么它是否早已在暗中被植入我的大脑，每到关键时刻就会左右我的选择？这是怎么回事？我是否应该一直这样追问下去，进而探究存在于生死两极之间的中间阶段？问题如此之多，但在我心中，仍有其他事情值得关注。我暂且将恐惧、抑郁、痛苦或忧伤的情绪抛诸脑后，因为有一件事始终清晰地浮现在我眼前，让我无时无刻不感受到其中的震撼，那就是格温奈尔的母亲以决心和信念一次次击退死神的袭击，那一幕对我而言，构成了一堂难以忘怀的人生之课。如果一切都是真的，如果我曾经经历、见证或让他人见证，那么我只能得出以下结论：即便不是放之四海而皆准，但在大多数的情况下，一个年轻生命的逝去（为何不是所有生命？），就意味着变相的谋杀，或者说另一种形式的犯罪。我还记得，在我家乡的文化中，每逢葬礼，所有见证死者入殓的来宾都要高声致歉。根据我的理解，如果所爱之人都不再将其视为活人，那么一个人即便活着也是生不如死。当人们不再对他人付出感情，一种可能是事务繁忙或疏忽大意，在这种情况下造成的伤害，可以等同为过失杀人。还有一种可能是有意为之，甚至构成了对他人的侵犯，从某种程度上说，这样的举动与谋杀无异。

那么，这一切都是我的臆想，还是有待证实的结论？是妄想症的外在表现，还是突然被我发现，令人震惊的基本事实？我的生活从此被这些疑问占据，我夜以继日地工作，希望通过研究找到问题的答案。同时，我也深切地感受到，除了收集细节并善加利用，我必须弄清生命—死亡—爱这一无限循环体的内在联系，虽然上述联系常因外力的介入遭到破坏，令人深感遗憾，但此举势在必行。换言之，我需要详细分析个体如何构想、设计、建立、发展同任意人、所有人以及专门对象的关系。对此，我们每个人都心知肚明，这是一次涉及面广、复杂性高的探索，任何狂妄自大都会在其面前败下阵来。

首先遭遇的困难就是如何定义“他人”，我们需要对这一概念进行辨别，试图确认其身份、内涵，以及充当了何种角色。

终其一生，我们都会遇到各色人等，在他们身上，我们能够清晰地看到自己的影子。我们笼而统之地将其称为“他人”，希望通过这种方法，一劳永逸地摆脱其他因素的干扰。

但问题在于，这些偶遇的人是否就是我们所说的“他人”？退一步说，即便我能捕捉、勾勒“他人”的形象，并借此加深对自我的认知，结论就一定真实可靠吗？或者还存在一种可能，即结论与现实背道而驰。当我们感到自身生存受到威胁，当我们内心充满抗拒、极力逃避，当我们为生命、身份、职责等话题而深感困扰，又是否想过，这其实并非我们当前面临的问题？

接下来的问题还有如何确定人际交往的最佳距离，只有在这一前提下，我们才能了解双方能否分享空间、建构关系，才能衡量彼此的接受程度和交流能力。这是个大问题，其重要程度一点儿都不亚于它的象征意义。有史以来，人类就在持之以恒地探索这个问题，试图发现其中的意义或是找到最终的答案，但直到今日都未能取得重大突破。回首近代历史，环顾当今世界，我们都不难找到相关证据。在此方面，《圣经》可谓先知先觉，在书中，一套独立的参照体系贯穿始终，它能在人际交往中发挥调节作用，促使人们彼此尊重、认识差异、加强交流。比如《创世记》（*Genèse*）第一章26节提到，上帝按照自己的形象造人。照此说来，如果每个人都是这般形象，并以此为行为准则，在与他人的交往中始终如一，那么人与人就能变得心灵相通，彼此的关系也将牢不可摧。然而同样是《创世记》，在接下来的章节里（第四章，4—16节）却提到了人类在诞生之初的第一起悲剧性冲突。冲突发生在两兄弟之间，而导火索正是非理性和无法掌控的妒忌心理。

我们都熟知该隐和亚伯的故事。该隐因为上帝拒绝了他的祭品而迁怒亚伯，并杀害了后者。但无论是哪种语言的译本，都对问题的实质避而不谈，反而对微不足道的后果大加关注，并得出了彼此雷同的结论。事实上，《创世记》书中唯一想要表达的观点，就是兄弟恩怨早在他们未出生前便已萌芽，随后又以一种残酷的方式体现在他们的命名之中，并最终以悲剧收场，凶手显然想通过此举，实现两人身份的再次平衡。[1]在书中，该隐的降生实际上是一个周密的计划，每一步都经过精心设计。他的母亲宣称，该隐的名字意为“得了”……“上帝使我得一男孩”（《创世记》第四章1节）。亚伯的孕育和出生却是轻描淡写，一笔带过，他的名字有轻雾、薄云之意，其中细微的差别只有南布斯教授才能分辨。从两人的命名可以看出，他们的命运其实早已注定。

在母亲态度的影响下，兄弟俩会形成一种固定的相处模

1 在此我要感谢我的朋友马克 - 阿兰 · 瓦克南（Marc-Alain Ouaknin），正是在他的教诲下，我才找到了此类问题的答案。

式，即便是再严密、再巧妙的计划，都无法改变他们的习惯。

如果我对自己的人生漫不经心，既不知道身处何方，也不关注发生何事，更不晓得如何进退，如果我因自身的无能消沉颓废，巴不得与外界断绝一切联系，那么他人存在还是消失，往东或是向西，尚在人世还是归于尘土，又与我何干？我可以成为别人，拥有别人的面孔；别人亦可取代我身，以我面孔示人；我们之间甚至无须太多联系，这些我全不在乎。即便是与我相关的事情，对我来说也没有意义。我身边每个人都对此心知肚明，但却只能听之任之。原因很简单：假如我在环境的驱使下试图谋杀另一个自我，那么无论有意还是无意，都不会受到任何一个国家法庭的审判。我的行为对自己而言毫无意义，其他人也大多持有同样的观点，因此人们很容易得出结论，即我不必为此承担责任。他们所能做的，就是把我交给医生，弥补我在人际关系方面的缺陷。虽然这种治疗收效甚微，但人们往往心照不宣，不予置评。

除此之外，世上还存在着一种人格。谨言慎行、按部就班、苟且度日构成了我生活的全部，我希望借此逃过死亡的威胁，这种恐惧左右着我的思想，摆布着我的行动，只要想到自己难逃一死，我就如坠冰窟，生无可恋。在此情况下，他人的存在难道不是一种威胁？它让我无从遁形，更糟糕的是，让我暴露于光天化日之下。从这个角度来说，我与动物并无二致。当然，我也会对外界做出反应，并始终遵循这样一套行为逻辑：一切以我为先。我希望他人从不存在，即使被迫与他人共处，也总是期待他能尽早消失。这难道不是一种顺理成章的反应？只是我不会将其付诸行动罢了。我还不至于鲁莽到随心所欲、任意妄为的地步。我只知道，自我是何等的宝贵，一旦暴露于人前，必将招致无穷无尽的烦恼。许久以来，我花费大量时间和精力，为自己营造了一个舒适、谨慎、安全的环境，我绝不会轻越雷池一步，去做无谓的冒险。当然，如果有人愿意担当重任、勇往直前，我也不会将其视为一桩坏事，只要于我无碍，我都愿意予以支持甚至鼓励。更何况，他人的消失不仅是一种贡献，也意味着一种牺牲，它可以暂时吸引死神的注意，达到投其所好、转移视线的目的。尤其当他没有留下大笔财富可以供人从中渔利时，那么他对我的意义也仅限于此。难道我不该贪得无厌、来者不拒、为自己的欲望和目标而战？作为死亡的播种者，难道我不该时时想到自己，事事以己为先，处处按照资本主义垄断全球的意识形态行事？唯有如此，我的处事方法和处世态度才能得到认可，才能收获人们毫无保留的掌声。

相反，如果我对死亡怀有刻骨的仇恨，它就无法为我所用，我只会简单地对其进行识别，避免陷入致命的陷阱。我从记事起就练就了这样的本领，并且每天都在不断完善，但我从未感受到快乐。通常情况下，每当我的心境变得从容，就不得不继续疲于奔命。我总想走得更远，因此毫不犹豫地踏入了敌人的领地，这个敌人天下闻名、令人生畏，它也是我所承认的真正、唯一的对手。从这个角度来说，他人就是我的福音。他人的每一点缺陷，都能唤起我的英雄主义情结，我可以借此掩饰本性，同时也必须压抑冲动，以防自己背离初衷，放弃浑水摸鱼的机会。唯有如此，当我向身边人吹嘘自己的丰功功绩和高贵品格时，我的话才会显得更加真实可信。我可以痛斥兽行比比皆是，运用文化吸引力或是真正的艺术来唤醒人们的意识，积极推动实现社会的公平。这对我来说并非难事，因为每个人都对此深有同感。

世上还有比这更加坚定的立场吗？虽然我的所作所为都是为了谋生，但人们对我无可指摘，因为我以道德之名行事，让一切质疑之声烟消云散。试问谁会贸然指责我的无私？谁又会怀疑我拒绝接受他人财物的诚意？人们只看到我舍己利人、殚精竭虑。我平日所闻，唯有铺天盖地的溢美之词，因为外人无论如何也不会想到，我如此热心地投身公益事业，只是为了一己私利，我想借此平复心中对死亡的怨愤，这种恨意正在将我吞噬，并一点点损耗我的生命。如果我按照自己的价值观改造世界，那么我的计划将成为全人类的共同行动，我就能成为最直接的受益者。可惜的是，事情远比想象中复杂。很多人和我有着同样的想法，即某天我会放下武器，休养生息，变成一个深藏不露的人。即使我的理想不幸以失败告终，但我并未失去一切，因为人道主义及其善行仍在接力前行，这让我拥有了继续生活的勇气，我相信，只要埋头耕耘，抬头必能看到灿烂的阳光。

反过来说，如果我只将死亡视为一个模糊的幻象，把性别差异当成一个圈套，那么人们对我的评价可能会大相径庭。在他们看来，我总是自以为是、任性妄为，既无规划，也不努力。尤其令人惊讶的是，他们为我贴上任性的标签，仿佛只有自己才算谨慎行事；他们动辄大惊小怪，将我视为一个傲慢的天才。拜上述名声所赐，我也不愿与人进行所谓的交流，我放弃了解释的努力，反正我对此毫不关心。这些左右逢源者令我发笑，他们就像蝼蚁一般随波逐流，其命运早已注定，但这并不在我的考虑范围之内。他们永远也不会明白，我运用聪明才智为他们谋取小利，不过是出于善心，因为在他们身上，再没有什么能够引发我的兴趣。

无论抗拒还是关注，无论逃避还是结交，他人对我来说，首先是可供参照的对象，在他们身上，我可以或多或少、有意无意地看到自己。除非在特殊情况下，这种关系对双方而言大有裨益。我可以通过观察，洞悉人们如何与外界保持联系，我迟早会发现，我们采取的方式遥相呼应，存在诸多相似之处。这一发现并非毫无意义，它有助于我们了解交流机制的运行方式，探究最基础的双向交流，尤其是新生儿与母亲的第一次互动，所产生的后续效应。无论对我还是他人而言，这都是关键的第一步。人际交往中掺杂着太多感情，比如期待、希望、爱情，以及得偿所愿后产生的幸福感等。此外，沮丧、失望等情绪也会引发憎恶、怨恨、妒忌和暴戾。因此，相关研究注定是一个浩大的工程。

以上种种，构成了人生百态的雏形，虽然它十分单薄，且在数量上严重不足，却也不是毫无用处。它有着严密的内在逻辑，彼此之间截然不同。它让我们了解自己与他人交往的真相，以及人与人之间抱团取暖、相互依赖的特性。总之，我们可以得出以下结论：不同人群的组织结构发挥着重要作用，它可以改变个体的行为和生活方式，并在一定程度上解释了交流鸿沟的存在原因，到目前为止，这一结论至少得到了数据的支撑，在我们掌握的一系列社会样本中，从最原始的调查到最精细的分析，无不与我们的判断遥相呼应。比如在我们那个年代，有个政治经济学名词——“野蛮资本主义”。当时的教育对这一社会形态多有指责，在我们心中留下了根深蒂固的印象，但这个词的构成还有另一层意思，我们不应仅从表面加以理解，它在巧妙地暗示我们，未来的资本主义将不再“野蛮”！

此外，我们也不能忽视风俗的作用。16世纪的专栏作家曾写道，美洲印第安人有着吃人的习俗。他们会无微不至地照顾俘虏，甚至献上本族的女人，允许他们生育子女，但这并不妨碍他们最终吃掉俘虏。他们会直截了当地向后者表达自己的尊重与热爱，并宣称正是因为发现了对方的优点，希望拥有同样的品质，所以才要将他们吃掉。

这样的故事让我们联想起身边发生的事情：面对势单力孤的小债权人，银行下手总是毫不留情；但是对于榨取钱财、贪婪冷酷的大佬，他们又暗送秋波、曲意奉承。如此行径，怎能不让人惊怒交加，拍案而起。只因小债权人无油可榨，他们就期待与大佬狼狈为奸，而且无论我们承认与否，这样做都合理合法，无懈可击。不过，这一发现也不是全无意义，因为它在人们司空见惯的现象中发现了一条新的线索，有助于我们深入了解西方世界小心隐藏却又拼命维护的社会关系。

显而易见，我们与希伯来人的道德观念截然相反，后者受到了犹太和基督文明的双重影响。在他们看来，人存于世间，唯一的使命就是持之以恒、全心全意、坚定不移地履行对他人的职责。这种慷慨的品行固然令人称道，但我们也看到了它所产生的负面效应。随着时间的推移，它会为群体接受，但群体毕竟由个人组成，每当付诸行动，人们往往会逡巡不前，慷慨也因此变了味道，甚至带来各种令人遗憾的灾难，个中细节和具体回忆，在这里就不一一赘述，需要指出的是，类似传教和殖民之类的举动，我们至今仍在吞咽它的苦果。

我之所以略微偏离主题，对个人与社会进行探讨，只是为了向读者展示一个事实，即社会结构会对人的心理产生怎样的影响。从最狭义的方面理解，社会由具体的个人构成，无论是男人还是女人，都在这个结构中扮演自己的角色。比如选举期间，有人赞同，有人拒绝，有人争论，有人协商，有人采取迂回，有人选择妥协，他们的种种举动，完美地诠释了结构的重要作用。

当然，这些入门的知识、粗浅的解释，乃至一知半解的研究，都不足以概括人际关系这门艰深的学问。无论是预测其未来发展，还是阐释其普遍原理或内容精髓，绝不是一件容易的事情。人际关系涉及社会、文明、战争、道德、宗教等诸多领域，不幸的是，人们手中只有一件粗陋的工具，终究难以一探究竟。但与此同时，它又对每个人至关重要，因为其中蕴含着关于生死的力量，比如我们的出生，就是对母亲生命的延续。从这个角度考虑，我们又怎能知难而退、放弃研究呢?

在我的家庭中，从来不存在禁忌话题。家人之间畅所欲言，同时分寸得当、长幼有序。我母亲是个讲故事的绝顶高手，终其一生，她都在用口授的方式向我们传播文化，或许她已经意识到，这样的传承者已经寥寥无几，她正是其中的一位。每次谈到自己，忆及童年，她总是口若悬河、滔滔不绝。我之所以在这里提到母亲，是因为在万千思绪中突然想到了生死的问题。我记得她曾亲口承认，在儿时的某一天，死亡的想法突然涌上心头，令她困扰不已。虽然当时她尚在稚龄，但为了平复心中的焦虑，她还是决定向家中的智者，也就是她的外公敞开心扉。后者安慰她说，这样的烦恼无足轻重，因为她注定长命百岁。现在看来，老人的“疗法”发挥了积极的作用。后来，我们也向母亲倾诉心事，而她的劝解总能带来极大的安慰。细细想来，母亲外公的一番话虽然饱含深情，却并无实质内容，只是表达了一种美好的愿望，但为何它竟拥有如斯力量？我忍不住向母亲旧事重提，于是她向我讲述了一个故事。在这里，我会尽我所能，原汁原味地向读者呈现整个故事。我相信，自己的尝试定能达到应有的效果。

“我的想法并非空穴来风，而是环境使然。在家中，每个人都有自己的职责，都有自己的事做，而我的任务就是照顾我最小的妹妹。当时她还很小，每天哭闹不休，我必须时时把她抱在怀中。因为再无他事可做，所以郁闷得要命。我经常在外闲逛，哪怕一点鸡毛蒜皮的小事，或是大人们一丝细微的举动，都能让我兴味盎然。渐渐地我养成了一个习惯，直到现在都没改变：我喜欢混入人群，尤其是送葬的队伍，因为后者持续的时间最长。由于参加了太多葬礼，我对一整套漫长的流程都烂熟于心。

“有一天，我从墓地回来，并把我的去处告诉了外公。他听后笑了起来，这给了我莫大的勇气，我于是将自己的所见所闻和心中疑虑一股脑儿地说了出来。我问他，为什么人们能够耐心等待很长时间，但一看到掘墓人开始挖土，却跑得比谁都快？说实话，这样的场景我见过太多，却始终搞不明白，到底是怎样可怕的事情，会让他们像惊弓之鸟一样四散逃窜。

“我永远不会忘记他的回答，直到现在还会时时想起。你知道吗，那是一个孩子梦想得到的最好答案。答案是开放性的，可谓脑洞大开，它引人思索、回味悠长。你可以对它提出质疑，试图指出它的错误，但是别白费力气啦，一次又一次，它总能开启一个全新的视野，而且完全出人意料。我敢说直到今天，在我向你讲述的此时此刻，我依然能够从中学到新的东西。

“我的外公是这样回答我的：孩子，当墓穴中的死者突然意识到自己的状况，他必定会情绪激动，并立刻向他的母亲求助。他们之间不一直是这样相处的吗？每当他有了烦心事，不是第一时间就要告诉母亲吗？他不总是希望母亲回答他的问题，化解他的烦恼吗？所以他自然首先想到了母亲。他只是照例行事，如果放在平时，往往会立竿见影。他非常、非常想念母亲，知道她无须只言片语，就能猜出自己的心思。他的精力愈加集中，对母亲的思念也更加强烈，甚至超过以往任何时候。而他的母亲呢，或许已经去世，或许尚在人间，她会为失去孩子哀痛不已，她会感知孩子心中的悲伤，但她无法听到他的声音，再也听不到他的呼唤。于是他转而向离世或在世的父亲求助。他像往常一样，用恭敬却略带畏惧的态度对父亲轻声耳语，但后者也无法听到他的求救。父亲喉咙哽咽，眼泪不可抑制地夺眶而出，根本没法察觉儿子的一点儿声音或一丝丝想法。于是他愈加恐惧，内心充满莫名的绝望，他提高声音，呼叫兄弟姐妹和生前好友，但他的努力再次以失败告终，每个人都无动于衷。他喊得更加频繁，却依然没有回应。他用上所有能想到的词语，将自己的音调拔到最高，只求外界能够注意他的存在。此时，他的恐惧已经达到顶点，由于担心错过机会，他把亲友又依次喊了一遍：母亲、父亲、亲戚、伙伴、朋友，一个人都没有放过。

“葬礼仍在继续，终于，掘墓人的第一锹土落在了他的棺盖上，于是他竭尽全力发出了最后的呐喊：只有一声，而且并不专门针对某人。在拥挤的人群中，他只想感化那个能够听到的人。这一声可谓撕心裂肺，令人心惊胆战。

“听我说，我的孩子。事实上，没人应该去听这样的呼喊，也没人能够听到这样的声音！每个人终究要独自离开这个世界，就如同他孤身一人降临人间，独自面对一生荣辱，其他人不能，也不应参与其中。他是自己生命的唯一载体，后者选择、塑造了他，最终又离他而去。因此他只属于己身，而不应附着在任何生命体上。

“这就是人们离去的原因，正如你亲眼所见，他们走得毅然决然，而且步履匆匆。

“我们可以听到生命降临时的第一声啼哭，这既是行动，也是语言，它向外界展现了一种开放的姿态。但我们无法听到临终的呐喊，因为在感情上，我们不愿接受这样的结局，除非当事者是自行了断。”

这就是所谓的生死一线，天人永隔。

如果我们相信这个故事，认为生死之间泾渭分明，那么就该努力把生放在最重要的位置。我们要排除死亡带来的干扰，让生变得更加纯粹；我们要让生完全占据身体，毫无保留地享受生的乐趣。那么，这到底是白日梦，还是大智慧？到目前为止，人们对死亡已经形成一定的共识，能够以平常心看待它的存在。在人们眼中，它既不是恐怖的主宰，也不是可憎的敌人。一旦认识到这一点，人们就能节省大量精力，毫无顾虑地安排时间，拓展生命的空间。

以上所述显而易见，毋庸置疑。如果非要加以验证，我们还得回到心理结构的研究上来，看看它是如何影响人的行为，因为一个人的选择绝不会是凭空而来，也不可能是独断专行的产物。每个人和生的关系、与死的联系通常交织在一起，这种状况可以促使其三思而后行，不会随意地进行切割或是整理。

母亲外公的故事告诉我一个道理，只有听取来自外界的忠告，才能找到解决问题的方法。这是因为，他人的告诫往往反映了集体的意志，它能营造出一种仪式感，推动，甚至是迫使每个人约束自我，影响最大时可以改变人的日常行为。我外曾祖父的心理结构十分丰富，他的无意识状态则与常人一般无二。他给我的母亲上了一课，又通过她传授于我，这只能说明一件事情，即无论是他还是我们，都对这个故事深信不疑，而他讲故事的目的就在于从根本上揭示人们的行为逻辑。不过，这种共识只可意会不可言传，它只能通过细致、多样、默契的方式进行传递，而且还需要较长时间，从某种程度上说，它与传教士的工作有异曲同工之妙。

这意味着，无论是厘清生死的关系，还是促使每个人不惜一切代价在生死之间划清界限，都将成为群体的责任，这样做可以带来一定的进步，也不失为一个简洁明了的解决方法，一个前景可期的努力方向。但与此同时，这更是一个风险极高的赌注！因为一旦这个特定的群体被人们寄予厚望，用来调节和处理错综复杂的关系，那么即便成功概率很低，也会受到广泛的关注。时至今日，只有那些宗派领袖和创始者，才会笃信自己的理念准确无误，才会对理想的乌托邦有所憧憬。[1]普通人对死亡的承受力从未像现代武器一般强大，即使是最有力或最宽慰的话语，都无法消除人们心中的隐忧。时代已经变了，当灵车在街上经过，路人不会再像以前那样脱帽致哀，沿街的商铺也不会按照礼仪垂下门帘。面对周而复始的死亡巡游，生者甚至不愿通过约定俗成的礼节，表达共同的哀悼与歉疚。人们怀着功利的目的在墓地聚集，像例行公事一样出席葬礼，他们还找出各种难以理解的借口，美其名曰照章办事，尽可能地缩减仪式时间。

事实上，这一切无关交流方式的改变，而更像是一次暴力和野蛮的回归，它的势头如此猛烈，在我们的记忆中已多年未见。为此，我们虽然惊诧疑惑，却始终无能为力，更无从估量它的规模以及可能引发的后果。长期以来，受空间距离所限，人们可以在不同程度上靠自己的方式方法应对和疏导理念的冲突，将负面效应控制在一定范围内。但随着通信手段的激增，这样的屏障不复存在。通过电视直播，我们可以随时收看熟人出演的心理剧，或是了解陌生人的极端

1 在电影《红色木鸽》（*Palombella rossa*, 1989）中，导演纳尼·莫雷蒂（Nani Moretti）对这种现象进行了淋漓尽致的刻画。影片弥漫着对政治生涯和宿命的痛苦质疑，导演怀着不无同情的态度，向我们展现了一群人是如何执着于意识形态不能自拔，又是怎样把各类领袖的指示奉为圭臬的。

行为。这些虽是不小的挑战，却绝非空前绝后，只是旧事重演，不过规模与情形有所不同。总而言之，这是一部老皇历了，甚至要一直追溯到人类的起始阶段。

如果我们按照最基本的方式，把人类定义为埋葬同类的动物，那么我们从进化论的角度可以得出以下结论：人类永远也无法变成今天的模样。原因很简单，人类与其他物种一样处于大自然的食物链中，这一自然法则始终主宰着动物世界，即弱肉强食、物竞天择。但是，人类过去不是、现在不是、未来也不可能是草食动物。他之所以成为杂食动物，并不仅仅是口味的原因，从幼时起，他就需要来自动物的氨基酸促进生长。到目前为止，我们并不清楚人类彻底告别同类相食的时间，也不了解这样做的动机，但可以确定的是，从这一刻起，或者说从他第一次为同类建造墓穴起，道德的雏形就已萌芽，食人的习俗即遭禁止，由此带来的后果是，他再也不能残害同类。在新的行为准则约束下，人们会在发生冲突时进行协商，达成共识，以此来确保彼此的安全。久而久之，人类社会形成了一种文化，它能让每个人都感受到，命运就掌握在自己手中。如今，孩子的心理结构主要取决于母亲对待生死的态度，当然，它既不完美，也无法掌控，虽然与最初的人类相隔久远，但两者在思维上却有异曲同工之妙。事实上，人的一切活动都受制于社会结构，与其说人们达成的默契会彻底改变事态的发展，不如说它只能产生一些细微的差别。

我们只需掌握一点儿人类学的知识，就能了解人类社会从原始阶段发展至今，经历了怎样惊心动魄的变迁。

无论原始社会，还是其他历史阶段，人类都曾付出巨大的牺牲，经受暴力的折磨，并由此形成了社会与个人的关系。我们尽可以为之心痛，却不能因为现代战争的诡秘就对牺牲大加诋毁。越变越小的地球，爆炸式的信息增长，进一步扩大了社会关系的裂痕，以至于维系人际关系的规则荡然无存。每个人都在肆意妄为，人们既承受着巨大的心理压力，也感到了抑制不住的恐慌。曾几何时，人们“为生计而抗争”，如今，我们正在经历这个时代的回归，两者不但形式相差无几，就连性质也没有任何变化。人人都试图找上一个或多个对手，对其进行恐吓，将其玩弄于股掌之间，最终将其彻底击垮。有时连我们自己都没意识到，我们就是文明社会中的一个个“小头目”。一旦得逞，我们就会信心爆棚、目空一切，陷入权力制造的假象难以自拔，谁都不愿面对现实：就好像紧握一个毫无价值、虚幻可笑的拨浪鼓，以为这样做就能将死亡彻底击退。

在人类看似急剧突兀，实则循序渐进的演变过程中，那些以爱之名，通过协议将个人命运紧密相连的举措，完全没有立足之地。这既是历史进程的神秘之处，也构成了它的魅力所在。

对绝大多数人而言，人生的目标再清楚不过，那就是自我保护、相互提防。当我们发现自己与他人的心理结构存在差异时，绝不会漠不关心，因为它不可避免地拷问着我们的内心，迫使我们重新审视自己，即便我们借口毫不知情、泰然处之，也是无济于事。这种情况在生活中再普通不过。比如我对死亡怀有极度的恐惧，而邻居恰巧抱有与我类似的想法，那么他只会不停向我灌输他的观点，让我在恐惧中越陷越深，最终堕入与他相同的命运。更有甚者，平素待人傲慢，信仰沦丧，不惜在人与人之间挑起仇恨，并利用扭曲的恨意兴风作浪，处处对我的生活形成掣肘。面对他们的种种劣迹，那些曾被遗忘的奴役与欺压，怎能不再次浮上心头？反过来说，如果我始终对死亡充满恨意，我又怎会对一群顺从者感到同情？这些人胆小如鼠、毫无担当，着实令人不齿。但凡我取得一点儿成就，他们就要刻意破坏。至于那些与我有着相似感觉的人，他们的态度总是犹疑不定，除了以拙劣的方式来一场风车大战，又能期待什么呢？还有一类人，他们生性冷淡、不合时宜，行为处事看上去十分怪异，我姑且将其视为独特的魅力，作为绝望之时的一种消遣。

以上我讲了许多，都是关于人与死亡的关系，这看起来十分奇怪，但我们不应忘记，死亡是人类的核心问题，它决定着人的一举一动，支配着人与外界的关系，塑造着人的日常习惯，萦绕在人的言语之间，隐藏于人的常用词句，甚至一个再平常不过的眼神交换，也离不开它的影响。古有地中海地区广为流传的“邪眼”，今有更为时尚、更具西方特点的噩兆与吉兆之分，无不有力证实了我的观点。由此，我们可以想象，一个咄咄逼人的环境，将为个人带来怎样的伤害，我们也能明白，长此以往，生命必定渐趋凋零，直至消亡。这就部分解释了我在本章开始时提出的问题。人的一生中，总是需要他人的滋养才能保持活力，同样，我们也要以一己之力回报他人，否则，生命将难以持续。世间的一切相遇自有其价值，它就是母爱的延续和接力，我们总想摆脱母亲的束缚，但从未取得成功。面对母亲，每个人最后都会无计可施，只能低头认输。人与人的关系如此紧密，以至于当身边人遭逢不幸，我们都会感到难辞其咎，哪怕此人只是点头之交，或者未来情谊不再。

值得一提的是，在思考和论证过程中，偏执的思维方式会对我们造成影响，在此，列举相亲的例子可谓再合适不过。通常情况下，人们参与此类活动大都身不由己，而且活动本身也令人生厌，沉闷无趣，但总有人与众不同、特立独行。从人差方程[1]的角度考虑，他不但与我合拍，而且还能相得益彰，他甚至将三观相合作为毕生坚守的原则。对此，我十分欣赏，也深表赞同，并在交往中采取了相同的态度。当然，我们之间也会偶有不满，但无论是何种原因，达到什么程度，我们总能奇迹般地达成和解，并且始终相信，我们一定可以和谐相处。一种全新的感觉在我们胸中不断生长，坚守许久的信念涌上心头，不过这一次，我们再不会轻言放弃。事实上，无论男性还是女性，对爱情的态度都取决于对母亲的热爱。我们试图描绘爱情的色彩，聆听它的声音，但每次都是徒劳无功，因为人的心理结构已经赋予爱情天然的本色，它生来如此，从未改变。

如果说男人对女人之爱源于自己的母亲，人们大都不会表示异议；但如果说女人对男人之爱也与母亲密切相关，大概不少人就会感到难以接受，甚至大为震惊，很多误会乃至悲剧都是由此而生。比如在包括环境在内的一系列机制影响

1 指人与人在反应上存在的差异。——译者注

下，人们会要求男人离开母亲，与一个截然不同的女人共同生活（这种情形亘古如此，甚至《创世记》第二章24节亦有训诫）。但对一个女人而言，外界就不会做出类似的提醒。女人只需凭直觉行事，社会对她们的要求不过是克服与生俱来的恐惧，自行定义性别的差异，而这些差异就体现在她们平时的一言一行中。尽管如此，一切仍有可能重新来过。人们不是常说爱的力量足以撼天动地吗？我们又怎能为了几句廉价的赞扬就止步不前？

如果我只想隐藏自己，但手段和技巧又不足以达成目标，难道我就不会另辟蹊径，寻求他人的协作？这个人必须与我有着同样的烦恼，乐于向我提供帮助，同时愿意接受我的回报。我们从两个“个体”变成了一人，这种合作关系让我们不必在意那些既愚蠢又不合时宜的庸人，后者不时打扰、攻击我们，幻想有一天抓到错处，以便对我们指手画脚。我们只需围绕各自的习俗和行为方式进行详细交流，维系我们共同的兴趣，构建我们的家园。每一天我们都惜时如金，因为不知道这样相互扶持的日子还能持续多久。也许在某些人眼中，我们对生活的追求愈加僵化无趣，但这又有什么关系？默契与和谐坚定了我们的态度，让我们有勇气无视外界的一切非议。

如果我试图隐藏自己，但出于不可预知又无法解释的原因，结果根本无法实现，那么我反而会为此欢欣鼓舞。在今后的岁月里，我将与同伴渐行渐远。长期以来，无论是日常生活还是身处困境，他一直在尽力驱除我的恐惧，比起躲在高大的城墙背后，他的坚定意志更让我感到安心。我们之间是如此互补，他以诚待我，我则毫无保留地回报于他，既充当受益者的角色，也为他的成就提供事实支撑，我要向外界证明，我们之间的交往让我变成了更好的样子。我对自己的缺陷从不遮遮掩掩，我乐于向外界坦白，并重申对我们共同事业的信心。

如果我遇到一个与自己截然不同的人，平日里无拘无束，爱好质疑，充满创意，总能为我制造惊喜，却又令人心生恐惧，那么当他邀请我进入他的世界时，我应该如何应对？即便我很清楚双方关系的界限，即便与他交往不过是种逃避或是停顿，即便我相信能够阻止他获得觊觎已久的位置，这个精力旺盛、极具战斗精神的人也会认为，我与他始终站在同一战线，我的所作所为正是为了帮他获得成功……

如果我的生活漫无目标，平时只是信马由缰，游戏红尘……

如果说还有什么人或事能令我振奋——当然这只是字面上的意思，那就是竭尽全力揭穿死者的真正面目，哪怕是最小的污点也不能放过，难道我真的做不到吗……

我们可以穷尽各种想象，逐一探究由此产生的后果；我们也可以随意选择交往对象的性别，不过归根结底，人的心理结构才是相处的关键所在。这一点并非毫无意义，绝对不是！正如每个人注定成为社会的一分子，所有的伴侣也会受到周边环境和相处时间的影响，并遭遇不速之客的打扰，而彼此的关系也会因此失去平衡。我与他人的关系，他人对我的态度，我所做的，他所做的……如果我们对自己没有清醒的认识，如果我们不相信自己拥有与生俱来的禀赋，那么就很容易陷入自我膨胀。这种禀赋让我们的思想充满力量，让那些因欲望而生的诉求更加合理。

但是请注意！失望、事故、悲伤，乃至痛失亲友，总有一些事情不期而至，轰然打破我们波澜不惊的生活。我们猝不及防，陷入悲痛无法自拔，甚至对人际关系都产生了怀疑。这种关系曾是如此强大而独特，并被我们赋予一切美好的意义，但如今，它备受质疑，摇摇欲坠，支离破碎，最终烟消云散。不过很快，一段新的关系又会突然降临，我们不置可否，无动于衷，那些乏善可陈却一成不变的承诺，无论是真是假，我们都认为它无法作数。我们所期待的，是一段爱的旅程，一段新的人生以及一场新的奋斗……事实上，每个人心中都隐藏着一个不可言说的渴望，那就是同他人一道，或借助他人，或在他人身上追寻美好的事物，以及一种至简的生活方式。这种渴求，就是一切伙伴关系的原点所在。

无论亲密无间还是疏离冷漠，无论冲突不断还是共同进退，无论一刀两断还是天长地久，这种横向的关系会随着意识的改变而不断发展。每个人的意识或迟钝或敏感，有时甚至会与现实脱节，并具有一定的不稳定性。

如果两人生育了子女，那么情况就会截然不同。爱情会以垂直的方式传递下去，孩子既是时间的果实，也是幻象的化身，他以真实的存在击退死亡，令人为之惊叹。

亲子关系与相异性没有半分关联。虽然孩子与父母有所区别，但在后者眼中，孩子从来不是别人，而是自己身体的一部分。他们拒绝与孩子分离，小心翼翼地将其留在身边，竭尽全力对其加以塑造。他们或是参照自己的模式，或是确定培养的方向，可惜从未达到目的。他们期待得到完美的附庸，不曾想换来的却是怨恨、失败与苦涩。

虽然这一切与遗传并无关系，但人们却理所当然地将其归咎于父母的管教。事实上，这个问题值得人们高度重视，因为它涉及亲子关系的实质，孩子最需要的是心理结构的成长，而我们得出的观点、做出的调整，却对这一过程造成了破坏。近年来，各类机构、组织如雨后春笋般涌现，其理念五花八门，有时甚至自相矛盾。在我看来，我们需要成立一个“家长事业联盟”，其宗旨就是以正视听，将正确的理念公之于众，使其广为人知、深入人心。事实上，每一次繁衍，就意味着一次本性的流失，人们别无选择，只能继续生育后代，以避免更多的损失。生命就这样代代相传，并拥有了源源不断的动力。

我的父母正是在此方面犯下过错，导致我后来一直对生活心怀怨恨。此外，我身上的一切缺点，都能从这一过错中找到根源。正因如此，我虽然始终孝敬父母，心中却不乏遗憾。在它的影响下，我总是表现出“自我缺失”（这或许是“利益缺失”的另一种表述方式？！）。同样拜它所赐，我一直在寻找方法进行自我修复。遗憾的是，如果想要达到目的，就必须采取报复的手段，然而我别无选择，只能设法拆穿父母的错误观点，同时，多亏了我高度的敏感性，我会尽量减少这个愚蠢错误对自己造成的伤害。你们可能无法想象，我投入了多少精力应对自身的不足，对我而言，这些缺点极易识别，我希望塑造一个全新的自我，以此来摆脱人生的不幸，为了这个目标，没有什么能够分散我的注意。没错！就是这样！一方面，我陷入看似合理的恶性循环而茫然不知，一方面，我甚至不关心是否还有其他选择。如此一来，我为新的失败预留了伏笔，而且不止一次，是一连串的失败！这回轮到我的孩子成为受害者……

人类总希望通过繁衍来对抗死亡，同时又想摆脱父母的控制，他们将希望寄托在孩子身上，对他们给予坚定的支持。这种做法完美地诠释了生死的泾渭分明。前有一脚踏入坟墓的老一辈人，后有重任在肩志在征服人生的新一代人，还有一代人位居其中、承上启下。所以说，要治愈一个人，至少需要三代人的努力。

为了达到这个目的，人类群体试图通过制定规则，管束自相矛盾的行为，确保方法手段的一致，不过在实施的过程中，他们不断遭遇难题，因此这种尝试显然并不成功。相关的例子不胜枚举，每个人自有一套结论和主张，而这些看法无不建立在环境和世界观的基础之上，比如反映犹太人行为准则的神话故事，就是一个绝佳的例证。

最早的人类非亚当莫属，即亚当·卡德蒙。他曾经完美无瑕，可惜后来堕落红尘。他的后人代代传承，坠落的轨迹从未间断。开始是亚当本人，个中曲折众人皆知，随后情况渐趋恶化，直至洪水灭世。随着诺亚和诺亚七律横空出世，人类又重新走上了追求完美的道路，不过这条路无穷无尽，需要一代又一代人前赴后继、不懈努力。虽然人人皆是心甘情愿，但先人们还是为此制定行为准则，其核心教义就是让每个人都成为法则悉心的守护者和自觉的接力者。他们编写了613条戒律，每一条都与人类可能犯下的过错一一对应。纵览历史，人不可避免与他人产生联系，而道德伦理的出现，正是为了解决由此带来的问题。虽然不少人都能恪守准则，继续维护它的权威，但从社会层面而言，它终究难免走向失败。这是因为，道德定律只适用于道德高尚、严于律己的人群，对其他人来说，却是不胜其扰，难以持久。

无论我们做了什么，如何想象、谋划或是表达，最终起决定作用的还是心理因素。言及于此，我们不免联想到那个著名的蛋生鸡、鸡生蛋问题。母亲的心理结构及其对孩子的影响至关重要，即便外界的阐释、鼓励、规定和指令再怎样权威，都难免与其产生抵触。由于母子间的传承事关生死，因此母亲对孩子有着绝对的权力，反之亦然！不知不觉间，她大权在握，即便孩子后来看清真相，反其道而行之，或是刻意忽略，置之不理，都难以阻止她在相当长的一段时间里任意妄为。

那么，我们应当采取何种方法，才能保证事态不至失控，让权力不被滥用？

是对母亲的心理结构进行干预，使其无法发挥作用？这样做难度极高，而且可能造成负面效果，最重要的是，它根本无法实现。比如我们不能以孩子的成长来评判母亲的作为。早在生育之前，她们就对精神分析学进行了研究。毋庸置疑，她们已经提前做好功课，因为这是成为母亲的必要条件；同时，她们也极其渴望一尽为母之责，并为此付出了巨大的努力。我们由此相信，她们已一切准备就绪，有能力排除前进路上的所有干扰。然而事与愿违，她们的孩子虽有不同的经历，却面临同样的问题。在我看来，这是孩子之福，也是母亲之幸。她们如此充满生机活力，会导致外界的干预失去控制。这样说其实再合理不过，事实上，人们对母亲过早采取了干预手段，却唯独省略了对话与交流的环节。

如果此法不通，我们是否应该调转方向，将目标锁定孩子？此前，人们不是没考虑过尽早对孩子的思维加以干预。有些地方曾尝试将孩子集中起来，在没有父母参与的情况下进行抚养。在法国，雇用保姆即便不是风行一时，也受到一部分家长的欢迎。除了普通的拥趸，一些知名的儿童精神分析学家也对这种方式推崇备至。此外，我们甚至想到通过系统监控，对一些家庭展开深入研究，并对家中的孩子进行提前干预。如果说这一切仅停留在空想阶段，接下来我们很快采取行动，试图影响孩子的心理结构和行为方式。实现这一目标别无他法，唯有让孩子尽早离开母亲，并最终摆脱母亲的控制，比如通过收养的方式！可以说，虽然我们有所发现，但其实并无实际意义，因为我们不过是将此“影响”变成了彼“影响”，却始终没有得到真正的答案。

由此可见，如果我们对母亲的心理和渴望置若罔闻，那么无论采取何种手段或是方法，都会收效甚微。唯一能够扭转局面的，就是父亲的介入。事实表明，无论过去还是现在，父亲的参与总是可以起到事半功倍的效果。不过，我们也不能就此欢呼胜利，凡事急于下结论，如此，往往会误入歧途，犯下严重的错误。

不幸的是，随着西方社会的变迁，我们正在经历一段最为混乱的时期。19世纪甚至是几十年前，父亲还是权威和压迫的象征，孩子们无论男女，总想摆脱他的控制，然而今时今日，情况早已发生了变化。在埃皮纳勒（Epinal）的画作中，母子俩病态地依偎在一起。如果说这一场景依然具有现实意义，那么随着时间的流逝，它终将成为博物馆中的一幅作品。

数年前，我曾作为培训教师，为儿科的研究生授课。在一起培训的150多名同行中，有男有女，年龄各异，地区不同，水平也是有高有低。但他们此行有一个共同的目标，就是完善在行医中待人接物的态度。课程持续了三天，包括我在内的6人被分到一个小组，其中有2名儿科医生、1名精神分析学家、3名全科医生。在这3人中，有2名既是精神病专家，也是精神分析学家。根据组织方的安排，我们两两一组，用半天时间集中进行观点和实践的交流。让我们感到意外而有趣的是，这项工作竟然收获颇丰。为此我们共同做出了一个决定，即在最后半天时间里，不再按照组织方的计划行事。我们6人坐在一起，邀请其他同事随意发问，只要是他们想到的，不拘领域均可提出。此前经过充分的讨论，所有业内的问题几乎都已触及。我们建议提问者将问题写在纸上，并按照主题进行分类，再根据各自的能力和兴趣加以回答。在回收的一堆问卷中，不少问题令人印象深刻，但最令我们感到吃惊的，是人们不约而同地提到了这样一个问题："是否应该消灭祖母？"

我们一时惊讶得回不过神来。首先需要指出的是，人们针对的主要是孩子的外婆。其次，这种现象绝非偶然，我们能够强烈地感受到其中忍无可忍的情绪，人们甚至找不出一个合适的词语，来表达内心的不满。虽然这些医生都曾接受最传统的医学教育，但在日常的行医中，他们却无不对小患者的外婆怨声载道。在他们看来，这一角色惯于气指颐使，对整个家庭危害甚大。当然，我们可以认为医生的怨气源于不可告人的妒忌心理，因为孩子父母总是对外婆言听计从，后者的影响力如此之大，往往会让医生感到备受冷落。试问一位医者，尤其是儿科医生，谁不希望自己扮演一个全能且完美的母亲角色？但是通过讨论，我们很快发现医生并非出于嫉妒。不少同行大倒苦水、直斥其非，这些不可思议的案例显示，外婆的所作所为，的确会对孩子健康造成损害。

对我而言，我既不愿轻下结论，武断甚至激进地支持这种观点，也不赞成草木皆兵、贸然行动，虽然我对问题的实质有所认识，但并不主张对当事人的做法加以惩戒。正因如此，在轮到我发言的时候，我只对问题本身进行了探讨，而没有给出明确的答案。在这里我想再次强调，我的观点建立在自己多年行医的基础之上，在此前的几部专著中亦曾有所涉及，即对一个孩子而言，母亲固然是决定性因素，但还有一个关键人物，控制其行动，陪伴其左右，须臾不可分离，无论家庭是大是小，都发挥着重要作用——那就是孩子的外婆。

在那次培训中，同行们提供了不少案例，不过由于记忆模糊，我还是选取自己的经历为读者进行讲解。这几个案例十分具体，又富有启迪意义，可以帮助我们对不同观点进行甄别，形成更加可靠和清晰的认识，从而达到拨云见日、抓住要点的目的。我将用平铺直叙的方式为大家讲解，最大限度地还原事情的本来面目，这样做才不至代入感情、预设观点，当然，我也希望读者从中总结经验，更加深刻地理解医生发出的警示。

一天晚上，我接到丹尼丝的电话，请求我上门为她的妹妹科莉塔诊病。根据她的描述，科莉塔几天来腹痛难忍，家人先后找了几位医生，都未能替她止痛。这个不同寻常的邀请让我既喜且惊：丹尼丝儿时曾是我的病患，如今她的孩子也由我照顾，不过这次我却拒绝了她。虽说科莉塔年纪尚轻，但也年届19岁，早就过了由儿科医生诊治的年龄，更何况我早已将成人的医疗知识抛诸脑后，并不认为自己会比专业医生做得更好。在丹尼丝的一再坚持下，我最终败下阵来，答应上门探望，不过有言在先，我这样做纯粹出于友谊，不能保证药到病除。

我与这两姐妹的故事，说来话长。

初见丹尼丝时，距离我的诊所开张还有一个月时间。那时她只有13岁，因为感冒需要我上门诊治。这是她打娘胎里带出的毛病，虽然年纪渐长，却始终未得痊愈。在介绍过病情后，她的母亲又塞给我一大摞材料，几乎涵盖了十三年来的所有处方、X光片以及检查结果。为了治好女儿的病，她四处碰壁，却从未放弃。她跑遍医院的所有科室，还拜托一位中间人帮忙寻医问药，她对此人充满信任，而后者也是信誓旦旦，保证一定为她觅得良方。然而，无论外科手术、变态反应，还是慢补、温泉疗法，都对缓解病情毫无用处！她絮絮叨叨对我讲了一个下午，而我的治疗也由此拉开序幕。

唉，其实对我而言，时间应有尽有，充裕到我不知该如何打发。此前，我的同行们已经尽力而为，却全部遭遇失败，而我并不比他们更有办法，面对这种情况，我也束手无策。在学校读书时，医生们从未学过如何应对类似情形，仿佛他们只为救死扶伤的崇高事业而生。此时此刻，我自觉无能，却又不知如何应对这位母亲，只能请她暂且回避，让我和孩子单独相处。虽然她看上去对我的失礼颇为不满，但最终还是做出了让步。

我于是转向丹尼丝："告诉我，你最近一次感冒是什么情况？”话音甫落，连我自己都感到羞愧，我怎会问出这样愚蠢的问题！丹尼丝看起来十分平静，似乎一切早在她预料之中。她回答说：“一天晚上，我去参加一个家庭舞会，四周烟雾缭绕。我正准备跳舞，有人打开了窗户，我于是请他赶紧关上。刚认识的舞伴嘲笑我说：‘没错，我们都知道你，你妈总怕你感冒！’我推开他，穿上大衣冲了出去。当时正是夜里，我刚一出门，就预感到自己将会着凉，但我心里却想：‘这样才好呢，让她多事！’”我没有打断她的话，而是饶有兴味地听着，当时我还没意识到，她的疾病其实与心理有关。我只是认为，这样做才能尽可能地消磨时间。随后，我把她的母亲叫回房间，随便开了一剂滴鼻液，就结束了诊疗。

如果不是几周后丹尼丝的母亲再次联系我，我可能永远不会提及此事，因为它让我手足无措、颜面尽失，我也一定会尽快忘记这段不愉快的经历。但丹尼丝的母亲找上门来，请我为她四岁的小女儿科莉塔医治高烧。她上来就告诉我，我创造了一个真正的奇迹，经过我的诊治，她的大女儿鼻子通畅，再也没有旧病复发。听到此处，我的第一反应是这家人已经疯了。在医学院受教期间，我已被彻底洗脑，这种神奇的效果对我而言，简直闻所未闻。不过好话毕竟令人受用，更何况它还具有广告效应，能够吸引数量可观的病患前来就诊。

科莉塔是个漂亮的小姑娘，又白又胖，脸色红润，可爱至极。经过诊断，我认定她患上了感冒，并开出一剂阿司匹林。这下差点要了她母亲的命，在后者看来，女儿病得如此严重，她数日来寝食难安、惊慌失措，而我竟然轻描淡写，应付了事，这种态度无论如何不能接受。在接下来的很多年里，我一直负责照看姐妹二人，直到她们长大成人，不再适合到儿科就诊。先是丹尼丝，然后是科莉塔，我一个个送走她们，却始终未能平息丹尼丝母亲的焦虑，也没能让她习惯我的工作方式。在我看来，她对我的信任主要建立在最初的那次诊疗。虽然我纯属误打误撞，却治好了丹尼丝的感冒。直到后来，我才发现这种信赖并非来自丹尼丝母亲一人。丹尼丝长大后结婚成家，并在数年内生下两个男孩，她很自然地将儿子的健康托付于我。有一天，她在闲聊时告诉我，母亲总在不停干涉她的生活，为她造成了不少困扰。由于当时我已经对心理学有所涉猎，因此立刻注意到，她为两个儿子取名热弗鲁瓦和勒内，正是“我很冷”和“鼻子”的谐音，对她而言，童年的伤痕依然深埋于心，从未抹平。但与此同时，我又对她充满敬意，因为再怎样称赞她同母亲进行的抗争也不过分。在日常生活中，母亲与女儿毗邻而居。作为外婆，丹尼丝的母亲或是无所事事，或是将自己的事情放在一边，总会理所当然地以女儿和孙辈为重，凡事以满足他们的需要为先。

面对这种无微不至的关怀，如果我们稍有不满，未能及时加以称颂，施恩者就会大谈特谈自己的劳苦功高与低调谨慎。可见，对母亲的付出提出质疑是一件多么困难的事情，而母女的相处之道又是何等的奇特。表面看来，母亲不计回报地为女儿安排一切，双方从未想过将其中的好处一一列出。事实上，这种默契具有极大的欺骗性。在女儿眼中，母亲所做的一切，都源于对自己无私的关爱，她可以尽情享受，无须回报，即使需要回报，也全由她一人做出决定。她不知道的是，或者她也不愿知道，母亲别无所求，只希望成为女儿人生中不可或缺的角色，母女俩相依为命，就像女儿刚出生的时候，两人共同生活，认定彼此就是生命的唯一。

在那次闲聊之后，丹尼丝许是突然意识到其中的危险，因此不久后就搬了家。她的新家与娘家相隔几站地铁，需要两次换乘，她也因此拥有了自己的独立空间。紧接着，她又重拾学业，以此来填补恢复自由后的生活。我一直关注着她的行动，并对整个过程进行评估。我们的联系大概维持了数月，甚至是数年时间，具体时间我也记不清楚，不过这些都不重要，关键是在这段时间里，我们的关系十分稳定，彼此信任，相互支持。也正因如此，我才无法拒绝丹尼丝的邀请。

那是一个阴沉的下午，客厅里也十分灰暗。我之所以印象如此深刻，是因为当时我怀疑自己患有黄疸，而且结膜已经显现出相关症状，不过检查结果要比那天的天色光明许多。我环视房间，向大家点头问好。许久未见，科莉塔已经长成一个光彩照人的姑娘，她平躺在窗户对面的长椅上不住呻吟，整个人蜷缩成一团，眼睛半睁半合。她的母亲忙前忙后，一会儿抓住女儿的手按摩揉捏，一会儿焦虑得如同热锅上的蚂蚁，一会儿喉咙里发出响声，仿佛在与病人的呻吟相互应和。她的侧影映照在窗前，与街上的景色融为一体，展现出一幅庄重、完美、伛偻却安详的外婆形象。我与她有数面之缘，又多次听丹尼丝讲述她的故事，因此对她多有了解。至于丹尼丝，她坐在房间的一角，整个人几乎被宽大的双层窗帘遮住，或许她是刻意为之，试图将自己隐藏于黑暗之中。她的身体蜷成一团，双手紧紧抱膝，如同胎儿尚在母腹之中，也与妹妹的姿势十分类似，她似乎在通过这种方式，来表达内心的同情。她迎着我的目光微微一笑，好像在请我做个见证，表明她的生活尚未完全回归正轨，同时也为自己执意请我上门表达歉意。

我在长椅旁坐下，详细询问事情的经过，试图为这种罕见的疼痛找出原因。在了解了此前几位医生开出的药方和做过的检查后，我转向科莉塔，可惜她完全无法为我提供任何线索或是答案。这一点我早有预感，但却不得不做。事实上，我既无药方可开，也无医嘱可提，再次陷入了几年前的尴尬境地。摆在我面前的，是一长串准备措施，一厚摞病例资料，以及一种任何疗法都无能为力的顽瘴痼疾。在这种情况下，纵有无上权力，我也无法施展。我所能做的，就是坦诚相告，自认无能。可是，我越是极力辩白，人们就越对我寄予厚望。这是何等奇怪的悖论！仅仅是因为好说话或是盛情难却，我就被莫名其妙地卷了进来，需要独自面对各种棘手状况，如今，连我自己也不知道，应该如何摆脱这一窘境。

于是我只能从细节入手，试图还原科莉塔几年来的人生轨迹。不过我询问的对象却并非本人。自始至终，她都在大声呻吟，仿佛在提醒我，她根本无法回答问题。她的母亲倒是滔滔不绝，不愿错过这个宝贵的机会。当着科莉塔外婆和两个女儿的面，她不住夸耀自己的优点和无可挑剔的美德，自称始终以此为标准修身正己，严于自律。她是如此慷慨激昂，几乎让人感到了几分滑稽。我于是打断她，问她是否知道自己说了什么。她初时尚有几分尴尬，不过很快就对我发起反击。她语气生硬地问道：“您的意思是我让她生病喽？”我不愿造成冷场，只好回答说：“夫人，您当然无法做到，但事实就是如此。”在当时的情形下，我脱口而出，以为理所当然，但我随即意识到，自己的语气与往日大相径庭，不仅语速缓慢，而且字斟句酌。虽然我刻意掩饰，却难免有说教之嫌，让人感到居高临下。

可以说，在整件事情中，我既是主导者，也是参与者，亦是旁观者，因此始终保持着清醒的头脑。我决定再次问一遍，绝不放过任何细节。我竖起耳朵，仔细观察在座每一个人神色和态度的变化。经过刚才那一番交锋，我始终处于激动状态，而我的对话者也是状态不佳。为此，我将全部注意力都放在她的身上。突然，一声椅子倒地的巨响打断了我的思绪，由于太过专注，我惊得几乎跳了起来。回头一看，科莉塔的外婆已经抡起椅子，砸向窗户的插销，嘴里还大声喊着：“房间里怎么这样热！为什么这样热！我们简直要窒息了！这是要让每个人都病倒啊！”

总之，不管经历多少曲折，我还是成功了解了科莉塔的病因。尽管事实出人意料且十分离奇，但对我而言，这依然不失为一种最好的补偿。我为科莉塔开出一堆镇静剂，可以肯定的是，人们期盼中的奇迹将会如期而至，我再次不负众望，履行了自己的职责。不过，面对一群自恋的女人，我除了这样处理，又能作何选择？对她们而言，她们只需极短的时间，通过只言片语就能达成默契。

即便我们见证了一切，并试图了解其中的原委，也是无济于事。因为打从开始，我们就与真相无缘，我们所能做的只有解决问题，见招拆招。

说到这里，另一个完整的故事突然浮现在我脑海之中。那是一个傍晚，我前往医院探视一个年幼的病人，回家时正好赶上晚高峰。我堵在路上急得跳脚，但车流就是纹丝不动。无奈之下，我开始像所有人一样没事找事：一根接一根地抽烟，对着广播胡乱调台，或是强迫自己思考问题，不让大脑无所事事。我一向对时间精打细算，总是希望合理规划，惜取光阴。正当我忍无可忍，准备破口大骂时，我突然意识到，自己就在一位病人住所的附近。这是一个小女孩，几年前我经常上门为她看病，不过到现在为止，我也有很长一段时间没有见过她了。起初，我猜测她已另投名医，因为患者自主选择医生曾是法国医疗系统的一大特色，可惜这种状况只维持了一段时间。虽然我是该制度的坚定支持者，但每逢患者弃我而去，我总是难掩失落，毕竟我失去了一个积累经验的宝贵机会。不过我很快否定了自己的想法，认为病人不可能另投他人。为何我竟如此笃定，我的信心又从何而来？其实连我自己都说不清楚，总之就是一种感觉。我应该为此而感到高兴！想到此处，我的心情略微好了一些，不过没过多久，我就再次陷入焦虑，一边频繁换台，一边大骂该死的堵车。

几天后，我在自己的诊所看到了女孩和她的母亲。世上竟有如此巧合，我至今仍然百思不得其解。女孩名叫波勒，当时三岁半。距离她上一次就诊已经时隔七个月了，她安然度过了秋冬两季，没有出现任何状况。考虑到她的年龄和此前的病史，这实在是一个不错的表现。

直到今天，我还记得我们初次见面的情景。在她母亲的要求下，我登门问诊。当时波勒刚刚出生五天，她的母亲也是当天早上才从产科出院。她看上去状态不好，甚至可以说相当糟糕。她身形干瘦，一点儿也不强壮，整个人昏昏沉沉，连喝水都有困难。家中飘散着一股浓重的曙红类化学染料味道。在她的臀部和大腿上，还能看到因药物注射而导致的肿块。

在我暗中观察这些细节的同时，我始终保持着沉默。当然，这首先是出于谨慎，但我也不可避免地感到一阵窘迫，甚至可以说陷入了焦虑。我不清楚这个家庭发生了怎样令人担忧的状况，也不知道是否多种因素聚集在一起，才导致了我的不适。房间的布置处处体现着主人糟糕的品位，仿佛在主人眼中，这只是个临时的栖身之所。在这个又脏又乱的地方，孩子的母亲脸色疲惫，小心翼翼地观察着我们。她的眼神与一般的斜视不同，与其说充满恐惧，不如说显示了一种不堪重负、听天由命的心理状态。她似乎已经乖乖地缴械投降，一切任凭自己的母亲做主，后者打扮入时，表情严肃而内敛。在这样的氛围中，我丝毫感受不到新生的喜悦，反而嗅到了死亡的气息，至少也是参加丧礼的感觉。我对个中原因一无所知。但我应该了解吗？原则上说，不需要，因为希波克拉底誓言告诉我们，医者理应非礼勿视。当然也有特殊情况，即医生有着超强的洞察力，能够发觉事物的微妙之处，或是医生的所闻有助于对病情做出判断。

我在婴儿的摇篮旁没有看到健康说明，为此向她的家人询问。回答是诊所将说明留了下来，却没有做出任何解释。缺少这份材料，我就无法知晓母亲怀孕期间的状况以及婴儿出生时的情况，只能通过集中提问了解情况。我素来不喜这种方式，因为根据我的一贯经验，提问收获的只有答案，再无其他。但这一次我别无选择，必须对此予以高度重视。我了解到，分娩的诊所位置偏远，而且并不靠谱。负责分娩的医生资历甚老，波勒的母亲及其第一个女儿吉塞勒都是由他接生。波勒出生时，吉塞勒已经三岁，考虑到家中的状况，暂时由祖父母代为抚养。此外，诊所对孕期的跟踪也不到位，自始至终都没有按照标准行事。分娩的过程相当艰难，而且羊水也被污染，这意味着胎儿将会受到影响，由此埋下了各种并发症的隐患。那位年迈的大夫既未邀请儿科医生共同会诊，也没有让婴儿留院观察，而是给她注射了一堆抗生素。须知这种疗法遭废弃已久，因为它不但毫无效果，甚至会对孩子造成潜在的危害！尽管婴儿体重出现了下降，但他依然让她出院，仿佛为了尽快甩掉麻烦，以此保住诊所的声誉。

在我看来，整件事中最令人忍无可忍的，不仅是医生缺乏能力且毫无诚信，而是他们竟然以温情或正义为借口，放弃了一个新生的生命。这个婴儿刚刚降生于世，她别无所求，所思所想不过是被周围的人们温柔以待。

问到最后，我几乎已经出离愤怒，气恼的程度甚至盖过了此前的焦虑。在对病人进行重新检查后，我顾不得表面的客套，将这位同行大骂了一通。在我看来，他的行为简直是草菅人命、罪恶滔天。我就这样肆意地发泄着怒火，回顾我的职业生涯，这样的情形也曾有过几次。不过这一次，我的态度让本已紧张的气氛再次升级。在我的要求下，家属紧急联系了一家实验室。随后，我对病人的饮食做出了严格规定，并为此制定了治疗方案，待到实验室化验员鉴定之后，立刻付诸实施。当天下午，我再次上门探视波勒。在接下来的几天内，我频繁到访，直到认定病人的情况趋于稳定。此后，我一直关注着波勒的病情，却从未得到那位性格古怪的母亲的信任，每次交流意见，她总是惜字如金，能省则省。

波勒长到六个月时，第一次患上毛细支气管炎。起初我并未在意，只是按部就班进行治疗。但在接下来的8周时间里，她竟三次复发。于是一次诊疗结束后，我为她开出一张上消化道的X光检查单。那几年，人们才刚刚意识到，胃和食管的反流会导致婴儿多次感染呼吸系统疾病。但在那时，内窥镜检查法尚未得到广泛运用。我于是将这些情况详细告知，不过波勒的母亲却表现得又惊又疑，甚至还有些不快。我一项项地向她解释，甚至用上画图的方法，着实为她上了一堂医学知识普及课。她放下心来，问我该到何处进行检查。我递给她一张纸，上面写有S医院超声检查科的联系方式。她接过去瞥了一眼，然后转向我，用一种恼怒的口气说道：“您这是疯了吗？”一直以来，我们的谈话都是公事公办，这还是她第一次表露自己的情绪，对我而言多少有些奇怪。看到我惊讶的样子，她解释说："如果我带女儿去S医院，很简单，我母亲会杀了我的。"我没有说话，想到初次见面时发生的一切，希望能够借此一解心中疑问。她用激动的语气接着说道，"您可能不知道，正是在这家医院，我六个月大的弟弟因'中毒'[1]丢掉了性命。当时我只有三岁半，直到现在，我的父母和我本人都极力避免走过这条大街，我们小心翼翼地绕道而行。即便开车必须经过，我们也会选择绕行。这个地址对我们而言，就是巴黎地图上的一处窟窿、一片空白以及一个黑洞。现在您明白了吧，不，我怎么能把女儿送到那里？"

在母亲心中，波勒始终处于第二的位置，就如同那个早逝的男孩，在她外祖父母心中，也处于同样的位置。逝者已矣，无法道明其中原委，但我却通过询问得知，这一切都与波勒的外祖父息息相关。我突然意识到，这家人选择同一个医生接生，本身就有着深刻的隐喻：如果他们无力改变命运，类似的故事还将继续上演，如果他们运气不错，那就还有转圜的余地。对于波勒一家，家族的葬礼始终没有结束，

1 此前，人们常用"中毒"指代因传染性腹泻导致的急性脱水。

我初次登门时感受到的强烈的死亡气息，不过是葬礼达到高潮的一种表现。

正所谓旁观者清，对医生而言尤其如此。众所周知，我素日与死亡打交道，职责就是一语惊醒梦中人，劝诫人们抛弃不切实际的幻象。当我道出死亡真正的威胁，随心所欲表达自己的愤怒时，我实际上承担了一位外祖父和一位父亲应尽而没有尽到的责任，前者是因为遭遇变故心灰意冷，后者则是完全被这个女人做主的家庭排除在外，以波勒的母亲为例，她始终没有放弃掌控自己的命运。

可以说，我在无意中让波勒的生命重获价值，并激发了母亲对她的疼爱。同样出于无意，我在治疗过程中几经曲折，最终还是让事情重回正轨。如此想来，别人认为我已经“疯了”，实在是不足为奇。

“疯了”一词从波勒母亲的嘴中说出，尽管她的表达方式令人费解，但事实的确如此，这个词用来形容我也十分贴切。此前，我之所以没意识到，是因为我们的交流一直停留在“只可意会，不可言传”的阶段，但内心的动机早就可以用“疯了”一词加以概括。

我于是为她提供了一家私人超声检查机构的地址，并约好了下一次的就诊。

针对波勒食道反流的问题，我进行了相应的治疗，可惜并未达到预期效果。为此，我几易方案，却均没有明显起色。在与呼吸道疾病较量的过程中，对方摆出一副打持久战的模样，让我陷入绝望的深渊。尽管我试图通过加强沟通或重温以往成功案例的方式攻克难关，却依然难逃失败的命运。我似乎又走回了老路：先是治疗受挫，备受打击，然后是自认无能，最后是贵人现身、迎刃而解。这一次，让我免于煎熬的人正是波勒的母亲。

一天，她带着女儿前来就诊。我惊讶地发现，波勒的状况居然大有好转。经过听诊，我可以确认呼吸道的症状已经消失无踪。波勒病势缠绵已有数月，如今竟一朝痊愈，着实令我大跌眼镜。我将检查结果如实相告，并表达了内心的喜悦。同时，我向波勒的母亲坦言，自己也不清楚孩子为何痊愈。她于是对我做出了一番解释。不过，正如一列火车能够遮挡另一列火车，一个故事的背后也往往隐藏着无数缘由，所以，无论她的解释如何圆满，都不可能涵盖所有真相。

她回忆道："有一天，我向您询问，波勒的病有没有可能是因为对猫过敏。当时，您对我的想法不屑一顾，理由是波勒年纪太小，不可能对过敏有如此强烈的反应。不过您并没有说服我，我也没有对您言听计从。后来，我把猫托付给我的父母，从那以后，波勒就痊愈了。”虽然她的观点与科学理论背道而驰，但我却很欣赏这种论调，即便它看起来有些荒唐。不过，我从来不相信奇迹，所以想要了解更多的内幕，我于是向她发问：“跟我讲讲这只猫吧。为什么是猫？它对你意味着什么？”

“我的猫吗？”她回答道，脸上的神情异常兴奋，“您永远都无法理解这只猫对我意味着什么！它是如此重要、非比寻常，它就是我的一切！在我眼中，它的作用不可或缺。简而言之，它就是我力量的源泉，而且是永不枯竭的力量源泉。每天早上，我醒来的第一件事就是抚摸它，这样做可以让我一整天都精神焕发。一旦我见不到它，我就会心情抑郁。就拿现在来说，我把它寄养在父母家中，我会在那待上一天，只为轻轻抚摸它的皮毛。这只猫一直陪伴着我，直到结婚我都把它带在身边，晚上睡觉时放在床上。还记得小时候，母亲曾告诉我，要像对待弟弟一样待它，它就是我的兄弟，她甚至希望我用弟弟的名字来称呼它。”

我静静地听着，脑中不断思考这一案例的临床意义。我只顾胡思乱想，却在不经意间听到了下面的故事：“我父母也养了一只猫，疼爱之情不亚于自己的孩子。也许，不，我几乎可以肯定，他们将它当成了死去的儿子，只不过因为太过荒唐才羞于承认。因此，当我把猫托付给他们时，他们没怎么犹豫就接受下来。不过我没想到的是，这一决定竟给他们造成了不小的困扰。您知道的，我的猫理所当然要同他们睡在床上，但我的父母已经有了一只猫。因此他们很快发现，这两只猫经常争执不休，尤其是在晚上！于是他们不得不分床而居！此外，由于我不再带孩子去看他们，他们还得不时登门拜访。您可以想象，我们的生活是怎样狼狈不堪，但我却对这种状况满意至极！……”

至此，这个家庭的葬礼已经画上句号，或者说他们正在开启全新的生活。未来，他们或许面临身份认同的问题，或许需要更多上天的恩赐，才能将生活维持下去。但无论如何，这都是一桩奇怪、疯狂和肮脏的交易，每一个当事人都难辞其咎，因为他们将孩子作为唯一的筹码，来换取自己的利益。整个故事一下浓缩了母亲与女儿相处的三种方式，除非我们用理性和逻辑加以分析，否则根本无法理解。人们常说，若想赢得未来，必须从历史中汲取经验。但与此同时，我们最好能与过往一刀两断，避免它与现实纠缠不清，暗中对人们施加影响。否则，它将对未来造成严重干扰，成为前进道路上的一大负担。到那时，我们会发现，一切并未远去，它只是改头换面，却始终如影随形。

诗人常说："让过去的归于过去。"话虽如此，但事实当真如此，还有另有可能？从古至今，我们可曾改变？在流逝的岁月中，又隐藏着多少母女关系的秘密？

你想从母亲那里得到什么?

我们本不该再相信奇迹，但我也不知道这样坚持是为了什么。

从酝酿感情，到绞尽脑汁，无论我如何全力以赴讲述这个故事，都始终难以还原所有细节。为此，我只能退而求其次，试图重现那些模糊的记忆，弄清事情发生的先后顺序。

新年伊始，就在我们以为问题已经全部解决时，格温奈尔再度出现了痉挛的症状，而且发病前毫无征兆。这种情况十分常见，也是类似病症特有的表现。对此，每个人都心知肚明，却不约而同选择了刻意忽略，以避免引起过度的焦虑。同时我们也意识到，孩子的病情不容乐观，因为我们已经尝试了各种药物，却依然未能阻止它的发作。我们为自己的极度无能痛苦不堪。此前，我们曾寄希望于临时手段能够发挥作用，并估算出孩子的痊愈日期，如今看来，这一日期只能向后推迟。我们甚至不知道接下来该做些什么，更不要说采取额外措施。照理说，面对这样的情况，我们理应将他转院，至少也该求助于更有能力的医疗机构。但相关科室的负责人对孩子的病情一点儿都不了解，此外，这种病例在当时也十分罕见，更何况我们还为此付出了巨大的心血。当然，医院如此尽心，既是履职尽责的一种体现，也不乏好大喜功、捍卫自尊的龌龊心思。最终，我们从外面请来一位神经科顾问。当天上午，他就来到医院，对孩子的病历和各种症状进行了长时间的研究。他认为，我们有必要将格温奈尔转到S医院的神经科进行治疗，那里的水平在业内首屈一指。尽管医院的领导生性敏感，但他还是控制好自己的情绪，与这位顾问进行了一番长谈。两人不仅交流了孩子的病情，更着重讨论了孩子的家境。最后，这位顾问向他保证，孩子将在S医院享受同等的优待，转院这才得以迅速实施。

在医学上，我们通常将痉挛的不间断发作称为“癫痫持续状态”。转院后，格温奈尔一直处于这种状态，病情直到五天后才得到控制。当一切回归常态，人们惊奇地发现，格温奈尔病痛的痕迹竟在一夜间消失无踪，即便按最严格的标准衡量，孩子的各项体检指标也都达到了完全正常，这在几周内尚属首次。换句话说，我们可以就此认定，孩子已经痊愈。除了后续的抗痉挛治疗和血压监测（当下虽然正常，但不排除升高甚至是急剧升高的可能），他已不再需要任何护理，人们甚至开始计算他的出院日期。然而就在这时，孩子突发严重腹泻，并由此引起了快速和大量的脱水。面对这种情况，人们并不慌张，因为并发症的出现十分常见。[1]更何况，人们还在孩子的粪便中发现了数周来肆虐病房的病菌。接下来，医院依例采取措施，为孩子进行了输液。几个小时过去了，出乎所有人的意料，孩子再次出现持续的痉挛，而且病情来势汹汹，与之前相比更加难以控制。由于事发突然，人们无法立即确定发病原因，唯一担心的是，在度过癫痫的温和期后，格温奈尔的大脑会受到完全且不可逆的伤害，就如同一个脆弱的布娃娃，终生都无法摆脱脑病的影响。在此前的治疗过程中，我们曾一次次避免不幸的发生，但它最终还是降临到这个孩子头上。

真是一场不折不扣的灾难。

灾难的后果可想而知，但既然它尚未到来，人们只能选

1 我们将此类感染称为医院内感染，尽管人们在降低传播效力，改进治疗技术上进行了多方努力，它却始终是医学界的一大未解难题。

择观望。在漫长的几周时间里，医生们为了孩子的病情通力合作，他们本该更加紧密地团结在一起，但结果却是各自为政，不相往来。更为奇怪的是，没有一个人提出与同行见面或是交流病情，仿佛他们既是罪人，又是受害者。他们甚至不敢与同行交换眼神，生怕从中读出难堪的忏悔以及无声的控诉。就这样过了几个月，考虑到他们的罪恶感已经趋于平复，我才联系了几家医疗团队，同他们对病例进行了探讨。我的目的十分明确：尽一切可能弄清事情的来龙去脉。但我耳中所闻，却无不是一些或空泛，或痛心，或无力的见解，直到我遇见了皮埃尔-马里。没错，就是那位出色、正直又迷人的皮埃尔-马里，出于对我的友谊，他挺身而出，打破了这种不约而同的沉默。在他的帮助下，我得以一窥真相。真实的情况令我目瞪口呆：我们原以为格温奈尔的脑病是癫痫发作引起，实际上二者并无关系。他的癫痫早已痊愈，之所以发生后来的意外，是因为医院在治疗间发性腹泻时，出现了一个可悲的技术性差错。

通常来说，医院在准备输液瓶时都是采取人工方式，只有这样才能按病情需要随时调整用药，由此，我们就能明白这次犯下的错误有多荒唐。在具体操作中，首先要量好24小时内需要注射的生理盐水和葡萄糖水的量，然后再调整好滴速，接下来会根据之前的验血结果，向吊瓶内加入精确计量的矿物盐，后者为输液必备，因为要让液体准确而平衡地进入人体细胞，矿物盐的作用不可替代。但事发当天，当值的似乎是一名缺乏经验的护工。她打开输液管，却忘了调节流量。更为严重的是，她遗漏了添加矿物盐的环节。输液开始后，液体大量涌入血管，孩子的大脑本就因为病痛遭受损伤，这下更是迅速出现了不可逆的水肿，其外在表现就是持续痉挛。由于这样的疏忽太过匪夷所思，人们只顾检查滴速或液体的成分，却始终没有停止输液，待到院方查明原因，已经为时太晚。

恐怖至极！

孩子住院期间，病情曾经历数次大起大落，即使不算坠落谷底，至少也是与不幸擦身而过，但人们无论如何不会想到，结局竟然悲惨至斯。

有鉴于此，我们可以提出很多问题，比如：差错如何发生？概率几何？怎样避免？我们可以追溯过往，为自己在医院中的经历感到后怕。我们也可以展望将来，为自己和亲友忧心忡忡，对医院的前景充满疑虑。事实上，这些担忧都于事无补。众所周知，即便信息技术的统治已经开始，并且表现得不可一世，但犯错误的终归还是人类，因此根本无法避免。在一些保险公司，会有资深的精算师专门从事此类研究，他们的任务就是推算各个领域，在任何地点以及任意情况下发生错误的概率。

这件事真正值得思考的，是一个人如何凭借一己之力同悲惨的命运抗争：首先是因意外怀孕（十年内竟发生了六次！），而堕胎的意愿又因产科医生的警告一次次作罢，午夜梦回，葬礼的阴影挥之不去，拷问着生与死的过往。接下来是爱子患上极具迷惑性的罕见疾病，三次濒临死亡，三次死而复生，脑部的大面积组织因癫痫发作接连受损……她为此付出的一切，就因为一次拙劣而失败的操作化为乌有。在这起偶然事故及其后果面前，所有勇敢而坚定的抗争都是如此脆弱无力。死神如影随形，不择手段地攫取猎物，就像人们所说的：一旦决定，志在必得。不过，我一向对宿命论不感兴趣，在我看来，这既不应成为忘记教训的理由，也不该作为冲淡遗憾的借口，在追寻真相的过程中，我依然为此而感到震惊。

比如，在一系列可怕的连锁反应背后，到底隐藏着什么？在整个过程中，什么是我能做的，什么又是我无法做的？我到底能发挥什么作用？事故的发生是否具有必然性？当事人选择集体沉默，难道就能阻挡我与孩子母亲探究事实的决心，浇灭我们还原真相的渴求？我们的心灵感到不安、气恼和痛苦，生活也为之发生了颠覆。死亡看似消失无踪，实则深埋于我们心底，若想重拾生的勇气，我们必须将其从藏身之地连根拔除。

面对这一连串的疑问，我曾试图独自找到答案，但结果却是徒劳无功。比如关于格温奈尔的母亲被允许进入病房一事。对于那家新的医院，这还是破天荒的头一遭。她在那里经历了什么？又是如何应对？在这一过程中，是否一切顺利、毫无冲突？院方有没有限制她的探视时间，或者调整时间间隔？她与新的医疗团队关系如何，是否像与原来的团队一般融洽？这一切的一切，我都无从知晓。我能想到的只有两个科室负责人通过电话达成共识，即便无法做到排除万难，至少也会为病人家属提供便利。然而，那里的人们是否理解这位母亲？他们能否体察她的决心，对其施以援手？她是否为人接纳？是否能融入新的环境？还是她的日夜陪伴令人忍无可忍，导致他人的敌意潜滋暗长，而事故的发生不过是这种情绪的外在表现？

令人遗憾的是，正是在这关键的一点上，我无法亲眼见证。事实上，一周以来，我就如行尸走肉，既不知自己身在何方，也不知在做些什么。唯一可以确认的，就是我再没去过S医院。是因为对这里心存芥蒂，反感之情与日俱增，还是出于其他个人原因？是我太过乐观，还是粗心大意，放松了警惕？虽然有些问题愚蠢至极，但它们是否还能产生一定作用？尤其当一切时过境迁，面对那些声辩无罪的人们，这些问题让我看到了他们可鄙的一面，较之粗鲁无礼或是自命不凡，其拙劣的表演可谓不遑多让。当然谁也不会认为，如果我当时在场，就能为这对母子创造更好的条件，或是改变事情发展的轨迹。

除了用这种方式为自己洗脱罪名，我还一点一滴地收集细节，却始终没能得出一个有价值的结论。太多的因素和关系相互牵扯、纵横交织，才导致了这唯一且相同的结局。为避免自己走入死胡同，我只有不断提问。当然问题都是提给自己，而且多多益善，我希望通过这种方式发现新线索，为事情找到更加合理的解释。我就这样一直坚持，直到写下这段文字，都没有放弃努力，我相信自己迟早能够实现新的进展。既然还原具体场景的努力暂时受挫，我于是转而聚焦当事人的人生轨迹，期待从中找到答案，并尽可能地对此前发生的事情进行分析。

比如谁都不会想到，喝鲜奶也会导致严重的疾病，面对这样一个愚蠢的错误，谁都无法推卸责任。此外，在人际交往的问题上，我并不认同日本汽车制造商提出的“零缺陷”概念。为了达到这个目标，他们推出一套严密的安全反应系统，将驾驶员置于一个封闭的空间，完全切断与外界的联系。但事实上，我们无时无刻不在与外界发生联系，我们需要与他人进行交流，同时也必须承受由此带来的风险，因为谁也无法预知将要发生的事情。除非我们患有严重的强迫症，凡事皆有十足的把握，否则无论怎样准备，都不可能做到万无一失。那种轻而易举就能和谐相处的范例，只存在于小说或是幻想之中。有人曾试图证明上述情形的可能性，但这不过是一个诱饵，只有这样，才能在以往学说的基础上，为失败的案例找到肯定的理由，即便无法做到，至少也要把它包装成一个缜密且有根据的假说。

回到我们的主题。在此，我只愿就事论事，不会添油加醋，也不会妄下论断。护工没有经验，这一点毋庸置疑，但这也成为医院免责的最好借口，他们可以以此为由，将一切疑问拒之门外。我曾多次造访医院，希望弄清事情发生的前因后果。在事先没有任何交代的情况下，他们不可以，也不应该让这名年轻女士参与值班。但是，类似操作难在内化于心，而不在于外界传授。因为它实在太过简单，不过是借助注射器把一定剂量的溶液注入小瓶。当时，病区内肠胃传染病肆虐，如果格温奈尔是第一个接受输液的患者，那么他不会是唯一一个，也不会是最后一个，但其他人并没有出现类似的症状。医院负责人迫不及待地向我强调了这一点，对于一系列不幸而意外的事故，我一直没有放弃追问，在他们看来，这足以打消我的疑虑，即不能将事故完全归咎于护工的缺乏经验。不过，医院还是对她进行了处理，并认定这是一起操作失误。不过真相还没浮出水面，我们不能就此止步。即便这名护工出于无意，犯下了这样的错误，但偶然只是结果，并不是过程。在现实生活中，当人们的行为与规则发生冲突时，总会将其视为威胁，即便不是极力摆脱，也会启动自我保护机制。

自从第一次见面，格温奈尔的母亲就一直在给我制造困扰，直到现在依然如此。这一点我已重复多次，而我每次都会迅速反应、耐心解释，试图控制局面。之所以这样做，是因为她的许多事情让我想起了自己的母亲，我们之间也由此形成了一种特殊的关系。这就是真实的情况，人们既不应指责我过度敏感，也无从怪罪我感情用事、操之过急。或许连我自己都浑然不知，但内心的情绪却始终汹涌澎湃，让我陷入了激昂的状态。我此前所做的一切，不过是避免自己失控罢了。我已尽到努力，但依然有人认为我做得不够。事实上，我通过剖析自我，练就了一身观察和感知的能力，没有什么能够逃过我的眼睛。如果缺乏这样的历练，我就会为表面现象所惑，凭借本能和冲动行事。当我们走进这位母亲或其他母亲的故事和人生经历，或许就会懂得她们的行事方式，理解她们的别无选择。正因如此，那名犯错的年轻护工才无法像我和此前的护士一样，对格温奈尔的母亲照顾有加。

我们可以由此设想许多情节，它们环环相扣，先是引发护工对格温奈尔母亲明显的敌意，最终导致医疗事故的发生。不过，如果我们仅凭这一点可怜的证据，就捕风捉影，妄加揣测两人的关系，未免有悖道德且自以为是。我们必须承认的是，格温奈尔母亲的不少态度和行为，在某些人眼中完全无法忍受，甚至是恐怖至极。就拿本人来说，好几次面对她异乎寻常的冷静，我都会为其强大的内心深深折服。如果她生在古代，迟早会被人们视为女巫，并处以火刑。一眼望去，她的身上竟积蓄着如此可怖的能量！她有着良好的名声，在医院畅行无阻，处处为她打破惯例；她集万千宠爱于一身，受到众口一词的称赞；她让孩子三次死而复生，其中一次还得到医院的正式认定。对其他女性而言，无论是她的成就、境界，还是于己于人的影响力，都是如此令人生畏、高不可攀。她的所作所为，并非源于一位母亲寻常的感情或是疑虑。她一方面不愿为盛名所累，一方面自认无法达到完美，因此无意成为人们的偶像，但即便如此，她也无法抗衡母亲们的集体意志，更无法阻止孩子陪伴在侧，时时提醒她母亲的身份。相反，如果她的身份只是一个女孩，那么在与一群不知疲倦的母亲展开争论时，只要通过简单的转换[1]，就可以击碎现实中的一切不利因素。从这个角度来看，医院的“谋杀”并非针对格温奈尔，他的母亲才是唯一目标，因为她为人关注，并遭到了他人的嫉恨。

这是何等的可悲，一位“与死亡抗争的母亲”，竟把自己的孩子送入了死地。

她的孩子全是男孩，但其所作所为，却像是一个保护女儿的母亲，似乎在她生下孩子的一刻，就已经做出了这样的决定。这让我们再次想起孩子性别这个广受关注的话题及其

---

1 弄清“转换”这一概念非常关键，唯有如此，我们才能理解它的重要意义、出现频率以及由此带来的后果。按照我的习惯，我将用一种轻松搞笑的方式来解释它的内涵。

一个人匍匐在路灯下，看起来正在焦急地寻找着什么。一个行人乘夜色而来，驻足询问他在找些什么。前者答道：“我的手表，它从我的腕上掉落，我听到了手表落地的声音。”于是，行人也帮助他一同寻找。过了良久，行人忍不住问道：“您还记得手表落地的地点吗？”“当然了，就在那儿！”寻表者答道，同时指向远处的一片空土。行人惊诧不已：“既然是在那里掉落，为何您要在此处寻找？”“因为那边很黑，而这里有光。”

事实上，我们每个人都犯过类似的错误。在时间的隧道里，我们总是借助现实的光亮，去追寻遗落在逝去岁月中的机遇，结果自然无功而返。在空间的方位中，我们乐于与一些人共事，但由于种种原因无法实现，最后只能另选他人。当然，时间与空间也有可能相互结合、彼此交融，但归根结底还是黑暗和光明这个本质问题。类似的例子还有生与死的一线之间，第二对第一不可避免的干扰破坏等。

背后神秘玄妙的决定论。人们普遍认为，母女关系天然具有平静、默契、和谐等特点，但事实上，这样的观念埋下了诸多不幸的种子，尤其当你看到一幕幕可怜的悲剧，定会对上述观点嗤之以鼻。面对悲伤的结局，我们可以得出什么启示？那就是极端的情感会横扫一切障碍，全力扑向它的猎物，而它唯一的目标就是消灭对方或是令其永存于世。这种情感的能量如此之大，仿佛经过了长期的积累，当它认定时机成熟，就会突然爆发出来。由于长时间处于沉默、窒息、控制和压抑的状态，人的情绪十分复杂且具有攻击性，一旦在瞬间得到释放，冲动将不可抑制。

那么问题来了，这种情况是否存在例外？人们当然希望如此，我也会为之欢呼雀跃。不过在现实生活中，我听过太多女孩向我吐槽母亲的所作所为，她们牙关紧咬、眼神放光，话语中充满了恼怒、激愤、苦涩与怨怼。她们并不是我的病人，年纪尚幼的她们惯爱听取甜言蜜语。我所说的，正是这些小女孩的母亲。她们有时会向我讲述母女的冲突，并追根溯源，通过分析争吵的内容，诉说母亲对自己实施的冷暴力，这种感觉郁结于心，却从未表达，更加无法获得解脱。即便在她们成为母亲，拥有自主权后，她们也不可避免地按照社会期待，尽力将这种关系传承下去。当她们不再指望看清真相，或避免任人欺骗时，她们就会将厌食症、善饥症等痛苦过往和盘托出。与疾病抗争的经历已经让她们伤痕累累，更何况其中还掺杂了太多爱与恨、屈服与反抗、希望与放弃、勇敢与顺从等剪不断理还乱的复杂情绪。

但是，能够做出这样选择的女性又有多少？更多的人不是深陷内疚无法自拔，就是背负了沉重的负罪感，她们盲目地遵从那些极具破坏性的指令，最后只能任人摆布。对此，我可以列举出无数事例。更何况我所说的，既不是终日为母亲陪伴，无法前来就诊的女性，也不是工于心计，懂得利用自身优势进行交换的女人，我指的是那些终日为母女关系困扰，只能独自一人面对的女性群体。

我还记得有位母亲，她的年龄已经超过45岁，但晚上睡觉依然不能离开自己的母亲。她住楼上，母亲住在楼下，每当伴侣和孩子入睡，她就会来到母亲的房间与其同眠。还有一位女性曾向我讲述了这样一段经历。有一天，她的父母突然宣布离婚，着实让她震惊不已。在她看来，父母之间矛盾虽然严重，但也只是一时意气。为了息事宁人，她与母亲进行了一番谈话。母亲当时70岁上下，正是她主动提出了离婚。母亲对她说，一生只愿一心人，是女人犯下的一个严重而普遍的错误。这句话给她留下了深刻的印象，并不自觉地将其奉为人生箴言。虽然她在当时及事后极力追问，试图探寻这一观点背后的故事，但母亲却始终保持沉默。于是，这句话，始终被她视为母亲的谆谆告诫，并在实际生活中加以践行。不久后，她的父母勉强复合，她却结交了一个情人。虽然他们的关系只维持了很短的时间，但她最终还是选择了离婚。对于自己的决定，她甚至找不出一个合适的理由进行解释。恢复单身后，她先后认识了几个男人，并把他们一一介绍给自己的母亲。她的母亲最终死于癌细胞扩散。对于这位“癌症母亲”，连主治医生一开始都没有看出她已患病，并为此而尴尬不已。她的释然也深深感染了我，让我能够用一种轻松的心态来看待死亡。

读者可能会认为，这个故事太过荒谬，甚至指责我爱好猎奇，或是在讲述过程中夸大其词。他们也可以轻而易举地从亲友中找出反例，对我的观点进行驳斥：这些不才是生活的真相吗？他们还可以将这对母女的关系形容为无条件的服从、盲目的顺从、完全的屈从，甚至是信誓旦旦地遵从。对于上述观点，我实在不敢苟同。在我看来，母女俩的行为不过是表面现象，具有很强的欺骗性，暗中早已剑拔弩张，一旦爆发，后果将不堪设想。由于这种力量隐藏很深，而且与其存在的动机、性质及意义相互矛盾，因此它必然难以为继，只能不断变换形态，通过其他方式表现出来。由此我们就不难理解，为何她周围的环境变得乌烟瘴气。在这一过程中，她的性伴侣首当其冲。

有多少丈夫、父亲，甚至是情人，曾经遭遇突发状况或是火爆场面？在他们看来，这些冲突根本无法理解，却能持续如此长的时间。更要命的是，事情与他们本不相干，他们只是替罪羊！作为一场争论中的配角，他们唯一的错误就是在极其偶然的情况下，在自己与伴侣都不知情的状况下，唤起了一段尘封已久的记忆，戳中了一处难以愈合的伤疤。他们无意中充当了火上浇油的角色，他们想象不到的是，自己本该息事宁人，结果却让尚未熄灭的火炭再次燃烧。更糟的是，再多辩解也是无济于事，因为他们面对的是一群充满怨恨、内心沮丧的女人，平素油盐不进，无论如何强调，她们都不会理睬。

我有一位长期从事此类研究的女性朋友。一个偶然的机会，她向我谈起了自己的观点。在她看来，转嫁矛盾一说纯属子虚乌有，人际关系自有一套严格的规范，与性别的关系微乎其微。我反驳说，如果男性迎娶自己的母亲或姐妹为人们喜闻乐见，那么女性做同样的事情，只会让人感到遗憾。这样说并非不合常理。难道还要我再重复一遍？人们在寻找爱人时，都会以初恋为模板，因为这一形象代表了我们潜意识中的挚爱之人，每每想起，总会充满眷恋，同时也不乏遗憾。

然而往事总是难以忘怀！曾经发生的一切历历在目，虽然时过境迁，却一次又一次地浮现眼前。经过反复的补充、检视、改写、修正和整理，往事的印记几乎微不可察，或者说，痛苦的记忆已经消失无踪。于是，人们再次重蹈覆辙，彼此误解越来越深，而沟通的方法却是寥寥无几。当然，面对困境，每个人都自有高招，而且相当高效。为了紧紧抓住当下，人们将其与过往和未来隔绝开来，就如同从口袋里掏出一块手绢将其盖住，然后对发生的一切充耳不闻。至于剩下的事情，只要交给口号和各种合理化的解释就能搞定。流逝的时间、依稀的记忆、无法调和却又如影随形的过往，这些元素以各种方式组合，交织成一个个现实的故事。每个人都对自己的判断力、思考力以及评估力充满信心，但在生活中，我们总会遇到各种情况，并由此触发一段遥不可及、无法捉摸而又一无所知的往事，这种盲目的自信会让我们忽视眼前的陷阱，让所谓的判断变得讽刺，因为它既不能分辨差异，也无法辩证地看待问题，最终结果就是让冲突和暴力重新占据上风。

很明显，这种情况在生活中普遍存在。比如一对伴侣同对方的家庭相处，尤其是与对方母亲打交道时，就会出现类似问题。通常来说，女婿同岳父、儿媳与公公总能和睦相处。同时我们也发现，在处理日常矛盾时，女婿对岳母往往更加包容，其关系要优于多数婆媳关系。

这一现象说明了什么？

说明女婿与岳母关系融洽，能够相互理解、彼此体谅，还是婆媳关系构成了冲突的潜在根源？上述观点一直颇有市场，有人甚至宣称，一山不容二虎，两个陌生女人也不可能在同一屋檐下和平共处，分享同一个男人。按照这种理论，一位女性之所以能跟自己的母亲生活在一起，就是因为她们全无不同，甚至可以说已经合二为一！有人还认为，女婿之所以与岳母相安无事，是因为彼此吸引，这在其他家庭关系中绝无仅有。然而，我们又该如何解释女婿与岳父保持的良好关系？是否可以将其视为双重模式，前者是异性相吸，而后者是同性相吸？我认为并无不妥，接下来我会针对这个话题进行探讨，但现在我还是要聚焦人们的普遍观点，它将问题看得过于简单，而且存在明显错误。

如果一位男性终日为母亲环绕，他的配偶就会感到不满。在这种情形下，只要与岳母搞好关系，他就能缓解自身压力，再不用担心妻子的情绪。在男性眼中，亲妈也好，岳母也罢，其实都无关紧要，他在乎的是自己的妻子，仅此而已。所以他很容易接纳对方的家庭成员，也不在意妻子继续与家人保持紧密联系。他的伴侣则有所不同，她的目光只聚焦丈夫一人，因此理所当然要求后者断绝与原生家庭的联系，同她开始新的生活。她尤其无法容忍家中另一位母亲的出现，在她看来，有自己的母亲就已足够。这也从另一方面说明母女关系的独特之处，女儿既想留住这份满满的母爱，又要极力避免另一份母爱对其进行干扰。除非母爱对她们而言过于沉重，她们只能俯首帖耳，并为此感到忍无可忍。有鉴于此，她们不愿类似的场景在婆婆身上重演，从而为自己再添一套新的枷锁。其实，无论母亲还是婆婆，她们也有各自的婆婆，同样不能容忍后者对自己的事情横加干涉。女人一向最了解女人，她们对彼此有一种特殊的直觉，并已形成一种默契，即避免发起“母亲的竞争”，在她们看来，此举可谓愚蠢至极。

人们可能不愿接受这样的观点，并且各有自己的解读。比如有人认为，一个惯于对母亲俯首帖耳的男人，同样不会拒绝伴侣的母亲。他之所以表现得如此宽容，大概是想被后者视为亲生，享尽关爱。如果男性是这样的心态，那么女性在婆媳关系中的不满也可以理解，其原因无非是受到束缚，想要获得一点儿自由的空间。令人费解的是，女性对婆婆从未像男性对岳母那样抱有幻想。总而言之，她的本意无可厚非，细究起来却让人无法接受。除此之外，她也无从得知，母女关系能够维持多久，又将达到何种亲密的程度。一般来说，男人很难察觉妻子和岳母间的微妙感情，但妻子却能洞悉丈夫与婆婆的关系。如果非要为这种差别找出科学依据，只能说女性的天赋源于她为人女儿的亲身经历。她能一眼辨认出关怀之下令人窒息的把戏，预知由此而来的灾难后果。为了让伴侣免遭伤害，她不惜运用自己的身体、情绪和话语加以保护，极力将他和无处不在的母亲分隔开来。

无论上述说法是否站得住脚，至少人们对此并无质疑。我们不禁要问：女性在拒绝婆婆时，无论语气还是理由，甚至是她的愤怒，是否都在表达一种压抑已久的情绪？因为在此之前，她从未向自己的母亲稍有表露。这种复杂且交叉的移情为我们提供了一个绝佳的例证，我们可以由此得出结论：女性与配偶父母的相处方式，恰恰是原生家庭所不能容许的。

人们可能会认为，上述言论是为男性洗白，让人相信他们从未犯下“人格的错误”。果真如此，实在是遗憾至极，因为我的所作所为，只是为了分析男女的差异，也就是通过父子关系的比照，来解答母女关系存在的问题。我从未说过父子关系优于母女关系。事实上，这些关系从不神秘，学界对此早有研究，无论过去还是现在，人们提出的问题也是清清楚楚。

社会上不是有一种共识，认为应该“杀死父亲”吗？在很多人看来，这是儿子成长的必经之路，由此，他们可以走向自主、塑造人格。但为什么不是女儿？事实上在西方社会，“杀死父亲”已经成为一句为人认可并广为流传的箴言，一个心领神会、默契十足的记号，并在某种程度上具备了成人礼的象征意义。当然，成熟的心理以及各种能力是成人的基础和必需。为了政治正确的需要，父亲不幸成了这一过程的牺牲品，并得到了众人一致的理解和认同。无论“杀死父亲”这句话是否妥当，都足以引发一场主题鲜明的争论。在此期间，我们无须欺骗他人，也不会为他人蒙蔽。可以说，这场争论足够坦率、干脆、果断、确定、直白和明晰，但也将客观与平衡的观点排除在外。我们无须咬文嚼字，只要开门见山、直面死亡，交锋时既无恭维客套，也不会发生任何概念混淆。我们由此发现，父亲对孩子的成长造成了巨大的伤害。人们早就警告过他们，不要陷入暴力的循环，他们对此也是深恶痛绝，但最终还是未能免俗。此外，父亲的职责决定了他们理应成为孩子的伙伴，但他们依然没有胜任这一角色。整个过程中最虚伪，也是最致命的，还是他们的态度。我们不仅要予以揭穿，更要加以谴责，因为正是他们的行为，破坏了孩子成长必需的步骤。

那么，我到底是在煽动儿子造反，还是鼓吹父亲专制的潜力？事实上，以上所述，可能会让人们联想到母女之间的冷暴力和相互伤害。我能为父子与母女找到各自的解决方法吗？绝不可能。恰恰相反，我的目的是揭示亲子关系中存在两种主要的暴力方式，其中一种不仅不为人知，还被刻意隐瞒、横加否认，至于背后的原因，我仍需等待时机，进行细致的研究。此外，我要进一步指出，正是在辨别与应对这种暴力的过程中，一个人（男性或女性）得以维系自己和后代子孙生活的平衡。我们很容易找到类似的例子，比如孩子借助母亲的保护对抗父亲的暴力倾向。但是反过来，孩子同父亲一起反抗母亲的暴力却十分罕见，这是因为后者往往隐藏在过度的关心中，其危害很难被人发现。对此，父亲亦是无能为力，只能不断诉诸暴力，暴力也由此成了父亲的专有名词。

在此我要解释几句。我想从恋母情结说起，每个人都认为对这个问题相当了解，但事情远比想象中复杂。在我们的印象中，那不过是段被人吸引的朦胧感情，而且持续时间相当短暂。简而言之，就是男孩渴望母亲，女孩思慕父亲，这种好感虽略显早熟，却是天性使然，并不令人担心。然而，这正是问题的关键。虽然我们有时会感到困扰，却始终相信上述说法，或是装出若无其事的样子，甚至不敢多问一句，因为这是毋庸置疑的事情，比起理性的判断，每个人更相信自己的直觉！于是每当有事发生，有人总能总结出一些道理，但实际上，单凭个人经验根本无法解释。这种思维不仅将精神分析学的主要概念简单化、一刀切，还广为传播，实在是误人子弟，糟糕至极。

事实上，事情完全不像他们描述的那样。要了解亲子关系的运行机制，必先追根溯源，也就是从生物现象入手，不仅高度重视、摆正位置，还需将其作为研究的首要任务。这一步必不可少，而且绝不像某些人所说，是对弗洛伊德理论的背叛。在弗洛伊德时代，他也曾对知识如饥似渴，却苦于求之不得，而我们现在已经掌握了这些知识。无论一些神话和哲学著作如何通过哀叹和幻想的方式进行鼓吹，根据现有常识，生物现象与孩子的性别及其日后的性取向没有一点儿关系。简言之，女性怀胎十月，诞下不同性别的孩子，女孩和男孩起点一致，并无区别。

但是，这种生物现象却使母亲成了所有关系中绝对的核心。无论从哪方面来说，新生儿与母亲的关系都是一般无二的。母亲的身体，与他们日夜相拥，甚至无须多言，就能满足他们的一切需要；同样是母亲的身体，在怀胎十月之时，就能通过传授“感官字母表”，在孩子脑中留下不可磨灭的印记。这一印记会伴随他们一生，帮助他们在任何情况下与周边的事物进行沟通。[1]说到这里，我们还能忽视这种生物现象吗？我们怎能不给予它应有的重视？这份“感官字母表”如此重要，甚至能够反映任何一丝细微的感受，我们又怎能对其置之不理？可能有人会说，感知能力才是所有生物最重要的机能，它不仅关乎自身，也维系着个体与外界的联系。与之相比，感官系统的组成不过是细枝末节，不值一提。但为何我们要舍本逐末，宁可相信一些无稽之谈或是所谓的理论，而不去探究孩子无论什么性别，都会疯狂迷恋母亲的真正原因。在这里我不愿多做赘述，但事实上，细节是我们观察事物的最佳方式，只要深入其中，我们就会明白为何母亲

1 从这个意义上说，我要将母亲比作“受益者”，将父亲称为“付出者”（引自 *Une place pour le père*）。至于我提到的“感官字母表”，参看 *L'Enfant bienportant*, Paris: Seuil, 1993 et 1997。

能够成为孩子恋慕的首个对象。

之所以重提这一话题，是因为它的重要性不容忽视。如果说孩子日后的任何一段感情，都会以这份爱作为标准并加以模仿，那么我们必须确认的是，男孩是否会因此成为天生的异性恋，以及女孩是否注定陷入同性之恋。对前者而言，母爱不过是种可供替代的形式；而对后者而言，却要经历险象环生的转变，甚至是对当初的背叛。对此，我曾有过相关论述，[1]未来还将进行深入的阐释。在我看来，男人遇到女人是一种重逢，而女人遇到男人则意味着全新的发现。从这个意义上说，无论女人多早遇到男人，她都只能排在第二的位置；当一个男人走进女人的生命，他却可以占据第一的位置。[2]

可以说，女性的转变是基于恋母情结这一不容置疑的核心概念，其有趣之处就在于，没有人能违背规律，它反复出现在我们的人生之中，甚至对日后的性取向都将产生不可忽视的影响。

可以确定的是，如果我们不曾拥有在母亲腹中被孕育的经历，那么一切将变得再简单不过。每个人都是心如明

---

1 *Parier sur l'enfant*, Paris: Seuil, 1988, pp.209 et sq.

2 这一发现有助于人们更好地了解重组家庭的可能，以及成员关系的性质等。参看我发表在 *Recomposerunefamille, desrôles et des sentiments*（Irène Théry éd, Paris: Textuel, 1995）中的文章。

镜，能够成为自己命运的主宰。可惜事与愿违，这种体验不仅真实存在，而且还将在孩子出生后很长一段时间里得到极大的加强。也就是说，在婴儿心智尚未成熟的阶段，他尤其需要持续不断的照顾，这与他在母亲子宫内的经历可谓一脉相承。每当他小小的要求立刻得到母亲的回应和满足，他对母亲的爱就会不断增强，与日俱增。他将母亲视为生命的唯一，虽然她有时会将他交给旁人照料，但鉴于这些人十分可靠，他也从不怪罪于她。只是他很快就会发现，一个陌生人总是与他争夺母亲，这个男人不时出现在他身边，而自己迟早要以“父亲”之名称呼此人。我们固然希望，孩子能够通情达理，体会“碍事者”对他的关心，心甘情愿地学会耐心和礼让；我们不遗余力地称赞他的能力，将他形容得品德高尚、世间少有。但事实上，这些都是不切实际、再荒谬不过的幻想，因为它忽略了最基本的常识。婴儿年纪尚幼，根本不懂人情世故，即便要学，也面临极大的困难。简而言之，他就是一根筋在思考问题！人们或许会说，婴儿能够回应父母，也表现出对他们的担心和忧虑，但我们不能因此简单地得出结论，认为婴儿已经拥有独立人格。这只能说明，婴儿意识到自己的生存取决于照顾他的人们，其中母亲的作用更是无人可比。

与此同时，婴儿还在时刻观察周围环境的变化，并表现出了一定的辨别力，这一点尤其值得称赞。一方面，他已成为一个独立的个体，掌控着一套可靠的生活体系。无论何时何地，这套体系都能满足他的需求，可惜这一体系与此前在母亲腹中时完全不同，在他出生的一刻，前一套体系就终止了运行。另一方面，现有体系为他打开了想象的空间，同时还对外来信息进行鉴别与筛选，将所有与挫折或苦难有关的元素拒之门外。然而，婴儿如何能够察觉这一切？要想让他感知其中的爱意、温柔与关心，简直比登天还难。在这一年龄，他只会因欲求不满而认定遭受了无法忍受的暴力。即便他不会公然表达恨意，但内心的不满却是根深蒂固。

众所周知，无论男孩还是女孩，在刚出生时对父亲只有拒绝、厌恶和反抗。他们之所以接纳父亲，只是因为受到了反复的威胁，或是因为内心的恐惧，虽有母亲居中调停，但这种恐惧却如影随形，令他们困扰不已。无论我们如何努力，有着怎样强烈的意愿，都无法抹杀人生之初的深刻印记，因此也就不难理解，有时会突然萌生让父亲死去的愿望。但当死亡真正来临，人们又会因为心存愧疚而痛不欲生，这一点对男性、女性都是一样。

我们不禁要问，父子关系趋向暴力，一方幻想受到了死亡威胁，一方萌生“盼死”之愿，到底是不是一种偶然？答案当然是否定的。对于新生儿而言，他既无手段，也无认知，既没有人生的概念，也没有活命的资源，他唯一拥有的，就是自己的母亲。除非受到死亡威胁，否则若让他与母亲分离，必是千般遗憾、万般不舍，这也从另一方面佐证了他对母亲的依恋。由此，我们再次想到那句名言“杀死父亲”，只有将其置于精神分析学的语境中，才能理解它的真正意义。弗洛伊德曾提出，人类正是在“弑父”的过程中实现了进化。他进一步解释说，在原始部落中，父亲独占族中所有的女人，并禁止儿子们与这些女人发生关系。儿子们深以为耻，积怨已久。终于有一天，他们联合起来杀死父亲并分而食之，以此来宣示同盟的团结。

当我们谈论“杀死父亲”这件事时，我们想到的是一个整体，或是它的核心要义。遗憾的是，我们偏偏忘记了故事的后续。根据弗洛伊德的理论讲解，儿子们在弑父后悔不当初，深恐日后遭受同样的命运，于是他们对自己的动机给予严厉谴责，并在随后颁布法律，禁止父母与子女之间的乱伦行为，这部法律也构成了人类日后的行为规范。无论故事的启示和关注点是什么，它都没有鼓吹暴力，或是煽动谋杀，虽然在我们看来，弑父的情况可能真实存在。事实上，这个故事如同一个隐喻，它强调的是儿子在弑父后制定的道德法律。经此一事，他们必能将这些条文内化于心，高度重视它的意义，时刻用它来约束自己，同时放下关于父亲的执念。只有这样，他们才能铭记教训，同时与自己的母亲拉开距离，不再过度地依赖她们。对儿子而言，这些事不在话下。但对女儿而言，即便她有着强烈的意愿，也并非易事。因为一直以来，母亲将她视若掌上明珠，对她倾注了大量的心血和热情，而此举意味着切断自己唯一的依靠，给母亲兜头一盆冷水。

父亲与孩子之间的暴力倾向可谓不分性别，其内在机理也十分简单，即面对同一个目标，两个竞争者都是志在必得，不愿退让，每个人总想把对方排除在外，这就是父子关系的常态。对于被争夺的对象来说，这份双重的爱只会令她左右为难。当然，父子关系会受到多种因素的共同作用，比如任何人都不能违背长幼尊卑的观念，于是随着时间的推移，父子冲突多少会有所缓解。

这一阶段及其演变过程对每个人的成长至关重要，[1]毫不

1 我们时常听到这样一种说法，母亲代表天性，父亲则负责教养的部分。这实际上是一种含混的说法，而且看待问题过于简单。事实是父亲与母亲一样，都体现着天性的一面，只是方式不同而已。母亲与孩子关系之紧密自不必说，父亲的天性则表现在与伴侣享受性的乐趣，由此诞下子女。两种力量相互碰撞，才能达到养育的效果。从这个意义上说，父亲绝非生来就会养育子女，恰恰相反，是养育子女成就了父亲的身份。

夸张地说，它是连接人生各个时期的关键节点。在此期间发生的一切，都将在最初形成的大脑结构中留下印记并不断强化，再经过一段时间的沉淀或调整，最终形成一个固定的模式。一般来说，性吸引力能够唤醒生命的意识，在这一至关重要的意识中，关于死亡的思考总会悄然占据首要位置，而我们对待死亡的态度，就取决于母亲与之建立的联系。

我们不妨将大脑结构想象成一个框架，或是一种金属支架。我们在此基础上又添加了一个装置，它由感官系统生产和提供的“混凝土”浇筑而成，其成分还包括源源不断的海量信息和情感经历。借助这个装置，我们不仅能感知个案的多样性，还能从整体的大框架上对其进行把握。

不过，如果大脑结构条理不清、乱成一团，无法提供有益的帮助，那么在此基础上建构的系统也必然毫无章法，它不仅有着垮塌的危险，还可能造成最为严重的损害。

我多次举例说明，人们时常被死亡的念头缠绕，对其抱有一种不可名状的恐惧。他们以此为借口，为自己筑起坚不可摧的城堡，将一切谋杀的企图阻挡在外，让所有进犯的敌人知难而退。除非他人还有利用价值，否则他们总是万般推诿，摆出一副拒人于千里之外的模样。

相反，对死亡的仇恨却能构成一道极具吸引力的屏障，这里门户大开、笑脸迎人，吸引不同的人们前来避难；这里无视人们心中的寒意与焦虑，为他们营造出一种并肩作战的幻觉。

我在前文曾经提到，男性在幼时总会说服自己，母亲也拥有睾丸，如此，他就能在心中筑起一座毫无差别的堡垒，虽然表面看来独特而低调，但内部结构则仿佛一座迷宫。

当孩子出现上述表现时，说明他已经开始对父亲或是履行这一职责的人产生了兴趣。

如果这是个男孩，他就会千方百计地讨好父亲，从各方面对其进行模仿，试图变成和父亲一样的人物。他在心底默默许愿，要忠于自我，待到与父亲同样强大，再与其进行一场公平的决斗。[1]接下来的情节我们早已烂熟于心，在很长一段时间里，父子冲突始终难以消除，彼此充满了抗拒心理。无论原始的倾慕，还是最初的怨恨，都需要时间的冲刷才能慢慢变淡，这也让人们陷入了两难境地。面对人生第一个爱慕对象，他可以装出毫不在意的样子，却根本无法瞒过他人的眼睛，同时，他还必须承受伪装失败带来的负罪感。

1 针对这一主题，乔治·卢卡斯（George Lucas）在其系列电影《星球大战》（*La Guerre des étoiles*, 1977）中进行了淋漓尽致的展示，受到年轻观众的热烈追捧。

然而，时间能够改变一切。终有一天，他会另结新欢，后者虽有“初恋”的影子，却也存在相当的差别，足以表明他未将两者混为一谈。爱慕如此，怨恨也是一样。如果父子冲突远未失控，彼此立场尚能协调，那么两个男人迟早能够达成和解。到那时，为人子者就会理解父亲的全部职责，明白父亲正是通过他的存在实现自身的超越，最终达到对抗死亡的目的。此外，这一过程也与儿子息息相关，因为在某个特定的时刻，他将同样拥有击退死亡的能力。可惜的是，还没等到两个男人相互认可与彼此尊重的一天，父亲就会早早撒手人寰，留下儿子独自品尝无尽的悔意，这种伤痛虽然模糊，却始终无法消除，无可排遣。

如果这是女孩，那么她的人生将经历另一番曲折。起初在人们的鼓励下，她会仔细模仿母亲的举止和态度，直到有一天，她发现自己变得与母亲十分相似，为了缓解这一冲突，她开始“引诱”自己的父亲。这样做并非因为她又有了新的爱慕对象，在她心中，母亲的地位始终不可撼动，她只想像自己的兄弟一样讨好父亲，从而获得后者的允许，让她能够心安理得地与母亲待在一起。她总能恰到好处地表现自己，目的就是打消父亲的疑虑，使自己的位置更加稳固。在大多数情况下，她都能达到目的，以至于无论父亲还是女儿都没有意识到，他们正在滑向不幸的深渊。对男性而言，他们一边依恋着母亲，一边陷入与父亲的争斗，并幻想能有和解的一天。在这种情况下，试问谁又不想拥有一个女儿，可以让他们免于冲突呢？

正是在这一点上，孩子们的命运会出现转折，从此走向不同的道路。女孩的命运尤其复杂，因为这一转折会对她未来的人生产生深远影响。男孩自出生以来，就始终按照一套固有的人际关系的逻辑行事，而女孩则必须反其道而行之，甚至需要险中求胜。唯有如此，她才能摆脱源于天性的同性之恋，体验来自异性的独特魅力。只要母亲不横加阻拦，她将由此确定自己的偏好。如果说男孩始终忠于他们唯一且共同的初恋，那么女孩尽管一直朝同样的方向努力，却最终背叛了自己的初恋，以一种明显而决绝的方式，将感情转移到了异性身上。如果说男孩能够安心地陪伴母亲左右，所忧者不过是父亲这个闯入者，女孩则既要担心父亲能否保持中立，又要操心有朝一日母亲地位不保，当然，她的所思所想绝无恶意。尽管女孩对命运的掌控大胆果断，敢闯敢试，但宿命决定了她的所作所为很有可能出现偏差，甚至犯下双重的背叛。她与母亲之间误会丛生，同时陷入深深的负罪感，终其一生都无法修复。一旦形成这样的局面，类似的场景就会不断上演，无论发生什么，最终都将演变成两个女人无休止地争吵。

我还是通过讲故事这一绝佳方式来佐证自己的观点吧。那是一个万物萧索的寒冬清晨，我在极其偶然的情况下听闻了一桩轶事。我没有刻意去记住什么，不过故事的细节却十分重要。当时，我正准备前去参加一个评估会，在同一周内，我已经连续两次出席这一会议，连出发的时间都没有变化。我像往常一样机械地打开车上广播，却无心聆听其中的内容，因为昨晚那个纷繁复杂的梦境依然在牵动着我的思绪。突然间，播音员雄浑的声音将我拉回了现实，我想这绝非偶然。他向我们讲述了一个故事，为了掩盖主人公的真实身份，他选择了两个看不出性别的假名称呼主人公。他所讲述的内容不仅为我当天的会议提供了素材，也成为我接下来数周，乃至数月研究工作的重心。

故事的主人公是位勇敢的男士，职业是他所在国家的贸易代表。一天，他驾车回家，途经一片大雪覆盖的山林，经过一夜冰冻，山路变得愈加湿滑。无论是地面的薄冰，还是糟糕的取暖设备，都令他忧心忡忡。仿佛为了证明祸不单行，汽车的发动机发生了故障。他下车查看，发现自己处于一片一望无际的蛮荒之地。他很快意识到，如果无法得到外界救助，他将很快死于严寒。此时的他已别无选择，只能徒步在山间行走。走出数百米后，他惊奇地发现，一束微弱的光芒在远方林间的树干处若隐若现。他于是向那个方向走去。经过一番艰难跋涉，一座农场出现在他面前。一位农民及其妻子接待了他，不仅让他饱餐一顿，还留他在家中住宿。第二天一早，农民驾驶拖拉机送他出山，最终帮他脱离了险境。

数日后，故事的主人公想起这段惊险的经历，深感欠下了农民一家的人情。为表感谢，他决定送给他们一件礼物。但在挑选礼物时，他不由得犯起难来。印象中，这家人生性淳朴，起居设备也相当简陋。后来，他回忆起自己曾想剃须却在屋内找不到一面镜子的窘境。想到此处，他开心不已，立刻订购了一面墙镜给农民送去。包裹送到时，只有农民一人在家，他的妻子正在牛栏中忙着挤奶。他对这个庞然大物充满好奇，不等妻子回家，就拆开了包装。他近前仔细端详自己的影子，突然间喉咙哽咽，声音沙哑，崩溃大哭起来。他无法自已，只是喊着“爸爸”。他发现自己陷入了一种奇怪的境地，一丝从未有过的感情涌上心头，让他方寸大乱，甚至不知该如何控制。好不容易恢复平静，他决定把这个麻烦的物件束之高阁，以防被妻子发现。

在接下来几天甚至几周的时间里，他每晚从田间归来，都会借故躲到阁楼与这面镜子独处一会，镜子似乎激起了他奇特的热情。久而久之，他甚至形成了习惯，因为每次这样做，他都会感到不同的乐趣。终于，妻子察觉了他的异常，在好奇心的驱使下，她决定查个究竟。她编造了一个借口，差遣他外出办事，然后趁他不在，从牛棚匆匆赶往阁楼。她拾级而上，同样跟镜子撞了个正脸。在一阵不可抑制的暴怒中，她突然喊出一句："我就知道与女人有关。但她竟然这么丑！"

在一个男人眼中，镜中的形象代表"爸爸"；在一位女性看来，镜中的人物却"与女人有关"。正如我前文所述，每个人的差异早在人生之初就已形成。农民之所以哭喊，是因为旧日的恐惧再次浮上心头。当然，这其中也掺杂了一丝感动的惊讶，一种疯狂的喜悦，因为他终于发现，他与父亲达成了同性之间的和解。虽然他并不清楚其中内容，但却足以破解父子冲突，让双方和睦相处。而妻子面对镜中老去的容颜发出一声尖叫，却并没有想起母亲的形象，这说明她已无法回到过去，重拾人生之初与母亲相互依恋的危险关系。她的无心之语表明，她始终将自己视为罪人，只是在对丈夫的怀疑中，这种感觉才被瞬间激活。

自生命之初，死亡就肆无忌惮地在父子、父女间流传，这是因为他们始终在身体上存在着距离。此外，我们也不能忽视血缘关系的因素，这才是一切问题的源头。事实上，男性与孩子没有怀胎十月的情感联系，因此无法像母亲一样植入自己的“感官字母表”，这意味着他难以避免被边缘的命运，永远摆脱不了出身的影响。他无法在子女身上留下印记，因为在后者眼中，他不过是个彻头彻尾的陌生人，只是借助女性的身体孕育了生命。无论过去还是现在，“少女母亲”从来不乏其人，也就是我们当下所说的“单亲妈妈”，不过“少年父亲”从头至尾都不存在。好吧，为了不得罪激进的生物学者，我们姑且认为“少年父亲”只是今天才销声匿迹。面对不同的角色分配，父亲别无选择，只能接受命运的安排。无论他是否喜欢、情愿与否，都必须履行令人无比厌恶的职责。

如果我们将男女性别互换，那么每个当事人都会对挑战的性质心知肚明，并能毫不费力地采取对策。可以说，一切都取决于性别的差异。一般来说，女性情欲的变化总是难以察觉，但对男性而言，只要阴茎勃起，他的欲望就会暴露无遗。再没有什么比这更加明显，以致那些试图揭开其中奥秘的研究都显得格外下流。总之我们要懂得非礼勿视的道理，即便知道有些事情正在悄悄发生，也不能将其暴露于人前。

正是在这样的逻辑支配下，持某种信仰的人们有时会遭到其他文明的误解，后者之所以对其品头论足，是因为他们正在从生物学的教条主义向分析领会、导出结论的阶段进发。众多结论里，首要的就是在母亲和孩子的交流过程中，死亡不再是禁忌话题。母子间可以畅所欲言，不必遮掩暗示，因为死亡无人不晓，无可逃避，避而不谈只会让其变得更加恐怖。

如果每个人在生命之初就意识到，自己能够存活于世，全仗母亲悉心照料，那么他一定清楚地知道，一旦失去这种照顾，将会面临怎样的后果。因此，母亲奉献越多，她带来生机的能力就越大，与之相矛盾的是，她造成死亡的能力也同样水涨船高。这两方面能力合二为一，就构成了我们所说的“全能”。正是上述因素，使得母亲成为孩子最初恋慕的对象，接下来人们则需证明，这种爱意会伴随孩子一生，同时它与生俱来就是自私的。不过，我们需要再次强调的是，男孩生性好斗，经常公开顶撞父亲，在成长过程中，他总是充满信心，虽不免幼稚，却始终沿着既定的道路不断前进。他的姐妹则正好相反。女孩面对的是一场复杂且无解的争论，后者会让她深陷罪恶感而无法自拔，她忍受着母亲的情感暴力，却必须三缄其口，因为无论从证据确凿还是指向明确的角度考量，她都无法找到一个正当的理由加以控诉。除了极个别的情况，母亲对女儿的爱从本质上说都是极其自私且令人窒息的。因此，女儿完全有理由对此充满防备，事实上她也的确是这样做的。

成为母亲不仅是女性人生中的一个阶段，还意味着极为重大和颠覆性的转变。经此一事，她即便无法参透人生，至少也能对自己的行为逻辑有更深的认识。此前，她会尽全力满足一个陌生人的需求，但就连自己也不明白为了什么，而怀孕让这一切都有了意义。在长达数月的时间里，她对胎儿的一举一动异常敏感，唯恐不能以最适宜的方式回应他的需求，她就是通过这种方式，为自己以往的行为找到了合理的解释。她能感觉到，腹中这个新的生命极度依赖自己，可以说，他能否存活完全取决于母亲的身体。在此过程中，她获得的愉悦未有一刻减弱。付出，付出，不断地付出，全身心地奉献自己，任凭他人予取予求，就如同陷入爱河的人们，只会将其视为理所当然，并体现在日常的行为中，终其一生都会感到快慰。不过，日常行为的改变就仅限于此吗？在怀孕这段美好的时光里，女性按部就班地行事，真切体验着生活，同时担当自己的责任，虽然有时难免苦痛煎熬，却在毫不懈怠、昼夜不停、从容不迫地迈向完美的顶点。这就是生命的逻辑，也只有在怀孕期间，它才能够清晰地呈现。而女性的成长不仅让这一逻辑付诸实践，也展现了它的无限潜力，并将其内化于心，进而影响到身边的人们。此外，怀孕期间的行为逻辑[1]以一种最佳的方式展现了女性存在的意义，以及一个母亲所能赋予孩子的特殊力量，不过这一点与孩子的性别无关，在接下来的章节里我还将反复强调。

事实上，对女性而言，生育能够有力撼动她们关于永生的幻想。[2]由于和子女在身体上存在无法逾越的距离，男性对永生具有一定的免疫力，他只想完成繁殖的任务，同时在儿子身上实现对死亡的超越。女性则有所不同，经过怀胎十月，她与子女在身体上几无距离，她完全可以利用上述优势抵御时间的流逝，触碰永生的梦想。于是她暗自立誓，不达目的决不罢休，但这一切其实与她真实、生动、鲜活的本性背道而驰。

无论女性有无意识，或是愿意与否，她都会尽一切力量

---

1 参见第 43 页注释。

2 如果一位女性笃信单性繁殖，认为无须借助伴侣就能诞育后代，那么她对于永生的幻想就会变本加厉，同时愈加不把伴侣放在眼里。当下有一首流行歌曲，可谓唱出了这些女性的强烈心声："生孩子，靠自己。"

维持子女带来的慰藉。日复一日，她精心照顾着孩子，这也为她带来了满满的成就感。除此之外，她还对子女寄予厚望，希望通过他们实现生命的延续。稍微细心一点儿的父母都会发现，孩子们一直在以不同的方式，重现自己童年的各个阶段。但对母亲而言，这种延续在女儿身上显得更为自然、更加高效，且效果远远超过儿子。因为母亲和儿子的生理构造大相径庭，除非在一些特殊情况下，否则难免产生距离。当然，她对儿子的关心并不会因此稍有减退，她会竭尽全力地保护他，无微不至地照顾他，一如既往地关爱他，不顾一切地为他牺牲，仿佛上述问题都不值一提！但不管怎么说，母子关系与母女关系永远无法等量齐观。从最严格的意义上说，这种同性之恋不仅在母女间架起了沟通的桥梁，也可上溯到外祖母乃至曾外祖母……如此类推，一直到人类的第一位女性。这为女性证明自己的永恒提供了显而易见且板上钉钉的论据。

正是这些看似毋庸置疑的事实，让女性产生了永生的幻觉。类似的念头或明或暗地缠绕着她们，最终演变成一种前所未有的疯狂想法：既然母女二人如此相似、如此合拍、如此一致，那么无论主动或是被动，她们理应永不分离，拥有一模一样的经历。她们固执地认为，自己为人生找到了最可靠的保险。除此之外，她们唯一的心愿就是女儿能够照此行事，运用一切手段将这一完美的育儿模式传承下去。她们一直在为此努力，在她们看来，这是独一无二且正确可靠的世界观，必须尽早向女儿灌输。为达目的，她们可谓全力以赴，未有一刻消极懈怠。

母亲的坚持让女儿吃了不少苦头，但奇怪的是，后者总能轻易忘掉这些不快的记忆，与母亲年轻的时候如出一辙。无论母亲做了什么、说了什么，她都能视而不见、充耳不闻，把母女关系放在首要位置，因为她相信自己的切身感受，这种感觉无法骗人，也没有对她造成伤害。当我们告诉一位母亲，她的女儿与她十分相像时，她怎能不为此感到自豪？但她无论如何都不会明白，她的女儿听闻此言有多不快！尤其是当下，我们很难看到女儿赞同母亲的观点，引用她的说法，模仿她的生活方式、饮食口味、穿衣风格和交友之道，其中包括男朋友、普通朋友，甚至是闺密和死党。此外，她也不会尽力缩小彼此的差距，仍会如饥似渴地探听母亲生活的细枝末节，为了一次会面调整日程，有时她们还需通过他人进行交流。面对关于克隆技术的幻想，女性从来不为所动。当然，随着多利羊的诞生，克隆技术已成现实，但这对她又有什么意义？她为何要对此兴趣盎然？归根结底这是男人的事情，或是深受影响的男性与克隆母亲之间的激烈竞争。对女性而言，单性繁殖早已触手可及，尽在掌握。她在脑海中一次次描摹相关的场景，只消看上一眼，就能确定这是按照自己喜好塑造的形象。为了达到尽善尽美的目标，她唯一要做的，就是放弃愚蠢和错误的愿望，为履行职责奉献一切，在爱的施与中把握分寸，与克隆对象和谐相处，在处理彼此关系时始终保持清醒、无私、敏锐的头脑。

事实上，女性有的是方法实现上述目标。

无论如何，她已做好准备，愿为此付出相应的代价。她的武器就是自身优势，比如耐心与谦逊等珍贵的品格，以及待人接物时的体贴关怀。她行事从不张扬，而是颇具艺术手腕，一举一动低调到极点，却能在不经意间表达善意，并展现掌控全局的能力。即便她偶尔回顾人生，向旁人吐露内心的不满、失望，以及无法避免的伤痛，她也能迅速摆脱消极的念头，赢得人们的同情与好感，从而顺利迈向下一段旅程。她有足够的手段让女儿俯首帖耳，确保女儿认真聆听自己的每一条指令。唯有如此，母女俩才能长期分享同样的命运。

“从过去到现在，我懂得你所懂得的一切。成为和我一样的人吧，一模一样、分毫不差。紧随我的脚步，继承我的事业，复刻我的人生，不要再去苦苦追寻，这样会浪费大量的时间和精力。我的经验你尽管拿去，在你面前我向来无保留。你知道的，我爱你！无论过去还是将来，再不会有人像我这样爱你。没有人能够像我这样，赞美你白皙的肌肤，称颂你明亮的眼神。作为回报，也来爱我吧。就像我对你那样用情至深，就像你刚出生时我们耳鬓厮磨的亲密，就像我继续爱你的痴心一片，就像我盼你爱我的殷殷期待。我深知，这一切需要勇气，如果你拒绝我，或是你不敢再继续下去，那么也不要背叛我，你爱之人必须与我相似，能够如我所愿，接受我的存在。另外，此人必须爱我，经常与你提及我的存在。我希望你能了解，我之所以尊重、承认此人，只是不想让你为难。有些话我将永远深埋心底，而事实却是，我并不愿意接纳此人。”

这就是女性的心声，虽然带有命令的意味，其实质却再明确不过，反映的正是母女最初的同性之恋。如果以上论据还不足以服众，那么母亲还有一套私下的说辞，足以坐实上述论断。“怎么，你不愿意？你拒绝接受？你不信任我？为什么让我难过？为何对我的无私奉献视而不见？为何在我们之间种下怀疑的种子？你不信任我吗？这就是你对我仅存的尊重？你就打算这样感谢我对你的照顾？这就是你的回报方式？你知不知道，我为你付出了多少辛苦！”如果这番话不算出格，也不是盛怒之下的无理取闹，更不是一种可怕的威胁，那么就只剩一种可能，母亲在告诫女儿听命行事，其背后的潜台词十分明确：“你的生命为我所赐，如果你胆敢反抗，我就会让它中止。”除此之外，还存在一种表达方式，虽然在内容上与前一种大相径庭，但造成的危害却如出一辙。最常见的说辞包括：“你说得对……我实在太蠢……简直一文不值……我什么都不是，甚至比这更糟！原谅我现在这个样子！……你真倒霉，摊上我这么个母亲……但是你不用怕，我不会在你身边纠缠太久……很快你就能解脱了……”这种抱怨将会引发什么效果，我们可想而知，但它造成的伤害，远不及那些荒诞不经且无法忍受的言论，虽然后者直击伤口、道出真相，但我们依然不忍聆听，也无法接受。无论明说还是暗示，只需一句激烈而诛心的“你这是要我的命！”，所有的争论就会戛然而止。我们都知道“情深致死”的道理，上述言论引发的灾难正是这一道理的现实演绎。一句“你这是要我的命！”无疑在提醒着人们，无论试探还是真心，母亲的无所不能是多么令人难以忍受，也只有在她表达关心时才算例外，然而这种关心的背后，依然隐藏以死相逼的情感暴力。

每当谈及这一问题，人们总是躲躲闪闪，即便发生了极为激烈的争执，也大多含糊其辞。正因如此，我对一些荒谬之举的概括和刻画，很可能为我招致猜忌责难。我所能做的，只是在激烈的交锋中见缝插针，通过只言片语，或是不断旁敲侧击来表达自己的观点。

面对司空见惯的情感暴力，人们大多选择了沉默。在这种情况下，婚姻产生裂痕实在不足为奇。一纸婚约，意味着人们正式承认了夫妻关系对亲子关系的从属地位，如果它无法得到家族亲友的支持，尤其是母亲的认可，必定难以持续。如果母亲无法忍受由此带来的后果，那么她就只有一种选择：保持既定关系不变，[1]千方百计维护自身的权威，并不惜为此抗争，处处炫耀。然而，随着时间的流逝、子女的成长，夫妻关系会逐渐占据上风，问题也随之而来。子女不愿再服从母亲，更有甚者，夫妻双方也会走向决裂。“你的孩子或我，选一个吧，但愿你能做出正确的选择！”这实在是个微妙至极的问题，一旦落入陷阱，就有可能深陷泥潭无法自拔。

1 由此，我们也能在一定程度上理解男性为何对自己的岳母处处忍让，他这样做只是不想让伴侣左右为难。他对母女关系的同情，以及对母亲过多介入女儿生活的理解，虽能暂时渡过眼前的难关，却埋下了冲突的隐患，日积月累，矛盾只会越来越深。

在我从医之初，曾经遇到一个类似病例，其内涵之丰富、启迪之深刻，令我深感震惊。我运用各种方法进行挖掘，并将研究成果写入多部作品。在此，我就不一一概述，仅提取相关内容对我的观点加以佐证。

这是一个三个月大的男婴。当时，他出现了腹泻症状，不过情况并不严重。在他父母的要求下，我四度登门问诊，却看不出他有任何问题值得担心，也不明白到底发生了什么。我甚至在万不得已的情况下，让他住院观察了24小时，但这样做其实并无意义。结果刚一出院，我又被叫到他的床前。由于实在不知该做些什么，我突然对病情之外的一些事情产生了兴趣，或者说这家人的表现引起了我的担忧。我注意到，房间的起居设施十分简陋，屋内鲜有家具，一张气派的白色围栏大床居中摆放，显得格外扎眼。婴儿的母亲盘着发髻，低垂着脑袋跪在床前。婴儿的外婆俯身站在对面，梳着与女儿同样的发髻。婴儿的父亲则双手插兜，在房间里来回踱步。

至此，我已五次造访这个家庭，每次面对的都是一模一样的场景，无论周遭环境，还是医患对话，都是分毫不差！连续五次，婴儿的外婆都在向我重复一些简单、无趣且琐碎的句子。她戴着厚厚的近视镜，眉梢眼底皆是笑意，她反复说道：“医生，这很正常。他是父母的第一个孩子，是个男孩，现在三个月，他患上了腹泻！”对于这些老生常谈，我从未回应，只是将其视为一种待客之道，一种没有太大意义的寒暄。或许她想借此打破沉默，让访客感到宾至如归。如果按照她的本意或说话风格，她所要表达的应是以下内容：“抱歉医生，孩子的爸妈总是打扰您。其实他们着急也能理解，这是他们的第一个孩子，没有经验嘛。而且他们一直想要男孩，如今总算如愿以偿。孩子才三个月，年纪还小，正是脆弱的时候。我们都知道，以前腹泻要过好多孩子的命……”这一次我没再保持沉默，而是干巴巴地回了一句：“那又怎样？”听闻此言，孩子的外婆突然离开她惯常的位置，张牙舞爪地向我冲来，同时嘴里嚷着：“医生，您看到我没有？我是我妈的第二个孩子，在我之前，她还生过一个男孩，但在三个月的时候因为腹泻夭折了。我的女儿，就是在您面前的这位，她也是我的第二个孩子，她的哥哥在三个月的时候因腹泻死去。现在您明白了吧，这是她的第一个孩子，也是个男孩，现在他三个月大，也患上了腹泻，他会死的！”

她喊得声嘶力竭，却又如此清晰，我几乎不敢相信自己的耳朵。她因为盲目服从自己的母亲，事事都要向母亲看齐，结果付出了惨重的代价。如今，又一个孩子危在旦夕，她却眼睁睁地看着历史重演，因为只有这样，她才能佐证自己当年的行为，确保女儿复制自己的人生。

不过，上述情况并不十分普遍。有些母亲的表现不似这般直白和明显，却危害更大，更加让人难以应对。我不由得想起一位母亲，她给我留下的印象十分奇特，现在回想起来，还会感到不寒而栗。

我第一次与她接触是通过电话。她的声音温暖而悦耳，但说起话来断断续续、有气无力，不免让人心中不快。她事无巨细地向我讲述一对双胞胎儿女的健康状况。两个婴儿刚出生几周，男孩叫伊戈尔，女孩叫捷尔玛，此前一直由我的同事照料，不过那天她刚巧不在。这位母亲显得格外焦虑，但在她不厌其烦的叙述中，我并未发现值得担忧的状况。我这里耐心聆听，她那边也不紧不慢。好容易轮到我说话，我用一种轻松愉快的语气对她说，解决问题的最佳方式就是把婴儿扔进垃圾桶，只有这样才能满血复活。之所以这样说，不过是为了调节气氛，在一般情况下，此举屡有奇效，不仅一切问题迎刃而解，还能让电话那边的人付之一笑。然而这次却是捅了马蜂窝，对方的反应震惊而激烈，几乎让我没有转圜余地。虽然我在人际关系方面积累了一些经验，有着独到的见解，但此刻仿佛都失灵了。可以说，我这辈子都没见过如此缺乏幽默之人。后来，我和同事开诚布公地谈了一次，她不仅与我感同身受，还坦言每次与这位母亲打交道，都是对自身忍耐力的极限考验。

尽管有这次不愉快的经历，但我依然与她保持来往，并一直照顾她的孩子。在此过程中，我时刻提醒自己，她对隐喻异常反感，只要言语与现实稍有脱节，她就无法接受。大概是她对我的自律十分满意，从此便将我当成了她的专属顾问。我固然不情不愿，但我的同事却是如释重负、心花怒放。随着相处日久，我了解到她结婚较晚，又是高龄产妇，因此双胞胎的到来，对她而言不啻一份上天的礼物。此外，她在职场颇有建树，只能将抚养孩子的事情托付给自己的母亲。她的母亲是位退休护士，丈夫已经过世，一直与独生女儿生活在一起。后来她向我坦言，之所以“拖了这么久才步入婚姻”，与母女俩相依为命不无关系。

一天晚上，她到急诊找我，原因是伊戈尔腹泻不止。孩子当时六七个月大，经过初步诊断，可能是染上了时下流行的罗塔病毒。我耐心向她解释了这种疾病的形成方式、致病机理，以及令人印象深刻的发病过程，但无论我怎样安慰，或是费尽唇舌对病情表示乐观，她都显得异常焦虑，并毫不掩饰地向我表达了内心的不安。关于她的这一性格，我早有察觉，而且对此颇有研究。每当孩子发病，她就会陷入惊慌，这次也是一样，显然无法为我提供什么有用的信息，她只告诉我说，只要丈夫不在，两个孩子尤其是儿子就会生病，对此她也是百思不得其解。我竭尽所能与她交流，提出了一些合理的建议。我希望她能真正理解，并从细微处加以体会。最后，我思虑再三，为她开出了一个周全的药方。

第二天一早8点整，家中的电话响了起来，刚一接起我就听出了她低沉的声音。出人意料的是，她不住向我道歉，说自己犹豫再三是否要打电话，并为此斗争了一夜，她的儿子状况很糟，希望我能立刻为他诊治。我与她约定半小时后诊所见面。事实上，伊戈尔的情况远没她形容的那样严重，他只是在夜间出现了脱水，属于正常状况，我早已提前告知他的母亲。此外，由于大量饮水，他的精神状态还算不错。

我将结论告诉了孩子的母亲，并委婉地向她表达了我的诧异。她告诉我，在此之前，她的母亲已经一再警告，要求她马上把伊戈尔送到T医院进行治疗。虽然母亲颇具从医经验，专业性不容置疑，但她还是听从我的建议，顶住压力阻止了这一举动。不过早上6点半的时候，她的母亲还是给急诊科的医生打了电话。不久后，一位年轻的女士应约而至，在给孩子做过检查后，也建议立即住院。起初，这位女士没能说服孩子的母亲，但她随后现身说法，称数年前自己的儿子也是因为同样的病症不幸夭折，而且两个孩子的年龄不相上下。听闻此言，伊戈尔的母亲震惊不已，在这位信誓旦旦且痛哭流涕的医生面前，她几乎发生了动摇。但她最终还是选择把伊戈尔留在身边，这是因为母亲的一再坚持，让她产生了一种困扰、疑虑甚至是恐惧的感觉。孩子什么状况，难道她不是最清楚吗？伊戈尔目光炯炯，每次醒来言笑呢喃一切如常，喝起水来也毫不费力。如果她对这些视而不见，那才令人难以理解。此外，她还没有自私到急于脱身，不愿照顾儿子的地步。念及于此，她突然想起一桩陈年往事。就在她出生前一年，她的哥哥因严重腹泻夭折，当时他与伊戈尔同龄，也是在T医院接受治疗。这天晚上，她与母亲没有交谈，但一切尽在不言之中，往事始终缠绕心头，挥之不去。

我为她的选择欣慰不已。我想她之所以明辨是非，大概是因为伊戈尔的同胞姊妹并未染病，而且经由此事，她或许能够明白，生下双胞胎当真是上天垂怜、命中注定。我并不认为她是因为我的缘故才认清母亲的用意，但我依然对她充满感激。从认定她缺乏幽默，到现在由衷的钦佩，连我自己都为这样的转变惊讶不已。正如童话中所描述的，塞坎先生的小羊一直与狼作战，她也战胜了自己的困境，我相信她已经向前迈出了关键的一步。

这样的进步值得关注，因为它的意义至关重要，当事人借此激活了自身的防御机能，得以遵从本心行事。有时，事情明明已经水落石出，再清楚不过，但操纵与欺骗依然无所不在，如果能够有此见地，就不会再任人摆布。

一位年轻的母亲曾向我哭诉："母亲一直怪我未经她同意，就生下第二个儿子。起初，她连孩子的名字都不愿叫，只说'那什么'，她还解释道，'抱歉，我忘了他的名字，你知道我经常忘事的'。她经常对我说，独生子女最合适，其实她真正想要的是'独生女'。在我生下第一个儿子的时候，她就毫不掩饰地表达了不满。"

另一位女性则向我抱怨："我不能原谅母亲对我的不闻不问。在我成为母亲，最需要她照顾的时候，她却将我抛在一边，理由竟然是我生了一个儿子，而不是她一直期待的女孩。我该如何面对这一切？她的所作所为又让我和儿子情何以堪？"

巧合的是，就在同一天，还有一位女性向我发出了类似的抱怨："虽然我结过三次婚，有四个小孩，但在母亲面前，我永远都没有发言权。只要我稍有不满，她就会用'下流胚''烂女人'之类的言语侮辱我，但在孩子面前，她却总是极尽慈祥之能事，装出一副模范祖母的样子。"

也有人躺在病床上，心灰意冷地向我倾诉自己的遭遇。她说，当她告诉母亲准备接受化疗时，后者情绪激动地嚷道："是的！我太了解化疗了，我的母亲就是死于这种疗法。"

最后这位的经历与前几位相比，同样令人动容。此前，她从未意识到母亲的控制欲如此强烈，好几次几乎葬送了她的家庭，直到她的儿子年满三岁，她才毅然终结了这种畸形的控制。"在此前的几周里，我们一直关系紧张，争执不断，因此想利用为儿子庆生的机会，缓和一下家庭气氛。我们不仅邀请了亲戚朋友，还叫来十几个孩子，他们都是菲利普在幼儿园和小公园的玩伴，此外，他们的家长也受邀出席。生日会那天，所有人都已到齐，等我母亲一来就能开始。她总是迟到，但我们都已习以为常，我还对她充满同情，认为这不过是一种愚蠢而无用的哗众取宠。这时，门铃响了，我猜得没错，是她来了。她捧着一大束鲜花和一个巨大的礼品盒，东西太多，几乎遮住了她的面孔。她拒绝了我的帮忙，飞快地冲进房间，虽然撞到一两把椅子，但最后总算把礼物放在了沙发上。我本想告诉她，我们尚未开始，她可以稍事休息，但她已经迫不及待地扮演起模范祖母，眼中只有菲利普一人。她将孩子抱在膝头，不住地亲吻，嘴里还喊着：'菲利普，我的菲利普，我的宝贝，看我给你带来了什么，生日快乐，哦哦！’她表演得十分起劲，一时半会都停不下来。我在一旁看着，几乎不敢相信自己的眼睛，也不知她何时才能发现这一幕的滑稽。我既为她感到羞愧，更为自己感到难过。夸张的举止尚在其次，关键是她完全搞错了对象。她怀中抱着的并不是菲利普。为了挽回一点儿颜面，我轻声耳语，将真相告知于她。她抬起头来，一个个端详孩子的面孔，一直看了几遍，这才将她的外孙认了出来！”

以上不过是我偶尔听来的几桩轶事，还有不少恕我不能一一列举。那么，这些故事是否真实反映了母亲与女儿的矛盾？还是像一些母亲所说的，它仅仅是母女关系产生裂痕，甚至发生决裂的外在表现？说到裂痕，它指的又是什么？不再交流，还是违逆长辈？相互拆台，还是切断情感的羁绊？要知道，正是因为这种联系，母女俩才能幻想不朽的生命，驱逐死亡的恐惧，并由此获得真正的永恒。当然，维持这样一种幻象需要强大的力量，因此，她们需要不断从外界汲取动力，而对男孩而言，他们巴不得母女关系产生裂痕，这种隐晦又可恶的想法，在他们日常的行为中暴露无遗。

在费迪南只有几周大的时候，他已经让我伤透了脑筋。他的情况与我在前文中提到的小莱亚如出一辙：终日一副极端消极的模样，任何事都无法激起他的兴趣，每天放任自流、得过且过，仿佛已经放弃了人生，上述现象充分说明，新生儿正承受着无尽的痛苦。这些痛苦在不同阶段表现各异，产生的原因也不尽相同，其中有些纯属器质性病变。情况如此复杂，任谁也无法轻下结论，我们只能竭尽所能，对少数错误的做法加以研究。这些做法一方面会加速问题的发酵，另一方面则以糟糕的方式加剧父母的不安。此时的费迪南脆弱得仿佛一个玩偶，对外界的刺激几乎没有反应，就连吃奶也无精打采。他的眼神灰暗而空洞，无论对周围环境还是自己短暂的人生，都表现得十分疏离，但是没有任何迹象表明，他受到了外界的伤害。15天后，我第二次为他看病，不过情况没有发生丝毫变化，于是我不得不另辟蹊径，通过各种手段探究孩子的病因。这耗费了我相当长的一段时间。虽然根本没指望找到什么线索，但整个调查过程却对我至关重要，因为我需要与他的父母保持联系。自始至终，孩子的母亲都坚称他们的关系不存在任何问题，夫妻俩计划良久才盼来这个孩子，对他可谓寄予厚望。这与我发现的线索和心中的疑虑有所矛盾，正在此时，破解谜团的钥匙从天而降。一天，孩子的姨外婆打来电话，我与这家人渊源颇深，十余年前，我就在照顾他们的孩子，如今又轮到了他们的孙辈。她对此心知肚明，因此才会向我倾诉对费南迪的担心。我一面耐心聆听，一面暗自对她的提议拍手叫绝。

从她口中我了解到，费南迪这个名字源自他已故的曾外祖父。这位先人去世已久，妻子莉迪娅对两个女儿颐指气使、随意摆布。作为其中的一个女儿，费南迪的外婆终其一生都为没有儿子感到遗憾。我们知道，男性总是喜爱儿子，不过这并不意味着性别歧视，但如果一个人为此懊悔一生，那么难免就会遭人怀疑。由此我们不难想象，人们是怎样通过道听途说，将可疑的信息代代相传。这个世界上，最容易的事情莫过于用自己的心思揣度他人。在人际交往法则中，这种行为被称为情感投射或是心理操纵，但无论哪种说法，结果都是一样。更糟糕的是，人们对此屡试不爽，尤其当投射或操纵的对象已经不在人世，无法为自己辩解或是当面戳穿谎言，始作俑者就会肆无忌惮、变本加厉。比如说，费南迪的外婆可能根据母亲的只言片语编造出一套说辞，以此来掩盖自己没有儿子的遗憾，或者她想借此凸显和标榜对女儿纯粹的母爱。如此一来，她的女儿就会将上述信息传承下去，当然，前提是她们没有对其加以重构。

可以肯定的是，如果女儿因此走向极端，既不是因为怨恨父亲对她们不闻不问，也并非源于母亲的无所不能对她们造成了直接压迫。如今，莉迪娅的两个女儿都已为人祖母。

她的二女儿，也就是给我打来电话的这位，婚后生下两个儿子，而她的姐姐则诞下两位千金。其中的大女儿后来又生下两个女孩，二女儿就是费南迪的母亲，她的第一胎同样是个女儿，取名伊莎贝尔，第二胎才生下费南迪。追忆往事的过程中，这位姨外婆忍不住在电话里哭了起来，她告诉我，自己的姐姐，也就是费南迪的外婆，曾向她们的母亲说过这样一番话："你瞧，我终究把费南迪带给你了。当然，这并不是我的功劳，而是我的女儿，但这也没什么分别，不是吗？[1]不管怎样，他才是真正的费南迪。他刚一出生，这个名字就已取好，而且是唯一的名字。我可不像妹妹，无论你跟她说了什么，她可是生下第二个儿子才取名费南迪，而且在整个名字中只排在第二的位置。"

且慢，我们先不要被取名的问题转移了视线，还是来认真思考一下这件事真正的内涵。费南迪母亲的行事方式相对不难猜测，令人意想不到的是，她的母亲竟是如此独断专行又富有魅力，这或许是她从上一代人那里继承而来。不过我始终不大清楚，费南迪的父亲在面对这一切时做何感想。在

1 不得不说，这样的套路还真是让人大开眼界！不过和另一位相比还是略逊一筹。我的小病人埃娃的母亲曾向我这样描述她的母亲："她像母狼一样保护我。我从未质疑她对我的爱，也深知她对我的保护。但从某种程度上说，我觉得她将我视为另一次生命，想在我身上重新开启自己的人生。"

随后的问诊中，我迫不及待地向他提问，试图了解费南迪这个名字对他而言意味着什么。他回答说，自己几乎没怎么犹豫就同意了妻子的决定。“事实上，他别无选择，这就是孩子的名字！”他的妻子在旁生硬地插了一句。我正在揣测这种强制行为会对当下和未来产生什么后果，他又告诉我，他经常把儿子叫成维尔日勒，这样的口误令他自己都感到惊讶。大概是我诧异的表情太过明显，他接着解释道，维尔日勒是他外甥的名字，他非常喜爱这个孩子，甚至在他身上第一次感受到为人父的冲动。然而，孩子在几个月大的时候不幸夭折……而且十分突然。

现在事情已经十分清楚：除了成为父母履行职责和发号施令的对象，费迪南只是一个死者的替身，他根本不知如何成为一个鲜活的生命。他的冷漠体现了严重的耳聋或是自闭倾向，可以说，他的所作所为并非毫无道理！接下来，随着这些问题一一解决，费迪南的生活也将恢复正常，可以无忧无虑地成长下去。

人们可能很难理解，上一辈的母女关系如何影响到这个孩子的命运，就如同我们也无从得知，这个家庭到底隐藏了怎样错综复杂的关系。或许，这一切只在家族谱系中才能一窥究竟。那么，就让我们先将这些表面现象抛在一边，从故事的细节中寻找答案。

我们先从新生儿说起。他得了一种怪病，就连医生也无法给出合理的解释。但奇特的是，自从医生同他的家人进行了一番交谈，不仅孩子重燃生机，每位家庭成员也更好地找到了自己的位置，并开始制订家庭的共同计划。

我们再将目光投向孩子的母亲。她在母亲的两个女儿中排行第二，随后又生下一个女儿。她和姐姐一样，似乎陷入了一个不断重复、回归传统的轮回。往上数几代，费迪南的外婆就是两姐妹中的老大，她的经历亦是上一辈的翻版，即母女俩各自拥有两个女儿。她的姐姐倒是打破了这个怪圈，生下两个结结实实的大胖小子。

数据表明，一个家族的人口构成会随着时间的推移发生变化，不过有时也会出现连续几代人在子女数量和性别上完全一致，而且这种现象并不罕见。但这还不是问题的关键，关键是家族中的女性会将母亲的叮嘱代代相传，其影响力不会因为年代久远而稍有减退，这一点尤其出乎人们的意料。须知母亲的殷殷寄语自有其特定场景，必须具体问题具体分析，但听者往往无法发现或掂量其中蕴含的深意。事实上，我没有将费迪南姨外婆的这通电话告知他的父母，也未曾与她进行深入的交流，但对孩子外婆的所作所为已经有了相当的了解。正如她的妹妹所描述的，她时而为自己的顺从辩护，时而又会对此表达不满，有时还会自以为是，靠揣测老母亲的心思行事，以此来博取她的欢心。

如果这是一个低龄儿童，那么他的目的很可能是博取同情，但这样的情景发生在两位成年女性身上，就实在令人无法理解。因为她们完全有能力表达自己的观点，也接受过充分的智力训练，更经历了令人难忘的职业生涯，最重要的是，她们已经为人祖母！可以说，她们拥有丰富的阅历，却无法掌控自己的情绪，以至于还在热衷扮演不可或缺的母亲角色。[1]这一现象表明，她们始终未能摆脱幼时独特而不对等的亲子关系，直到长大成人，她们依然坚信，自己的命运掌握在母亲手中。从母亲这方面来说，她们必须在一些适当的时机树立权威，而这种行为又会强化女儿被人控制的印象。说起来，母女间的事情的确是一言难尽。

从表面上看，年轻一代在做任何决定时都全凭良心，或是依靠自己仅有的判断力，但如果我们就此认定他们天真无

1 这样做不仅出于乐趣，更会让她们充满活力！因为他人的臣服会带给一个人权力的快感，抚慰他的心灵，给予他生存的养分。他可以随意耗费臣服者的精力，以此来满足自己的需求。从这个角度来说，我们不难理解人们针对此类情况所做的无休无止的讨论。尤其是曾有一段时间，法国总统弗朗索瓦·密特朗（François Mitterrand）与癌症顽强抗争的事迹引起社会关注，更是让此类话题愈演愈烈。

知，未免想得太过简单！无论如何，人们都不可能只靠本能行事，而是在不自觉中受到外界信息的左右，只不过他们没有意识到其中的性质和内容罢了。这些信息终有一天会浮出水面，即便不是反映在他们身上，也会在其后代的行为中表现出来。但最糟糕，或者说最可怕的一点还在于，祖母和曾祖母已然过世，又没有一位姨外婆适时出面，为纾解后辈的心理负担，“告发”家族成员为自我安慰而付出的沉重代价！

这样的故事并不鲜见：母亲仗着经验丰富，力劝女儿不要对男孩倾注太多感情。女儿的胆大妄为，令母亲深感背叛、震惊和无法理解。但在外人眼中，母亲此举才是匪夷所思。事实上，她正是通过这种方式，确保母女之间的同性之爱得以延续。[1]这种感情一直萦绕心底，令她难以释怀。

我想，发生在小路易身上的故事，能够为这一观点提供最好的论据。

长期以来，我始终无法弄懂路易的父母到底发生了什么，以至于在他两三个月大时突然分手。在与孩子的母亲进

1 在此，我们有必要详加分辨，用西方的思维方式思考母亲的动机。因为在中东和远东地区，人们的观念与我们不同，男孩往往更受家庭重视。那么在此情况下，母女的相处方式会发生相应的变化吗？当然不会。母女关系自有其逻辑，为了不打断当前主题，我会在后文再做阐释。而事实上，这种逻辑比我所说的更加隐晦。

行交流时，她自己亦是不明就里，只说路易是他们的第一个孩子，而丈夫一走了之，未曾留下只言片语。听闻此言，我再未纠结孩子父亲存在何种问题，而是抓住一切机会了解细节，试图为这对夫妇提供建议。我想，自己能为小路易做的，也只有促使他的父母和好如初。此外，他们的确希望成为优秀的父母，我自会竭尽全力帮助他们。所幸的是，路易的父母此前达成默契，既会共同陪伴孩子，也允许对方与孩子单独相处。趁着与孩子父亲私下交流的机会，我绞尽脑汁向他提问，希望弄清整件事情的来龙去脉。

孩子父亲的回答模棱两可、含混不清，仿佛是在用一种坚决而谦恭的态度请求我，要我管好与自己紧密相关的事情，比如为路易注射疫苗，对他的饮食进行调整，等等。他对我说："我很怕在她眼中，我不像女性那般温柔。"我尴尬不已，顿时偃旗息鼓，不想再做任何努力。无论是形态举止，还是光秃的头顶、浓密的胡须、毛茸茸的前臂，无不展现着他的男性特质，那么他作此言论，到底是何意图？难道他深知问题所在，并能掌控自如，因此不需要任何帮助？或者夫妻失和皆因性生活无法和谐，他已翻过此篇，不希望我再多管闲事？不管怎样，我还是继续为路易看病，只是每次见到这对夫妇时，都会对他们简短而隐秘的会面感到些许惊讶，这对一个女人而言实在是糟糕透顶。不过她倒是全不在意，反而变得更有魅力，甚至是风情万种。

几个月后的一天，孩子母亲满面春风地出现在我面前，一进门就迫不及待地赞叹生活之美好。她说，自己“从头到脚都洋溢着幸福”，“几个月来一直如在云端”，而这一切都是因为找到了“完美的爱情”。“猜猜看对方是谁？就是路易的父亲！”大概是我的表情太过惊诧，她又把刚才的话重复了一遍，并向我保证夫妻俩从未像今天这样和谐相处。她还告诉我，他们依然处于分居状态，每个人都保留着自己的住所。“我不明白为什么他还在支付房租。事实上，他已经很久没回去了。他天天泡在我家，您都无法想象，我们有多恩爱，路易有多开心！”

我暗自思忖，他们到底是如何让距离产生作用，不但解决了夫妻矛盾，还在生活中找到新的乐趣？正想到此处，她继续说道：“啊！请注意！我的母亲对此一无所知，我也不能让她知道。一旦她发现我和自己的丈夫睡觉，一定会杀了我的。”我恍然大悟，这不就是数月前孩子父亲在客套话中想要表达的意思吗？他难道不是在以自己的方式告诉我，他无法斩断妻子与岳母的羁绊？或许他曾经尝试过，或许他坚信自己必能达到目的。但随着路易的出生，母女关系还不是变得更加密切，以至于无孔不入，侵犯并危害到夫妻的亲密关系？妻子还不是无暇顾及丈夫，并且对床笫之事兴味索然？对夫妻而言，这种变化尤为敏感。

通过这几次谈话及其折射出的夫妻生活[1]，尤其是路易父母的情况，我们可以获取大量信息，一窥事情端倪：从结合到分离，从复合到最终选择再次分离，他们的命运其实早已注定。击败他们的正是沉重而压抑的母女关系，这大概是世上最束缚人心，也最难斩断的关系之一。路易的母亲在谈及近况时曾这样评价："简而言之，我妈就是个巫婆，什么风吹草动也逃不过她的耳目。每次我与男人发生关系，哪怕是偶尔为之，她就会'生癖'。我曾求助于精神分析，但没有任何作用，我想将来也不会发生变化。事实上，她应该取代我的位置。您尽可将一切向她和盘托出！她知道的，她什么都明白，比任何人都清醒！"

我暗想，如果小路易是个女孩而非男孩，是否情况就会有所不同。不过我很快意识到这是个愚蠢的问题。事实上，孩子的性别并非出于偶然，而是由多种因素共同决定，其中最重要的就是母亲与其双亲的关系，尤其是与外婆的关系。

1 这方面内容，参看拙作 *Le Couple et l'enfant*, Paris: Odile Jacob, 1995。

举例来说，有这样一个女孩，她的生活并不尽如人意，而且还要面对一个强势的母亲。久而久之，她陷入深深的恐惧，终日无法自拔。终有一天，她会败下阵来，将自己的真实感受统统抹杀。这种做法有害无益、后患无穷，其具体表现就是完全丧失生育能力。当然，有时她也会稍作挣扎，试图改变这一状况。一旦遭遇外界挑衅，她就摆出极端漠视的态度予以还击，在她看来，这种方式不仅经济划算，而且合乎时宜。

如果她开口说话，必会主动提及自己完美的母亲，对其不吝溢美之词。在她看来，自己永远也无法与母亲比肩，甚至期待有朝一日为人父母都是大逆不道。这种情况说明，她已深受其害，症状一时半会难以痊愈。但如果她能通过自己的经历得出结论，认为儿时生活如在地狱，无论如何都不希望其他孩子重蹈覆辙，那么即便这是无心之举，也表明她尚有一线生机，症状有望得到缓解。当然，这些看似矛盾的感受可能集于一身，并随着时间的推移相互融合。在我的研究对象中，有不孕不育的女性，有收养子女的母亲，也有初次怀孕较晚或极晚的母亲。我曾对第三类研究对象做过统计，她们生育男孩的可能性要高于女孩，而且这种情况绝非偶然。由此我想到，那位造成医疗事故的护工，之所以处处针对格温奈尔的母亲，可能就是在不自觉中遇到了此类问题。

有了这一初步基础，我们就可以对母女关系的各种可能性进行研究。我们的主要依据包括恐惧递减的程度，以及加剧、维持和减轻恐惧的环境因素。

当女儿的恐惧达到顶峰，并逐渐内化于心，变成一种无可指摘而又无法改变的自然状态时，这就说明母亲已经完全控制了女儿。即便人们竭力阻止也无济于事，女儿只会亦步亦趋，不敢有丝毫违背。即使她们产下后代，也不过是永无休止的轮回罢了。还有一种情况，即女儿和母亲最终达成和解，或者说是一种默契，但结果依然不会发生任何改变，母女之间始终保持着融洽而平静的关系，与人们的想象一般无二。换句话说，如果我们从结果判断，第二种情况即使不算伪装，也只是第一种情况的升华而已。女儿不会对母亲有丝毫反叛，传承下来的只有对女性毫无保留的崇拜。我在前文曾提到过四类母亲，其中的第四类就有可能出现上述情况。这是因为她的母系尊亲对男人充满敌视，导致她无法善待自己的儿子，后者也因此成了上代恩怨的牺牲品。

除此之外还存在一种情况，即女儿对心中的恐惧有所察觉，再加上旁人提点，于是对母亲的控制进行了最低限度的抵抗。当她们进入育龄，机会也随之而来。如果她们能连续生下几个男孩，那就是对母亲一次绝妙而优雅的报复。她们让母亲复刻人生的意愿付之东流，也打破了代代传承的女性魔咒。在此之前，女性运用自己的身体诞育新的女性，就如同俄罗斯套娃一般单调。此外，女性还有一番不可言明的心思，即男孩对母亲的依恋虽相对淡漠却历久弥坚，不像母女之间易生仇恨、彼此攻击，给彼此的人生带来伤痛。不过，这一心思总是难以察觉，并时常被误解为母亲的高尚情操。在人们看来，女性之所以不愿诞育女孩，是因为担心无法像自己的母亲一样十全十美，给予女儿无微不至的照顾。

以上结论不免让人感到过于简单绝对。之所以产生这样的印象，是因为有大量论据可以将其完全推翻。在母女相处的过程中，有些因素是出于偶然，有些则是精心谋划，以达到更好掌控这段关系的目的。但无论如何，这些因素都会对瞬息万变的形势产生影响。当然，我们也不能忽视母女间地理位置的远近，女儿是同族通婚还是异族通婚，夫妻俩是否遵从异国习俗，以及是否在婚前长期相处，等等。只要不是故作托词，这一切都会对女性的传承构成障碍。

为了厘清一切行为背后的逻辑，我们不仅应该对当时的情势加以分析，还需研究代际传承产生的后果。许久以来，这种习惯和思维已经在社会上近乎绝迹、一去不返。除此之外，女性的伴侣也会对她的行为方式产生决定性作用。首先，她的选择绝非无缘无故；其次，这位伴侣也不会盲目行事。比如说，一位高龄产妇的背后，往往有一位与岳母交恶的夫婿，无论他怎样努力，都无法摆脱岳母的控制。只有看到胎儿健康成长，夫妻二人才会不再犹豫，勇敢迈出反抗的一步。再比如，一位膝下多女的母亲，她的伴侣通常也对自己的母亲推崇备至，并且从未有过父亲在家占据主导地位的经历。共同的观念，让两人对未来有着共同的规划，在生活中总能琴瑟相谐、各取所需。妻子通过生女来获取母亲的宽恕，后者则对女儿处处设限，以至于让女儿时常心怀愧疚。丈夫会通过自身经历得出结论，认为父子之间容易滋生仇恨，女儿比儿子更好相处。如果换成一个清一色男孩的家庭，情况也是一样。只不过夫妻双方都对各自的母亲充满怀疑，这也成为他们之间的共同语言。

以此类推，我们可以继续探究一个问题，即家族后代的性别为何有时规律，有时无序？我们无须另辟蹊径，只要寻根溯源，用欠债还钱的思维来解答问题。比如说，一个孩子的出生就是在偿还一笔债务，从此以后，选择变得更加多样，孩子的性别开始有男有女、相互更替。如果母亲诞下的是千金，那就意味着实现了一种关系的平衡，接下来很可能再添男丁。如果第一胎生下的是男孩，母亲难免心有不足，那么上天就会用一个女孩来进行补偿。在多数情况下，发挥作用的正是著名的“国王的选择”定律，它能够确保家族的传承平稳有序。当然，有时母亲需要生育两个或更多相同性别的孩子才能达到目的。此外，还有一种中间情况，即母亲在第一胎或第二胎生下女孩，但在抚养的过程中反其道而行之，以此来向自己的母亲示威。这样做会产生两种后果：第一种是她始终无法摆脱恐惧，于是继续追生女儿；第二种是为了摆脱母女关系的沉重枷锁生下男孩，从此海阔天空、毫无畏惧。如果说有人依然对此存疑或是心生幻想，那也是因为一些过来人曾经言道，只有生下女儿，一个女人的人生才算真正圆满。

至此，我们基本可以得出结论，即母亲在诞育女儿的过程中发挥了压倒性和决定性的作用，无论是哪方面都远超父亲的影响。而男孩的孕育却不在她们的掌控之中。那么，我们是否可以认为，男孩的诞生由父亲决定？如果这一结论成立，也就意味着男性从此在孩子性别的决定机制中占据了一席之地，[1]而此前的研究认为，父亲对孩子的性别毫无影响。为了避免误入歧途，我一直强调要对生物现象给予高度重视。我曾经提到，男性的精子在女性子宫与卵子结合后，将决定孩子的性别，而精液提供的两种精子则在数量上完全均等。这也意味着，接下来将由女性的身体机能发挥作用。既然如此，我们有必要严格聚焦主题，确保论证得以继续进行。

综上所述，如果孩子的天性就是与母亲亲近，那么母女关系显然要比母子关系更加紧密。这不仅是为了保证女性的代际传承，也是因为她们能够互相体谅，自然会产生一种亲切的感觉。从母亲到女儿，再到女儿的女儿，她们就这样薪火相传，形式简单却卓有成效。但对男孩而言，他们被排除在这一过程之外，最多不过是母亲提供给父亲的一个载体，使其得以延续和超越自己的生命。这一点在孩子的命名上尤为明显。在绝大多数社会中，姓氏只会在男孩身上得以传承，而女性虽然为她们的配偶诞育子女，却不得不冠以夫姓，她们的孩子也是一样。事实上，姓氏的归属反映了性别的差异，但无论是女性的传承还是男性

1 这一结论恐怕很难为男性接受。许久以来，他们一直将不孕不育归咎于配偶，将自己的责任推得一干二净。

的超越，最终目的都是阻挡死亡的脚步，而且只有通过同性之恋才能实现。[1]

不过我们也发现，在对孩子投入的过程中，父母亦不是毫无收获。面对视若珍宝的女儿，母亲即便生性暴躁也会有所收敛，因为女儿的乖巧令她感到安慰。而男孩之所以得到疼爱，是因为父辈希望他能延续自己的勇敢与胜迹，为家族荣光再添铁证。以上种种，不过是历史进程中的不同表象。现实生活中，孩子的命运往往与母亲息息相关。如果后者在与自己母亲相处的过程中感到压抑，而现在的亲子关系又与当初如出一辙，那么即使她现在再宠子女，未来也有可能厌弃女儿、嫌恶亲子。这也是为何我多次强调，要洞悉一个人的人生轨迹，至少要了解他上溯三代的亲属关系。

以上，我对自己的观点进行了阐释，并且尽量做到以理服人。如果读者对我一贯坚持的临床经验有所了解，就会

1 正因如此，父母共同养育子女才显得尤为重要。如果一个男孩被完全丢给父亲，终日为父亲超越自我的欲望而活，同时又缺乏母亲的保护来校准方向，那么灾难性后果将无可避免：男孩很有可能变成一个偏执狂。为了采取措施阻止悲剧的发生，我们有必要一一阅读以下图书：Daniel Paul Schreiber, *Mémoires d'un névropathe*, Paris: Seuil, 1975, «Points-Seuil», 1985 ；D. G. M. Schreiber : *Gymnastique de chambre médicale et hygiénique*, Paris: Lyse-Ornicar, 1981。同时也可参看 S. 希克斯（S. Hicks）导演的电影《闪耀》（*Shine*），1996 年出品，这部电影为父亲对儿子的控制提供了绝佳的例证。父子关系如此，母女也是一样。如果说父亲缺席对女儿造成的影响没有想象中严重，那是因为女儿善于把积怨发泄到未来的伴侣和子女身上。由此可见，认为父亲只对儿子重要的观点大错特错，女儿同样需要他的关怀，而且如果为后代考虑，那么父亲对女儿的作用更是不遑多让。

发现我描述的不过是母女关系走向成熟的各个阶段，虽然了无新意、循规蹈矩，却于人身心大有裨益。此外，我还展现了女性在成为母亲后日趋完美的成长之路。可惜的是，这些情况并不为人重视，在社会上更是应者寥寥。因为上述言论会唤醒被束缚的女性，促使她们竭尽所能、质疑自己与母亲的关系，进而寻求积极的改变。但如果社会各界心照不宣、放任自流，女性的努力就会受到压制，服从的观念进一步加强，最终难逃任人摆布的命运。更糟糕的是，怨气久聚不散，迟早会通过移情机制转至他处，对女性及其伴侣的关系造成损害。

如今，这种情况与日俱增，并带来一连串连锁反应。面对夫妻分手、家庭失和的不良趋势，家庭事务仲裁员们忧心忡忡，他们既要依法办事，又难以理解喧嚣背后的深层原因，更加不懂上述鲁莽的决定因何而起。一般情况下，孩子都会被判给母亲，但由于后者的经济状况往往不尽如人意，她只能求助于自己的父母。在她看来，老两口是唯一能够满足自身需求的人选，他们时刻准备为女儿奉献一切，虽然表面气恼不已，内心却重新燃起了对生命的希望。随着他们与孩子相处日久，其重要作用亦是日渐凸显。为了分担父母的辛劳，女儿通常会搬到附近居住。有时是相邻的公寓，有时是同一街区、同一栋楼，甚至是同一楼层。比邻而居固然司空见惯，但在同一屋檐下生活却是极为罕见。

大概是因为上述状况在年轻人中愈加普遍，且一举一动皆有章可循，我的儿科同事们忍不住探讨起现象背后的源头所在，他们尤其感兴趣的是人们是否曾萌生“杀死外祖母”的念头。事实上，外祖母之所以成为全民公敌，乃是因为她在家中独撑大局。她事无巨细地照料着孙辈，有时甚至会侵犯到女儿作为母亲的特权。此外，她们毫不掩饰自己的心满意足，把大小事务处理得井井有条，完美到让人误以为一切都是她们策划的一场阴谋。

不过，鉴于母亲已放弃让女儿复制自己的人生，上述猜测也不算是空穴来风。母亲会向女儿发出呼唤：“让我继续坚守我们的行为逻辑吧，我要始终与它保持一致，重新发现生命的震撼。对你而言，人生如此广阔，你仍有机会成为母亲，如果你能再次诞育子女，那么你将在他身上收获幸福。你我都知道，那是怎样的一种滋味。即便你拒绝心血来潮，不愿将生子提上日程，那么至少你还有此可能，那些避孕措施不过是将计划暂缓罢了。唉，请你理解我的苦衷。你知道的，只有这个孩子，才能让我重焕生机。不要任由我滑向人生的尽头。这一世，我已被苦恼折磨得太久。我们不是早就说好了，你绝不愿意看到我的死亡？”一旦涉及这个问题，母女俩总是火药味十足。一个想尽办法将自己的理念强加于人；一个饱受折磨、气到跳脚。在后者看来，死亡虽能解决问题，却始终被列为禁忌话题。因此，何时、怎样摆脱母亲的控制依然是个未知数。即使女儿对情势洞若观火，也终究于事无补。无论是期盼死亡，还是隐忍不发，都只会进一步滋生内心的罪恶感。

我们经常会谈到这样一些女性，她们诞育子女就是为了自己的丈夫。但我们不能简单将其归结为一种普遍现象，因为这个问题已经超越了人的心理作用，具有更深层次的内涵。根据我自己的从医经验，女性只是为了母亲生儿育女，她们希望通过这一极具象征意义的举动，彻底摆脱一段让她们趋于封闭的关系。在这一点上，正如我此前多次强调，我的观察与所有同事不谋而合。不过凡事总有例外，对少数女性而言，上述举动仅仅是一种表面现象，她们之所以向母亲做出让步，是不想让后者责备自己与丈夫太过亲密，在母亲看来，这种吸引力充满罪恶。纵观母女关系，背叛永远是争论的焦点，它决定着人们的态度以及沟通的方式，更造就了形形色色的复杂局面。

在这种情况下，我们不妨换一种风格，运用新的模式，动员相当的力量，对父子关系的亲密程度做一个调查。或许有人认为这是乱弹琴，但是两相比较，我们就会发现，关于父子关系的研究是何等匮乏，如果这一关系处理不当，还有可能引发悲剧。可惜的是，我们既没弄清它的内在机理，也未秉持钻研精神，将其作为一个运动的整体加以审视。事实上，在观察事物的时候，如果总是以偏概全，或是自认为能够做到面面俱到，那么就会忽略和低估许多重要因素，甚至错失我们一直关注的重中之重。

不过，重视父子关系是一回事，抗议人们对母女关系视而不见又是另一回事。正如女性历尽千辛万苦，才让社会承认自己拥有的一切权利，认可其身为女性的性别特征，她同样有权认识到，自己已经成为母爱泛滥的受害对象。如果她继续对伴侣和子女保持沉默，就会不断重蹈覆辙，最终影响到自身的大好前程。为了避免不良关系的外溢效应，保障所有人的正常权益，尤其是维护每个人的尊严，我们必须让男性与女性各归各位、各司其责。需要强调的是，这一目标的提出绝非心血来潮。实践将会证明，只有全社会通力合作、形成共识，它才能落地生根，产生积极的效果。

母亲与女儿

她（格温奈尔的母亲）连续生下四个儿子，还有一个胎死腹中，性别不详。这是怎样的一种坚持！她如何安排自己的生活？怎样处理与母亲的关系？这一切与她第四个孩子的不幸遭遇又有什么关系？

我从未问过自己这些问题，如果不是写作时信马由缰，让我再次沉浸于当年的困惑，被迫重温无尽的悔恨与自身的无能，大概我永远都不会提及。如今我已有所顿悟，回想当年，竟是如此的懵懂无知。更糟糕的是，我过于相信自己的直觉，对她产生了一种错误的欣赏，这使得我们的关系从一开始就建立在误会之上，走偏了方向。

曾几何时，我仅凭一个西班牙的姓氏就对她的身份妄下判断，谁能想到，这根本就不是她的姓氏！但我还是一头栽了进去，直到过了很久，我都没有对其产生怀疑。当然，这样做也不是全无道理。孩子的病情危在旦夕，如果我还对一些看似微不足道的细节刨根究底，未免显得不近人情。

现在想来，难道我不是从第一次见面开始，就忽略了孩子姓名的奇怪组合？难道我不应该有所警觉，仔细观察孩子几位兄长姓名的辅音变化，从中发现些许蛛丝马迹？事实上，安热尔、卡洛斯这两个名字发音清晰，显然是为了方便身份识别，读来朗朗上口。但拉乌尔却是法语和西班牙语通用的名字，与前两者相比格格不入。如果我早些发现这一矛盾之处，或许就能顺藤摸瓜，洞悉其中关窍。可惜我虽有疑惑，却未能更进一步，只是认为一个移民家庭融入法国社会，总要经历一个缓慢、低效、无趣的过程，出现类似情况也属正常。看看我的患者名单，上面有多少取名纳迪亚、萨米、马里亚姆和亚尼等北非移民的孩子！直到今天我才明白，拉乌尔不过是个开端，此后事态不断演变，才会走向格温奈尔这个极端。换言之，前两个孩子的取名完全合乎逻辑，第三个大致吻合，略有偏差，第四个则彻底走偏。这种情况绝非偶然，而是意味着与过往的彻底决裂。

但在当时，我又怎能理解？我怎会想到自己正在经历一段显而易见的变化过程？我对此一无所知，所幸近年来见识略长，这才意识到它的重要意义。或许在某一时刻，我曾流露出些许迟疑，这是因为本人的名字就带有明显的异域风格，我花了很长时间才习惯他人的疑问，才敢于触碰生活中黑暗的过往。

对我而言，逃避现实再简单不过，只要躲进1968年的故纸堆中，[1]把绝对自由主义当作挡箭牌即可。当时，在孩子的教育问题上，自由主义思想泛滥，由此滋生了大量不切实际的想法。我至今仍记得，我在一个下午的时间里，先后为萨瓦省土著克里希纳、一口北方口音的约翰、纯正的洛林人乌里亚、出身塞文的毛以及墨西哥裔的伊万-伊利赫诊病。可以说，即使在当时的情形下，父母的取名方式依然有迹可循。不过我一生行医，难道就只能告知或暗示他人，一个人的名字十分重要，里面可能隐藏着他的人生密码？正是在与小乌里亚接触的过程中，我有了独一无二且出人意料的发现。乌里亚是个阿拉伯名字，但她的父母却是土生土长的最为传统的法国人。她的父亲本可继承一家工厂，却因无法忍受自己父亲虐待外来员工、充满种族主义的恶劣行径，最

1 1968年5月，法国爆发学潮和罢工运动，对法国的政治、文化、思想领域影响深远。——译者注

终选择离家出走。我后来了解到，孩子的名字意为“独立”，这正是父亲为上述抉择付出的代价。我想，这个故事为我们提供了一个最佳的例证，即名字折射出家长在一段经历中的坐标定位，这一标识清晰可见、易于辨认。

在不少文化中，人们都会以刚刚去世的亲人或是尊重之人的名讳为新生儿命名。起初我以为，这种民俗没有太多实际意义，只是为了向父母尊亲表达敬意。许久以后我才明白，这样一种传承方式绝非任意而为，无论人们是否情愿，它都将对后世产生深远影响。通过名字的联结，孩子们多少会意识到，自己既是先祖德行的继承者，也是在某种程度上肩负着家族的使命。

关于这个话题，我们几天几夜也讨论不完。但如果它无助于加深我们对母女关系的理解，即便有再多的心得、再多的重视又有什么意义？

我之所以迫不及待地想要弥补失去的时间，始终强调这一概念的重要意义，是因为我坚信格温奈尔与所有孩子一样，名字具有某种特殊的含义。虽然我现在还不太清楚，但必有一些深层次原因，导致他的名字与三位兄长背道而驰。

为了了解更多内情，我们还需追根溯源，回到三子拉乌尔与四子格温奈尔降生之间的这段时间。的确，格温奈尔的母亲曾试图终止妊娠，但我们就该止步于此，自以为掌握了铁证？难道我们不该深入探究，询问终止妊娠的情况、次数和影响，分析这一现象为何屡次发生？

在这种情况下，人们最容易犯的一个错误，也是非常严重的一个错误，就是将孩子分为“渴望的”与“非渴望的”两类，这样的表述，应该从我们的语言中彻底删除。事实上，对于降临人世的孩子，只有“要”或“不要”的分别，仅此而已。所有的孩子从母亲受孕的一刻起就是被渴望的，这一点在任何时候都毋庸置疑。简言之，“要”反映的是主观愿望，“渴望”则是无意识之举。有时，两种意愿会相互矛盾、激烈交锋，频繁程度甚至超乎想象。不过，这并不意味着我们就要按照各自观念选边站队。可以确定的一点是，无意识之举通常发挥着决定性作用。[1]相较于刻意为之，它轻而易举便能稳占上风。从外在表现到女性怀孕，乃至我们在上文提到的护工造成的医疗事故，无不与其密切相关。

1 关于这一点，还曾经引发过激烈的争论，在此我就不一一赘述了。人们总是轻易相信，所有无意识的行为都在诠释生命的力量。比如关于流产，就是一个说不清道不明的难题。但事实上，无意识行为也与死亡息息相关，只是我们无法提前预知或做出决定。正因如此，我们永远都无法抛开意识行事。不过，若想将意识与无意识行为的影响区分开来，即使不是愚蠢至极、异想天开，也必将遭遇重重困难。唯一的办法就是将意识融入社会流行语，唯有如此，才在人们毫不知情的情况下传递这样或那样的信息。

现在我们可以肯定，格温奈尔的母亲在孕育前三个儿子的时候，必然是在“渴望”与“要”之间取得了统一。但在接下来的几次怀孕中，“渴望”试图占据上风，却总是败下阵来。最后还是在产科医生的帮助下，或许也是出于对死亡的恐惧，母亲才对自己的意愿做出了妥协。由此我们不禁要问，在这场拉锯战中，“渴望”反复出现却屡遭失败，难道就不会对这位母亲产生影响？即使激烈的冲突发生在意识不易察觉的地方，它也必将改变或是强化她的部分行为方式。在格温奈尔的整个治疗过程中，她表现出的从容镇定就为我们提供了有力的证据。这表明她守护孩子的意愿十分强烈，只不过世事难料，孩子的病情多次反复，却非人力所能改变。

她性格刚烈，令人震撼，从第一次见面起就给我留下了深刻的印象。不过这种性情是早已有之，还是随着孩子的病情加剧才逐步形成？

我们不妨回到母亲反复出现的梦境一探究竟。当时，她夜夜梦见孩子下葬，直到格温奈尔住院才得以解脱。可以说，这正是她在怀孕期间渴望胎死腹中的一种延续。不过，产科医生的警告迫使她放弃了这一想法，让她的主观愿望从此服从于内心渴望。最终，生命的力量得到极大充实，占据了绝对优势，孩子这才得以顺利降生。

如果对梦的解析仅停留在初级阶段，以上说法当然能够自圆其说。不过我们同时发现，假如整件事情中只有生命的力量在发挥作用，那么上述梦境既无从出现，更不可能反复上演。因为梦境无声，折射出的是人的无意识状态，而“要”与“不要”属于意识范畴，所以单纯的拒绝不会入梦。到目前为止，这一点始终让人百思不得其解。但可以肯定的是，面对孩子病情的来势汹汹，母亲难免担心当年打掉胎儿的心愿一朝成真。她决意彻底消除这一隐忧，于是在愧疚之心的驱使下，动用一切可行手段，试图挽救孩子的性命。这个她不想要的孩子，这个曾被她排除在人生计划之外的孩子，这个勉强被她接受的只为拯救自己性命的孩子，突然间变得异常重要。在她看来，他既不该死，也不能死。即便亲眼见证，我们也无法理解，她是如何将笃定的信念传递给重症监护室的医生，激励他们拼尽全力救治孩子。总而言之，打掉胎儿的意愿已被抛诸脑后，剩下的只有创造生命的渴求，而且再没什么能阻碍它的实现。这个受到各方庇佑的孩子，已经成为她虔心奉献的目标和为之牺牲的对象，她要为他负起责任，尽到一个做母亲的义务。此外，他亦从兄弟中脱颖而出，变成母亲唯一的儿子，唯一属于她的儿子。或许她一直心知肚明：她对这个孩子期盼已久，对他的渴求超过世间的一切珍宝。然而，这已经是她第五次怀孕，她的理性、意志以及与周边环境的关系，都在着劝说自己：不能让这个孩子来到世上。

现在回想起来，我们就能明白为何她在极度疲惫，甚至是累瘫的状态下，都能为孩子奉献一切，给予他无微不至的照顾。当时我们只是认为，这一切出于母亲的天性以及温柔的情感。更令人称奇的是，她始终坚信自己的生活将会回归正常。在这一点上，我有着充分的发言权，因为近几年来，我每月都会见到这对母子，而且不止一次。

对我而言，每次会面都是如此的沉重与漫长，我甚至不知该如何应对。格温奈尔的状态可谓差到了极点。回想当年初次见面的情形，再对比他回到我诊所时的样子，曾经的优雅与和谐早已荡然无存，令人心痛不已。他的情况并不比胎儿时期更好。胎儿虽未出生，但身体组织却能协调一致，各项机能自然不成问题。而现在的他则脆弱得像一块破布，绵软无力、残败不堪，虽然身躯庞大、一息尚存，但机能已经几近崩溃。可以想象，他已无法保持坐姿，但更糟糕的是，他的头部亦不堪重负。他的小臂紧贴身体，由于双手不停颤抖，致使双臂也出现大幅抖动。他面无表情，眼中空无一物，时而眼神歪斜、神色散乱。

日复一日，问诊还在继续，但形式总是一成不变。孩子每隔一段时间就会发生抽搐，而我既不知道症状何时出现，也无从判断何时结束。为此，我把主要精力放在了控制病情上，但这并不是一项简单的任务。

格温奈尔发生意外后，绝大多数医生都对院方的失误保持了沉默。如今，他们更加不会伸出援手。现实如此，我也从未指望发生奇迹。我只觉得孤立无援，沮丧万分。我与此事牵连甚深，即便对自己的所言所行失去信心，也绝不会推卸责任、甩手不干。或许是这对母子感动了我，让我在不自觉中对他们充满敬意，再加上个人经历的推波助澜，我愈加体会到母子关系蕴含的无穷力量。我试图用这种观点说服自己、驱除孤独，最终却难免陷入悲观。通过对孩子的脑部进行X光扫描，我们发现情况不妙，甚至是相当危险。孩子脑电波异常，还伴有癫痫性脑病综合征，在当时的医疗条件下，可谓凶险异常。接下来数月，孩子的临床症状没有任何改善，让人看不到一点儿希望。我一直在对他的血压和肾功能进行监控，可以说，除了这两项一切如常，格温奈尔的病情毫无起色。

他的母亲对此心知肚明，有时也不再抱有幻想，这与她素日的性情似乎有些矛盾。她坦言，自己知道孩子的病情十分严重，但接受这个事实更加困难。不过，每当面对惨痛的现实，她总能极力缓和气氛。她的脸上永远挂着迷人的笑容，只要想到“孩子依然活着”就会心满意足。看见她这副模样，我的内心总会隐隐作痛，我明知事情的真相，却没有勇气向她和盘托出。为了捍卫职业的集体荣誉？当然不是！只是在得知内情的一刻，我曾如此惊恐，我不想让她再受折磨。此外，我也担心她在孩子生病期间表现出的意志力与行动力会土崩瓦解。现在想来，我根本就是杞人忧天，竟会犯下如此大错！是我的判断出了问题？答案或许如此，因为在那个时候，我还未意识到受害者这一概念不足为信，无论有过怎样的经历，每个人都或多或少要为自己的命运承担责任。她虽然接受了现实，却一再表示“从今以后，一切都要靠我自己”。每次听到这番言语，我都会为她斩钉截铁的决心感到宽慰。对我个人而言，只有她的支持才能帮我渡过难关。还有一个原因也无须讳言，我希望借此熬过每一次问诊。

几个月后，大概是长期使用苯巴比妥的缘故，孩子发生抽搐的次数越来越少，最后症状完全消失不见。但除此之外，孩子的病情起色甚微，如果不是孩子母亲的提醒根本无法发现。她一次次告诉我：“他能抬起头了”“他能坐起来了”“他在床上翻身了”“他在爬呢”“他看过来了”……我巴不得她说的都是真的，但事实是孩子的情况并无改善，这让我心情沮丧，愁眉不展。根据我的观察，格温奈尔的病情极不稳定，身体机能完全失调。虽然不至绝望，但我亦难掩忧虑之情。在察觉到这一点后，她同样感到失望痛心。许是为了自我安慰，又或许为了寻求鼓励，她每次走前都会对我说：“我们只是运气不好，您没看过他状态好的样子。他之所以情绪不佳和难以支撑，是因为他困了。他一旦犯困就是这个样子。”而我的回答总是一成不变：“我相信您，您说的每件事我都深信不疑。没错，他应该是困了，我们继续努力。”每次说完，我还会再加一句：“无论过去还是现在，您为孩子所做的一切无人能及……”此言发自肺腑，完全不假思索。

我说这些话的本意，是想表达一种难以名状的同情。但随着时间的推移，我心中的胆怯与疑虑逐渐淡去，也不再会遭遇情绪失控的情况，这些话对我而言就具有了另一层含义。我惊讶地发现，自己的语气愈发有力、严肃、笃定；此外，我与这件事的关系也发生了变化，我竟然开始“相信”。是因为重复太多深陷其中，还是由于身为医生，病人临床症状的任何好转都会令我欣喜若狂、备受鼓舞？抑或是我毫无知觉、毫无缘由地改变了想法，变得连我自己都难以置信？或许三者兼而有之。但与此同时，孩子脑部X光各项检测的不祥征兆并未出现，也没有通过其他方式发作出来。我虽感到不可思议，并始终对此充满怀疑，却不得不承认，他的病情正在发生逐步、持续、真正的好转。在19个月大的时候，格温奈尔已经能够自行坐起；到了第22个月，他在哥哥们的注视下有了反应；等到第23个月，他的眼神变得更加专注，开始爬来爬去、牙牙学语；35个月时，我好容易说服犹豫不决的外科医生，为他治愈了困扰已久的疝气，自此，他已可以行走无碍。与此同时，他能够重复的单词越来越多，甚至开始与外界进行一些实质性的交流。我一一列举这些月份，看似荒谬可笑，但对于一个原发性脑病患儿实属难能可贵，他的情况不仅不可思议，而且完全无法用常理解释。

格温奈尔如今可谓众星捧月，家中的一切事务都紧紧围绕他展开。他的父兄努力分担着母亲的工作。哪怕条件再好，他们也不愿将格温奈尔送到收容机构。每当他的情况有所好转，全家人便如获至宝，仿佛自己取得了了不起的成就。久而久之，家中甚至充满了幸福的味道。格温奈尔的父亲是一名摩托车修理工，据我了解挣钱不少。安热尔、卡洛斯、拉乌尔都在中学就读，学业亦是可圈可点。拉乌尔曾有一个阶段令人头疼，他动辄闹事，行为叛逆，还暴躁易怒。“不过一切很快得以解决。”他的母亲告诉我，“我没有采取惩罚或训斥的方法对待孩子，而是不等圣诞节或他的生日到来，就送出了期盼已久的潜水表。”我从她那里得知，这家人对潜水和滑水情有独钟，无论冬夏，只要露出一缕阳光，他们就会在巴黎的池塘中玩耍一番。此外，她还是个爱马之人，这让我在时隔数年之后，终于明白为何初次见面之时，她要身着马裤马靴等奇装异服。由于格温奈尔的病情有所好转，邻居们也愿意照看他几个小时，一家人这才得以重拾昔日爱好。每逢周末，他们就会前往诺曼底看望孩子的祖父母。“他们有一个很大的花园，孩子们特别喜欢，哪怕一草一木都十分熟悉。”和谐的画面中，唯一的阴影便是祖母的态度。“她不喜欢我。她从来就没喜欢过我，这才是最糟糕的。她变得愈加疯狂，经常恶语伤人，甚至说格温奈尔不是我丈夫的孩子。我自不与她一般见识，何况我的丈夫也不喜欢她，有时他们会发生争执，他甚至曾经动手打她。无论如何，他总是和我站在一起。”

我没有当场对她的话提出质疑，我也不会这么做。我太信任她了，无论在什么情况下，我都能为她的所作所为找到理由。曾几何时，因为她的坚持，孩子三次起死回生。如今，即便这段往事多少有些遥远，我也不会忘记几个月来，她的顽强意志再次创造了奇迹，在医学束手无策的时候，她凭借一己之力扭转了孩子的病情。她拥有无比强大的力量，这种力量不仅真实存在，而且十分有益，令我钦佩不已。正因如此，我无论如何也不会相信这一切是子虚乌有。在我看来，一位无所不能的母亲，必先是一位无可挑剔的女性和妻子。这一观点与我幼时的经历息息相关，因为我的母亲就是如此形象。她还曾经表示，一位出色的女性尤其要心存善意，不能引起他人的争吵！这等觉悟，堪称典范，令人叹服，我还能说些什么？

如今回想起来，我才对其中的怪异之处有所察觉。是因为深入的思考、细致的分析，还是因为她去世已有三十年，时间足够久远？抑或是因为诸多幻想接连破灭？我也不知该如何回答。或许正是多种因素的作用，才促使我改变了看法。我没有变得冷漠，依然多愁善感。往事的每一个细节历历在目，每当忆及，总会牵动我心，令我震撼不已。一直以来，我都在试图减轻内心的负罪感，却始终无法做到。在写作本书的过程中，我本想对上述罪恶感加以解构，希望通过不懈的努力揭示背后的动因，看清身边的人事，并弄懂我为何受人摆布，犯下不该犯的错误，可惜我处处受限，终究未能达成心愿。

现在事实已经摆在眼前，这对夫妇十分厌恶孩子的祖母，却不顾路途遥远频频造访，理由仅仅是孩子喜欢那里的环境。在我看来，这样的借口实在不足为信。考虑到格温奈尔的身体状况，试问哪个孩子能比他更为重要？再者，作为一个深受孩子喜爱、直觉极其敏锐的母亲，她又何必对这些莫须有的需求如此上心？事实上，她完全可以，或者说本应将实情告知孩子，让他们承受由此带来的损失。不过问题随之而来：当一个论据出现问题，我们是否应当质疑这位母亲的所有论断？是否应该依据事实，重新审视她的言谈措辞？答案无疑是肯定的。但长期以来，我一直犹豫不决，既担心这样做会违背良心，也不愿承认此前的知心话掺杂了虚假的成分。更何况，她的所作所为无可指摘，即便她对婆家的氛围多有指责，但她毕竟多次前往，而且此举对她而言并没有多少直接的好处。

虽说怀疑不能带来确凿的证据，但我们依然可以继续探究，并对不同的可能性加以分析，由此来弄清整件事的来龙去脉。

首先需要关注的是她对争吵细节的重复，这也是我们一窥事件全貌的必然要求和基础所在。在此，我们需要回忆一些事情，比如那个关于下葬的梦境，而且要设身处地地加以思考。但这样做有什么用呢？尽管我们先入为主，对她给予充分信任，却可借机排除一些显而易见的错误选项。比如反复要求丈夫证明对己忠贞不贰，或是要他承诺自己的重要性高过婆婆。事实上，她并非斤斤计较之人，因此很少会有此类烦恼。如今看来，最有效的方法莫过于聚焦一家人关于格温奈尔的交流，毕竟最后的结论与他息息相关。更何况我们之所以进行研究，本就是对这位女士的人品德行、其丈夫的父亲身份以及他们一个孩子的血缘关系产生了怀疑，即便真相水落石出，也必须谨言慎行。

以上种种，就是孩子祖母出言侮辱的核心所在，当然，我们也可将其理解为一种疯狂的影射。由于侮辱和影射十分类似，为了加以区别，两者总是矛盾不断。可以说，相关指控无中生有，完全不值一提，但为何格温奈尔的母亲如此在意，感觉受到了极大的伤害？如果她认为自己经历的一切荒诞不经，又何苦小题大做，向一个外人倾诉衷肠？这样做或许能够博取同情，但也可能在不经意间招致他人的反感或是声讨。对于这一矛盾的做法，唯一的解释就是她并未将婆婆的咒骂视为一种抱怨，而是将其作为一个事实，既有发生的特定环境，也有可能引发不可预知的流言蜚语。因此，她需要坚决抵制，或是逐步适应类似情况的发生。

一言以蔽之，她的行为不过是对外界的一种反应，不仅悄无声息，而且千篇一律。此前，我的不少观点都对她产生了潜移默化的影响，这种影响体现在她与孩子面对面的交流中，反映在她为格温奈尔所做的一切以及她在母子关系中的主导权上。她曾向我表示，我不是唯一发现她任性妄为的人（事实上，我一直鼓励她这样做），但我愿意反复倾听，这对她来说至关重要，因为她需要借此确认自己的心愿，以便更好地完成任务、承担后果。

她处处以格温奈尔为先，如果她的心愿与此无关，又会是什么？他金黄的头发，与几个哥哥偏暗的肤色形成了鲜明对比；他奇特的名字，与全家人整齐划一的西班牙风格迥然不同。像他这样一个身有残疾、无法离开母亲的孩子，他人就算有心分担照顾之责，也是无能为力。他属于母亲，只属于母亲一人，以至于他无论如何都不像父亲的儿子。于是，祖母根据自己所掌握的妻子、产妇和母亲的常识，对孩子的身份产生了怀疑。在她看来，孩子之所以与父亲不亲，就是因为他是通奸所生。

说到这里，我们不得不再次提及婆媳关系。在移情机制的作用下，它不仅集中了所有母女关系的微妙之处，也折射出女人之间不可言说的情感交流。

日常生活中，婆婆对媳妇横加指责的例子何其多也。她们心怀嫉妒，誓死捍卫儿子的利益，不惜将儿媳深埋内心、自己都没有意识到的想法公之于众。为何她们有此胆量识人断物，并能做到一针见血、直击要害？这是因为她们拥有细腻的感知力和强大的洞察力，在研究女性行为上堪称专家，任何心思动机都无法逃脱她们的法眼。上述现象同样揭示了一个道理，即有些话只有女人之间才能心领神会。对女性而言，她尽可以愚弄一位粗鲁笨拙、幼稚可笑、懵懂无知的男士，却无法用同样的态度对待另一位女性。这并非出于偏执或是歇斯底里，也不是倚老卖老、心生妒忌或是争强好胜。说到底，它再次反映出女性神秘莫测的特质，她们彼此默契十足，对待事物有着相同的看法。无论内心的欲望有多强烈，如何令人神魂颠倒，她们总有办法加以掩饰，绝不会暴露自己的真实打算。这一招在现实中屡试不爽，以至于她们可以随心所欲、任性妄为。[1]也正因如此，她们只会向外界

1 这里也顺便解释了一个问题：为何只有男性才对色情兴趣盎然。因为在他们看来，色情有助于深入理解人生奥秘，他们希望借此将自己的所知所感用浅显易懂的方式表达出来。

呈现直观而具体的一面，私底下则对个人形象格外在意，对他人的评价极其敏感。如果她们有一天为人所伤，那么这个人一定也是女性。换言之，只有女人才能看透女人，才更加懂得欺骗的把戏。

如此说来，我们是否已经洞悉女性的秘密，发现了真实的状况？为什么不呢？这一成果并非毫无意义。此前我们之所以一无所获，主要是受到女性无意识行为的干扰，更何况女性之间还存在一种更为便捷的沟通方式，这在格温奈尔祖母的直言不讳中可见一斑。抛开可耻的通奸指控不说，她对儿媳的谴责并非一无是处。这是因为她善于占据道德的制高点，从而确保自己的观点为人信服。她所依据的不是个人看法，而是适用于所有女性，也包括儿媳的普遍真理。我们甚至怀疑这些固执、粗暴与冷酷的指责，是否足以表达她内心的妒忌与怨恨之情。

为了达到目的，格温奈尔的祖母会指责他的母亲移情别恋、不守妇道，因为这一点亦是她自己的行为底线，并适用于所有女性。她还会直斥其非："谁给你如此胆量，竟敢突破禁忌，为所欲为？对我们女人而言，无论过去、现在还是将来，这都是明令禁止的。你怎能背信弃义？你难道不该严于律己？你就不能坚守已有的一切，信守一贯的行为准则？

你已然越过雷池。看看吧，你正在享受我被剥夺的幸福，这种幸福我从未体会，未来也不会拥有，甚至连向往一下都要埋藏心底。我对你既恨且妒，既有羡慕也有埋怨。更可恶的是，你竟敢利用我的儿子，而他居然对你的荒唐表示赞同，仿佛早已知晓你内心的渴望。你怎能如此轻而易举地迷惑他？是你的诱惑产生了作用，还是你已摸透他的性情？在我看来，最糟糕的情况莫过于他出于愧疚才对你做出让步。作为他的母亲，这种愧疚之情在我心中由来已久，却始终未能压制或摆脱它的纠缠，以至于我的儿子无法不受到影响。虽然我并不情愿，但它却让我淡忘过往、远离故土，特别是疏远了自己的母亲。为了这个儿子，我从她身边逃离，与她渐行渐远。而你变本加厉，再次放大了这种愧疚。我虽佩服你的手段，却痛恨你触犯禁忌，我本以为你会谨守规矩，没想到最后还是明知故犯。其实我自己也是一样，是你迫使我认清了心底的渴望，让我意识到自身的背叛，为此我只能恨你。如果你反过来恨我，那也是公平之至。我们之所以落到相互憎恶的地步，乃是因为各自的责任。叛徒何其可悲！女性又是何等不幸！她们的一生充满欺骗，却在所难免，本性使然。这是怎样难以忍受且令人憎恶的命运！”

不难想象，这段虚构而疯狂的独白，将会招致怎样的反感；同样，尽管我措辞谨慎，但人们亦对我的观点充满怀疑。我此前曾经提到，女性会用一种约定俗成、心照不宣的方式进行交流，这种普遍的方式到底是什么？母亲为何要将孩子引入她的人生轨道？孩子又将何去何从？在这些问题上，没有人比我阐释得更加充分。[1]等到后文谈及母子关系、心理结构以及生死问题时，我还将对此再做说明。总而言之，上述结论都源于我的临床观察，具有很强的说服力。在问诊的过程中，我依靠只言片语就拼凑出了格温奈尔母亲的全部人生。

她出生在布列塔尼（Bretagne）的一个小村庄，这对旁人而言或许不难猜测。但各位既已读过前面的章节，大概能够想象我在得知这一信息时，该是何等的吃惊。我立刻意识到，自己错得离谱，而且由于固执己见、牵强附会，还浪费了大量时间。我本以为自己对这片土地知之甚深，如今却觉得完全陌生，甚至无法说出这里最基本的特征。我一直认为，布列塔尼女人都是强壮、丰满的金发尤物，这一印象源于我们雇用的几位年轻保姆，她们能够一把抱起两个孩子，一边胳膊夹着一个，在孩子完全没法动弹的情况下，

---

1 参见 *Une place pour le père, De l'inceste*。

将其从房间一直拎到浴室。如今，一位娇小、瘦弱和棕色头发的女子站在我面前，叫我如何相信她也是布列塔尼人？我彻底陷入了迷茫。

在获知上述信息后，我对格温奈尔的关注更进了一步。我突然意识到他的名字、金发以及异型体质从何而来。事实上，从格温奈尔开始，全家人的态度已经发生了改变，这种回归本源的取名方式自拉乌尔起也已初露端倪。当然，此时的我还远未触及或洞悉个中缘由，直到十余年后，我通过一点一滴的观察，才最终恍然大悟。虽然这样做有失厚道，但我必须承认，我之所以以这种方式讲述故事，就是不想提前泄露细节。我需要制造一些悬念，让各位了解我错得有多离谱，又是如何深陷其中难以自拔。我不知是否展现了自己幼稚的一面，但我由衷地希望能够达到目的。因为我太想证明一个道理，即无论处理具体事务还是理论问题，我们既不能被表面现象迷惑，也不可轻下结论或是失之偏颇，事情的真相远比想象更加复杂。

她告诉我，自己出生在布列塔尼，直到15岁时才离开家乡。她是四兄妹中的老三，上有两位兄长，下有一位胞妹，不过小妹“一直待在老家”。她描述得十分详细，但话到此处却是难掩好奇。至于她的母亲，她坦言对其知之甚少，与其鲜有交流。在她眼中，母亲内敛寡言，几乎可以说是孤僻冷酷，但与此同时，她又在千方百计为母亲开脱，说宽恕或许言过其实，不过至少也在为其寻找借口。我想，她之所以不愿吐露半句恶语，是因为拥有一颗金子般的心灵，这是我对她一以贯之的看法，此次也不例外。

然而，她的行为是否具有普遍意义？明明备受凌虐却拼命为母亲开脱，这样的做法是否有违常理？类似的女人不乏其人，她们凭空编造、重构着一个个动人的故事，一幕幕夸张的细节，希望以此为母亲的糊涂、无能和愚蠢正名，但事实上，她们却一直深受其害，备受煎熬。她们通过这种方式，塑造出一个热情洋溢、甘于奉献、令人钦佩、魅力十足的母亲形象。这是一个无法触碰、不可侵犯的人物，即便女儿们受尽欺侮，也不能对她心怀半点怨恨，因为她们深知一旦反抗，将会付出怎样的代价。世界上根本没有反对母亲这项罪行！从来没有，在任何情况下都不存在！因为这完全是十恶不赦的行为，哪怕稍有怀疑也会万劫不复。面对相似的命运，母女之间必须相互认同，以此来展现女性的团结。

如果我嫌弃自己的母亲，那就是在自我否定，乃至自我摧毁。长期以来，我一直希望像她那样生活，却始终无法达成心愿。我甚至不敢正视她真实的模样，因为她为我树立了一个光辉的榜样，这一形象无处不在，它萦绕于我的脑海，左右着我的行为。不，我不能生活在欺骗之中，我不能单凭表象建构我的人生，这将是多么可怕的事情！为了符合形象改变自己，这绝不可能！我不会做出这样的选择。我希望不断成长，但却总是原地踏步，停留在刚刚出生的那段时光：在我眼中，母亲的声音、气味、笑容乃至脚步就是全世界最美好的事物。换言之，贬低她就是贬低自己，毁掉她就是毁灭自身，轻视她就是瞧不起自己，而审判她不仅意味着自我审判，还会将自身置于被告的险地。我简直无法想象，有一天我不再能够感受被爱的滋味。如果我始终不愿承认母亲温柔多情，那么我的情感又与荒漠有何差异，我甚至会怀疑自己能否为人所爱。有时我自以为心思澄明，但现实总与主观愿望背道而驰。我注定败下阵来，而且这个失败者只能是我。是我令她大失所望，是我未能达到她的要求、满足她的期待。是我，一个忘恩负义、愚蠢自私的家伙，不会欣赏她的美好，不够了解她的为人。我就像一个被宠坏的小女孩，动辄乱发脾气，令人无法忍受。

顾名思义，母亲就是一种无懈可击的存在。人人对此心知肚明、双手赞同，并在各种场合大加宣扬、反复强调。不是吗？人们赞颂母爱的崇高，措辞夸张堪称登峰造极，社会也在极力吹捧母亲的伟大，还有人将其视为一切道德的基石，或是一剂缓解不幸的良药。除了像我这样的傻瓜，谁会看到她浑身的缺点？不过我也准备闭嘴了，这才是我最佳的选择。我要隐藏自己的观点，改正错误、反躬自省，只是希望这样做不会太迟。

从上述独白可以看出，女儿总在极力压制自己的诉求，即便这些诉求再合理不过，她们也不愿向外界吐露，并且还会编造各种理由为长辈辩护。在同样的情况下，她们的兄弟会奋起反抗，通过一切方式挑战父亲的权威，但社会舆论却不允许一个女孩与她的母亲发生正面冲突。一旦发生类似的事情，势必造成混乱，后果不堪设想。对男孩而言，他们需要借助母亲的支持对抗父亲，因此无论年龄几何，他们始终对母亲怀有无限的眷恋，任何针对母亲的批评，哪怕再微不足道，他们也要尽力将其消匿于无形。在一个男权社会中，这种心理十分普遍，同时也是一种必然。男孩会在母亲的默许和支持下，随时随地打压自己的姐妹。而他的姐妹，或者说是女性群体，对此别无选择，唯有忍气吞声。在外人眼中，女性可谓占尽便宜：她们不是体验了性爱，又获得了快乐吗？尽管她们很难得到社会认可，也从未认清自我，更没有尽到做女儿的本分，但一旦她们成为母亲，就会收敛锋芒，尽显奉献精神，同时对子女千依百顺、无微不至。她们始终对过去难以释怀，千方百计想要抹去旧日的痕迹，然而她们不知道的是，往事总会以一种出人意料的方式浮出水面，她们最好时刻警惕，否则必将反受其害。届时人们甚至会认为，她们与母亲达成的和解、对母亲的奉承，不过是为了掩饰内心难言的恐惧，以及令人憎恶、贪得无厌的本性。在我看来，过往的意义还不止于此，它将对女性诞育后代产生影响，特别是对孩子的性别起到决定性作用。

她接连生下几个男孩，这是她唯一的反抗方式。她一言不发、逆来顺受，却拒绝复制自己一直以来默默忍受的母女关系。我相信她之前流产的均是男胎。她应该曾向母亲许诺，一定会为她生下一个女孩，希望以此重建母女间的情感联系。但事实上，和谐的母女关系从未存在，这一点从她揶揄小妹"一直待在老家"可见一斑。她一次次地食言，而这一次，她大概发现怀上的依旧是个男孩，于是计划再度打胎。她很清楚，自己始终没有放下芥蒂，因此无法履行对母亲的承诺。不过她没想到的是，产科医生发出了"不准流产"的警告。一直以来，她都是如此令人放心，她也相信自己生性温顺，但面对这样的状况，她只能再次违逆母亲的心愿。在此之后，她又数次流产，原因多种多样，有时一些意外状况也能对她造成困扰。当格温奈尔出生时，她固然不会因为他是男孩而大惊小怪，但这个孩子一头金发，在样貌上与其他兄弟截然不同，她是否会感到讶异呢？这个我也不得而知，因为我们从未谈及这个话题，我只是猜想她会暗自得意。或许与她面对的一大堆烦恼相比，这个问题实在微不足道；或许她选择坦然接受，毕竟在整件事中她并非完全无辜；或许她愿为孩子付出所有，包括为他选取一个别具布列塔尼风格的名字：格温奈尔；或许她认为自己亏欠母亲的虽未还清，不过至少已偿还了一半，在名义上总是聊胜于无。总之，虽然一切看似言之成理、逻辑严密，但事实却是我们尚未抵达最后的真相。

比如她曾讲到，她的婆婆对孩子的名字颇有微词，却只字未提自己的母亲对孩子抱有何种态度。或许她善加掩饰，能够编出一些热情洋溢而又鼓舞人心的话语，但我从未信以为真。因为后来她又向我讲述了一个故事，在我看来，这是个彻头彻尾的悲剧，并为日后的不幸埋下了伏笔。如果母女关系真像她描述的一样融洽，她又怎会煽风点火，还为此幸灾乐祸呢。

她的母亲17岁时曾因一段露水情缘产下一子。在那个年代，未婚生子即便不是惊世骇俗，也是十分严重的丑闻。

她母亲的家人对此大为光火，为了挽回颜面，避免名誉扫地，他们决定放她母亲远行，换句话说就是将她母亲逐出家门。他们很快为她母亲在巴黎找到了一份乳母的工作。[1]考虑到路途遥远，可能导致停奶，家人就让她母亲的妹妹和孩子随行，以确保她母亲能始终分泌乳汁，等到了巴黎，妹妹再带孩子返回家乡。然而，就在回程的火车上，孩子因为又冷又饿不幸夭折。家人对她母亲隐瞒了这个消息，直到几个月后，她母亲才意外获悉这一噩耗。她母亲随即辞去工作，返回自己的村庄。后来，她母亲嫁给了一个年长的男人，只因他是第一个肯接受她母亲名誉受损的男人。她母亲愈加沉默，整日过着幽居的生活，并接连生下四个孩子。她很少谈及她的父亲，从她的只言片语中我了解到，这个男人谨小慎微，为人再平庸不过，虽然像她母亲一样话少，性情却十分温和。在所有孩子里，他最喜欢她，因此她一直照顾父亲直到他寿终正寝。

事实证明，整个故事与我的想象完全契合。可惜的是，即便我们能够一窥全貌，却仍不足以获取更多发现。一方面，我已尽到全力，只是无法达成目标；另一方面，这也

1 在那个年代，乳母的职业十分普遍，甚至广受重视和欢迎。因为母乳几乎是婴儿所有食物的来源，如果母亲奶水不足，就必须雇用乳母喂养孩子。

反映出我对重要细节的洞察力严重不足。通过对整件事的还原，我们收集了不少珍贵的素材，能够大致勾勒出事情的来龙去脉。这样做的好处固然不可忽视，但也留下了大量空白。比如几位当事人的年龄、排行，包括夭折婴儿在内的所有人的姓名，以及当时的社会和家庭环境，尤其是祖父母家的情况等。此外，收集整个故事的时间和情境也不可或缺。事实上，一部家族史是否真实可靠，很大程度上取决于亲历者的人品及其重构的方式。

我们在前文曾经提到，孩子的性别分配折射出母亲与自己母亲的真实关系。从格温奈尔的外婆连续生下三个男孩，我们已经可以对格温奈尔的外婆与其母亲的关系作出判断。此外，既然她曾因“失足”遭到家族的流放，那么格温奈尔的外婆的父母势必对此有过一番讨论，如果我们能从中获取更多细节，对研究也是大有裨益。就拿格温奈尔的外婆的父母来说，谁的观念比较极端？谁的情绪更加激烈？格温奈尔的外婆的母亲是否如女儿所愿，给予她应有的理解、保护和关心，还是过早地屈从于父亲的绝情？

当然，以上只是猜测，并没有确凿的证据。不过我们可以肯定的是，在第一个儿子不幸夭折后，格温奈尔的外婆又接连生下两个男孩，这足以说明她对母亲的怨恨有多深厚。

格温奈尔母亲的出生意味着两人恩怨的一笔勾销，或许她自己也没意识到与母亲旷日持久的冲突，但她们总算可以冰释前嫌。然而接下来发生的事情表明，母女关系再次交恶，而且两人再未和好如初。在为人处世方面，她与母亲十分相似。她一向喜欢自作主张，可惜从一开始就付出了惨痛的代价，于是她下定决心不再重蹈覆。通过生下一个女儿，她不仅可以延续自己的冒险，还可以向世人展示自己遭受的虐待。那些未曾从母亲处获得的关爱，她都要在女儿身上一一弥补，那些曾经忍受且深恶痛绝的暴力，她也要一一揭露，从而引起整个社会的高度关注。

如果一位母亲在生育多名男孩后诞下女儿，这或许能够证明，她急于与自己的母亲重归于好，恢复女性之间的代际传承。但除此之外，她还可以迫使母亲做出让步，从而占据强势的地位。在这种情况下，女儿的妥协只能被期待、认定或理解为一种工具和手段。她们与那些简单复制母亲的女性截然不同，如果后者表现良好，就会备受宠爱，她们会不断校准方向，试图成为幻想中母亲完美的克隆。但这注定是一场自食恶果并且难以完成的任务，无论她们如何努力，都不可能得到满意的结果，因为她们根本无法恢复母亲的躯体，再也不能源源不断地感受安详、愉悦和无私的母爱。更糟糕的是，她们会陷入可怕而无望的沉默，最终无法自拔。

一直以来，我们都对格温奈尔的母亲知之甚少，这次也是一样。我们不知她是否曾经通过复制母亲的人生，来博取后者的欢心与认可。事实上，在15岁那年，她就接受父母的安排来到巴黎，成为一位医生的全职女佣。与母亲相比，她离家的时间更早，虽然没有犯下“失足”的过错，也不曾遭受婴儿夭折的打击，但无论如何，这些都将对她的未来产生影响。即便是复制母亲的人生轨迹，也需要有所校正，这难道不是整个计划的题中应有之义吗？对此，母亲接受起来毫不费力，女儿们则暗怀心事，希望通过自己的顺从和对卓越的追求，换回母亲些许赞赏、感激或是认可。当然，我们可以认为，格温奈尔母亲的经历不过是一种巧合，是各种因素共同作用的结果。毕竟，布列塔尼是著名的劳动力输出地，这个年轻女孩的命运与其他人相比也并无不同。但这一切是否经过了核实？说到这里，我又跑题了，同时叙述两个故事总会彼此干扰。为避免打断我的话题，也因为相关内容太过丰富，我就不再一一赘述。不过，对于那个被她形容为“一直待在老家”的小妹，我还会在后文评价几句。

纵观整件事情，格温奈尔母亲表现出的坚持，似乎是在小心翼翼地掩饰什么。这也从一定程度上证实了我的猜测。比如她所陈述的事实中，就存在着不少含混之处。同样是离家远行，有人被迫而为，或是听命行事；有人则是获准外出，或者接受邀请。有些女孩“很自然”地获得了家人的支持，对她们而言，追随母亲的脚步不费吹灰之力；而另一些女孩则必须强迫自己接受现实，仿佛她们已被吓破了胆子，深知自己别无选择。在某些人看来，这是美事一桩；但在另一些人眼中，这无异于一种折磨，不仅毫无预兆，而且永无休止。

在讨论母女关系时，我们经常会遇到一种悖论：如果我事无巨细地描述母女间的暴力，并将其归咎于母亲的专横和女儿的反击，那么就等于预设了一个前提，即母亲只有女儿一个孩子，或者母亲对待所有女儿都一视同仁。长期以来，这样的错误认识一直大行其道，着实令人遗憾，我本该挺身而出，将真实的情况广而告之，但我始终没有采取行动，即使在写这本书时，我也并未满足于简单的纠错，这难道是一种偶然吗？当然不是。因为我的工作是向人们解释问题，从最简到至难无所不包。上述问题令我十分费解，我想暂且搁置，等到合适的时机再对这一独特的现象加以阐述。

虽然这样说显得既重复又唠叨，但我还是想要强调，如果一位母亲生养了多个女儿，那么她的专断决不会仅仅针对其中一人，她会根据女儿的具体情况发号施令，而非依据孩子的出生顺序。因此，她选中的目标可能不是最大的孩子，而是老四、老二或是老五！需要指出的是，如果是一位父亲面对多个儿子，情况也不会有太大差别。但是，儿子能够享受，或是经常享受母亲一视同仁的保护；女儿就没有那么幸运，父亲对她们的保护只会在母亲的固执与刻板面前败下阵来，母爱如此汹涌，任何人都无法阻止，任何举动也难以在母亲面前蒙混过关。

需要指出的是，在众多姐妹之中，与母亲排行相同的那个往往会被优先选中。通常来说，大女儿不会得到母亲太多的青睐，因为她的诞生往往是母亲与上一辈亲属达成共识的结果，她不是为外婆而生，就是为祖母而来，要不就是满足了某位姨妈或是教母的愿望。当然，二女儿也有可能因为同样的理由出生。就这样，母亲不断屈从于亲属的压力，直到耐心消失殆尽，她就会自己做主、选择想要的孩子。不知人们是否发现，怀孕期间，夫妻生活会变得格外充实，两性关系也变得日益融洽。虽然我们并不认为，人体存在一种虚拟的机能，能够制造欲望，调节孕期的心情，但这并不妨碍我们找到一些模糊的证据。当然，这些模糊的证据还远不能证实上述猜想，其数量和特性也不足以支撑缜密的研究，比如影响心情的因素多种多样，其中到底存在哪些细微的差别，我们就不得而知。

尽管如此，我们还是可以得出一个具有规律性和普遍性的结论：如果说受到母亲管束的女儿会对其他姐妹充满嫉妒，那么后者则会因为失去服从的机会而感到失望和遗憾。在她们看来，自己受到了区别对待，这一点尤其令人无法容忍。那么，处处被母亲控制的女孩就没有理由抱怨自己的命运吗？当然不是。她们对自由充满渴望，并为此发起抗争。至于那些被母亲冷落的女孩，自由对她们而言唾手可得，但她们却在哀叹母亲的放任，并自认为受害不浅。我们不禁要问，自由必须通过争取才能得来吗？如果答案是肯定的，就会出现两种情况：一种是被束缚的女孩会更加坚定对自由的向往，表现出前所未有的创造力；另一种是她们会变得愈加顺从，从此畏缩不前。不过在实际生活中，事情并非如此简单。可以肯定的是，做女儿比做母亲要容易太多。只有忍常人所不能忍，才能造就生命和人类。反观儿子与父亲，他们就不曾拥有如此令人羡慕的经历。再说，无论一家人的关系如何亲密，总会存在这样那样的问题，过去、现在和将来皆是如此。

我在前文曾经提到，母亲试图将人生投射在女儿身上，让后者成为自己的翻版，她通过向女儿发号施令抵抗死亡的恐惧，维持心中对永生的幻想。女儿亦毫不畏惧，针对母亲的行为做出一系列反应。当母亲展现出无所不能的特质，或是为了自己的执念对女儿施加过度的保护时，后者就会产生希望母亲离世的想法[1]。除此之外，她始终依恋着母亲，虽然日后她会背叛这位“初恋”，但她所经受的考验，已经足以补偿心中的愧疚。正所谓一报还一报，再公平不过。她之所以为所欲为，也是因为心里清楚，自己永远也不会遭到拒绝。对于那些不愿听命于母亲的女孩，情况则会有所不同。同样是背叛自己的“初恋”，她们会感到无所归依，心中充斥着强烈的负罪感。正因如此，她们才会拼命讨好母亲，一丝不苟地重演对母亲的眷恋，并且力求尽善尽美。但无论她们如何卖力，都不能改变与母亲渐行渐远的事实，也无法让自己的努力得到应有的肯定。

面对母亲，是背叛还是忠诚？一朝背叛，是坦然接受还是心怀愧疚？无论做出何种选择，都与“初恋”的性质、演

1 这里所说的并不是一种真正的愿望，也不是需要付诸实践的明确想法，只是想象一下母亲过世后自己的样子。无论从频率来看，还是从想法来衡量，这都是一种无意识状态。

变及其陷入的僵局息息相关。

我们是否有必要再次强调，对母亲的爱恋源于天性，展现了亲子之间的持久牵绊？母亲因为这个小小的生命焕发生机，而女儿既能让母亲远离死亡的威胁，也能通过阻止母亲行使权力而将自己推向死亡的深渊。[1]这一切不过是时间问题，随着孩子的生存能力与日俱增，她终有一日会发现自我，这让母亲又是恐惧又是惊喜。其后，女儿会切断与母亲的联系，成为一个独立的个体，也就是拥有了属于自己的身份。

但是，这一时期也是母女矛盾的集中爆发期，无论女儿在家中排行第几、处于何种地位，都难免与母亲发生冲突。

每个女孩都会在幼时经历这样一个阶段，她深深地依恋着母亲，但又害怕无法摆脱母亲的羁绊，成为真正的自己。她们深知自己从何而来，也明白自己正被塑造成母亲的样子，不过依然会产生诸多疑问。从这些并未经过精心设计的问题就能看出，她们的焦虑超乎想象。最初她们会自问“我是谁”，很快她们又对“我是否还是我”产生了怀疑，接下来她们会继续追问：“这还是那个真实、鲜活、自主、可靠

1 需要强调的是，母亲的控制并不会随着时间的推移有所减退。我在前文曾提到小费南迪和他的外婆、姨外婆。这两位一直将母女情分视为人生的寄托，她们花样百出，就是为了重温旧梦，将母女间的同性之恋延续下去。

的我吗？或许这只是想象？因为只有幻想中，我才能上天入地、无所不为。”

这是一种难以名状的焦虑，我曾在问诊时见过，不过却发生在两兄弟之间！当时的情形令我终生难忘，同时也让我忍无可忍。兄弟俩大的七岁上下，小的不到四岁，从始至终，哥哥一直在攻击弟弟。他们的母亲非但不阻止，反而喜不自禁，并为兄弟俩过剩的精力感到自豪。为了尽快平息这场争斗，我曾向她提出一些中肯的建议，但无济于事。从这位母亲的深层动机来看，孩子的嬉闹让她格外满足，因此无论我说些什么，她都不愿付诸行动。随后，我又尝试与孩子的父亲进行沟通，但同样收效甚微。他似乎也对这场争斗喜闻乐见，在他看来，既然哥哥对弟弟充满厌恶，那么为了解决兄弟相处的难题，拉近彼此距离，这也不失为一个可行的办法。可以说，我的每次问诊都充斥着争吵，即便有我在场，兄弟俩也能斗个不停。

我一点儿都不喜欢母亲那享受的眼神，反而更加反感哥哥暴虐的态度，每次我都会挺身而出，大声斥责。唯一令我感到意外的是被欺负的弟弟。他看起来既温顺又可怜，每当我为他出头，他总是居中调停，甚至公开站在哥哥一边。我从来不相信什么施虐者与受虐者同感快乐的见鬼理论。在我看来，之所以出现这种奇特现象，完全是兄弟俩的家庭教育出了问题。于是有一天，我决定冷眼旁观，不再随意介入纷争，以免落入他们的陷阱。果不其然，两个小孩刚一到家就开始了较量。弟弟才拿起一件玩具，就被哥哥夺走，按照后者的说法，玩具是他第一个发现，也是他想玩的。弟弟毫不抵抗，立刻拱手相让，又找出家中的天平玩了起来。哥哥再次将弟弟赶走，他依旧逆来顺受，爬到摇椅上安坐下来，结果毫无意外地被哥哥驱逐。两人的角力持续不过几分钟，速度之快令人瞠目，整个过程充斥着暴力、臣服、折磨，实在让人无法忍受。最后，退无可退的弟弟在房间中央站定，小手背在身后，大大的棕色眼眸中满是可怜的神色，就连扑过来的哥哥也停住了脚步。只听弟弟对哥哥说："你是我吗？我呢，我难道是你？你不是我，我也不是你。你来告诉我，我是你吗？你是我吗？也许我就是你？但你并不是我？也许你就是我？但我并不是你？也许你只是你自己？告诉我啊，你知道的，不是吗？你能告诉我吗？"我在一旁惊得目瞪口呆，我简直不敢相信，一个孩子竟能提出如此智慧的问题，而且思路清晰，一气呵成。他始终站在那里，目视上方，仿佛把全世界的庄严与绝望都写在了脸上。他的母亲像往常一样傻笑起来，他的哥哥则搓着双手，向我转过身来，他的眼中充满惊愕，难掩沮丧。他走到沙发前坐了下来，随即陷入冥想，仿佛在默默思考一个未解之谜。

小家伙的绝地反击不仅镇住了一个七岁的“恶棍”，也让我为之震撼不已，这足以说明他的举动不同凡响，任何人都不能对此无动于衷。此外，它也佐证了一个道理：当一个人面临生存考验，尤其是与外界的初始关系遭到挑战时，他一定会挺身而出，因为这会让他感到失去了自我。

当母子之间不可避免地出现类似问题时，男孩往往能够妥善解决，他只需表明自己与母亲性别各异，就足以摆脱母亲的羁绊。这一点在一连串的事例中都得到了证实。当然，分离也会引发嫉妒和焦虑，因为双方虽然差异明显，但彼此切割依然令人难以忍受。[1]对男孩而言，他无须花费太长时间，也不用付出太多努力，就能明白自己是自己，母亲是母亲，两者毫不相干。他还会发现，自己与父亲更为相似。在这一问题上，他绝不会因担心发生混淆而感到恐惧。原因非常简单，也很好理解：即便他与父亲亲密无间，对他充满

1 为了化解焦虑，男孩们配备了各种攻击性的玩具（剑、手枪、冲锋枪、火箭弹等），并把自己想象为超级英雄（蜘蛛侠、超人、蝙蝠侠，——差点儿忘记我们可怜的佐罗）。此外，他们还喜欢与怪兽打交道，因为可以随心所欲地摆布它们（对了！就是恐龙！）。以上都是男孩的玩具，而女孩之所以对此毫无兴趣，既非出于偶然因素，也不是因为家长设下禁令，而是因为她们从未感受到被阉割的恐惧。

依赖，但就像我此前指出的，对男孩而言，父亲始终是一个完全陌生的第三者：他从未孕育过他，也不曾将“感官字母表”传授于他，只有拥有这个字母表，两者之间才能建立起沟通的渠道。

身为女孩，生来就注定受人摆布，这样的宿命经常会让她们陷入悲剧。只因多了一个小小的器官，男性就能凌驾女性之上。这一器官对女性作用有限却不可或缺，她的兄弟能够从中获益，而她却只能抱憾终身。说到底，器官微不足道，它所代表的差异才至关重要。多亏有它，它的主人方能避免可怕的混淆，虽然他们有时心态复杂，甚至因为无法复制母亲的人生而气恼不已。终其一生，女性都为无法拥有这一器官感到遗憾，并试图通过维持一段充满激情的关系弥补缺憾。上述问题曾引起不少女权主义者的兴趣，她们不惜损害自己捍卫的事业，对此进行了深入研究。可惜由于话题微妙，最终造成了不少误会。

说到这个问题，我们就不能回避弗洛伊德著名的“阴茎妒忌”（penisneid）理论。它对上述现象进行了全面的阐述。为此，弗洛伊德还受到一些女性心理分析学派的驳斥，后者认为，这些关于女性的言论完全暴露了他的大男子主义倾向，事实上，女性十分享受性别带来的乐趣，根本无意改弦易辙，也无须通过站着撒尿来满足自己的虚荣心。以上纷争表明，如果我们只是一目十行、浮光掠影地阅读弗洛伊德的基础理论，不仅将对其产生严重的误读，还会将思维的混乱扩散到其他领域，届时我们不但难以认清真相，也不愿再走出错误的认识。

我们还是将目光聚焦刚刚提到的那个不到四岁的小男孩吧。他关于身份认同的一连串诘问令我又惊又羡，也让人们由此联想到一个问题：无论是对母亲的命令俯首帖耳，还是默默忍受母亲的冷落，这两类女孩都面临着一个共同而又迥异的难题：她们始终对身份认同存在矛盾心理，却永远不可能拥有一个区别于母亲的器官，因此只要能力所及，她们就会拼命争取。说到底，这也是一件好事，毕竟此举有助于激发她们对伴侣的兴趣，后者能够满足她们的愿望，让她们心甘情愿地与自己发生关系。[1]不过，当女性受环境所限，无法找到一个合适的伴侣，她们也只能回归最初的同性之恋，

1 在此方面，无论母亲、儿媳还是婆婆，都有着共同的经历，这也成为她们相互理解的一座桥梁。如今，我们不仅对上述问题有了进一步了解，更加明确了影响夫妻关系的性功能障碍到底因何而起：如果一位男性在年幼时依恋母亲，甚至愿意为她放弃睾丸，只因这一器官造成了母子差异，那么当他面对一位与母亲相似的伴侣时，心理就会产生障碍。如果一位女性与母亲亲密无间，始终保持处女之身或是刻意压抑内心欲望，那么她也不会对伴侣倾注太多热情。前者将性交视为例行公事，在最好的情况下也不过匆匆了事；后者则是被动接受，仿佛在对男性器官进行羞辱，并以自己的无所畏惧表达对母亲的至高崇拜。

并将其作为自己的唯一选择。如果有朝一日怀孕生子，她们会把孩子视为一种补偿，为他/她的到来欢欣鼓舞。无论孩子是男是女，她们都会百般呵护，并找出各种理由为自己的宠溺辩解。但需要指出的是，孩子的一生要经历许多不同阶段，如果母亲期待太甚，难免适得其反。一旦孩子有挫败感，就会表现出极度的焦躁。

我之所以有此发现，还要拜一个名叫莱亚的三岁小女孩所赐。当时，她每隔三分钟就要小便，我对她进行了详细的检查，却没有发现任何症状。我于是将结论告知她的母亲，就在我们交谈时，她走进诊室，手里还拿着一个从候诊室顺来的、带有生殖器的玩偶。待到问诊结束，她坚决拒绝将玩偶交还，明确表示自己要将其带回家中。这本应是个微不足道的小插曲，却因母亲的过激反应变了味道。她表现得怒不可遏，不顾场合地大发雷霆。整个过程中，她脸色铁青，仿佛女儿犯下了什么滔天大罪，并坚持要把玩偶从她手中抢夺回来。就这样，母女形成对峙之势，吼得一个比一个响，抢得一个赛一个凶，谁都不愿做出让步。我耐着性子在旁等待，期待事情有个简单的了结，却在无意中扫到母亲愤怒而谴责的眼神。在松开玩偶后，她冲我微微一笑说："她的运气很好，只要开口就能得到想要的东西。有人一生都在苦苦求索，最终却一无所获。”在我看来，她这是将自己纠结许久的想法和盘托出。果不其然，数周后传来消息，莱亚一切安好，且再未对她拿走的玩偶表现出丝毫兴趣。

在社会固有观念的影响下，男女往往会被区别对待。在上述故事中，这一点表现得尤为明显，而且意味深长。女孩无时无刻不在遭受歧视，时日一久，她们就会将求助视为必然，用柔弱换取同情。如果能够拥有一位清醒、高尚、可爱、自由且乐于助人的母亲，那才真是女儿的福气。她的眼光必须不同凡响，让人沉浸在幸福之中。她就像一面魔镜，时刻关注、宠溺着自己的孩子。

“魔镜，魔镜，告诉我，我是不是世界上最美丽的女人……”我们都在童话中读到过类似的情节，但这些故事也在适时地警示人们，过分在意外界的评价并非好事。无论是魔镜的恭维，还是母亲的目光，都会对人们的心理产生影响，尤其是母亲宠溺的目光！它既能让人沉醉其中，也能如魔镜一般与孩子展开密切的互动。不过，与魔镜不同的是，当母亲凝视着女儿时，女儿能从眼神中汲取她所需要的一切，而母亲也在女儿身上看到了自己的模样，她的大脑一片空白，彻底沦陷在这双眼睛的光芒之中。母亲的眼神能够起到抚慰与启迪的双重作用，不过一旦越界，难免产生令人遗憾的效果。如果她只顾孤芳自赏，那么纵使魅力四射，也会让孩子感觉遭到了遗弃。在第一种情况下，母亲的眼神中满含补偿之意，她仿佛在告诉女儿，自己将帮她渡过难关，弥补不足。在第二种情况下，她试图对女儿做出补偿，因为她的眼神暴露了内心的想法：她自己尚有不足，并将这种缺陷全数传给了女儿。无论如何，母亲的眼神会让女儿产生一种自恋的情绪，因为只有懂得珍爱自己，才能学会去爱他人。

不过，世上的事情从来就不简单。我曾多次说过，每当完成一件事情，人们的行为往往会对自身产生连锁反应，因此，那些试图把人生定格在某一特定时刻，并对其进行精确研究的想法，都无异于痴人说梦。如果我们只将目光锁定在一幅静止的画面，就会割裂事件的前因后果，也无法从整体上加以把握，进而做出正确的判断。我研究的是母女相处之道，之所以有此一说，就是不希望大家对我的研究方法产生误解，认为这不过是些旁门左道，得出的也只是粗浅而扭曲的结论。弄清事情的来龙去脉，总要有个开头，我会将其他问题放在一边，将重要观点一一道来。

可以说，补偿的眼神代表了母亲对女儿的承诺。无论恼怒还是欢喜，母亲都会答应女儿，自始至终关注着她的成长。需要指出的是，母亲的目光至关重要，从孩子落地的一刻，就决定着她日后的性别认同。如果一个女孩被人高估，而且她也乐于接受这样的评价，那么她难免被冠以“男性化”的称谓。这一冷僻词如今成为人们的日常用语，或许从某种程度上反映出求助心理医生的人数在与日俱增？无论如何，这表明女儿心甘情愿成为母亲耀武扬威的工具——当然除此之外，她还有别的选择吗？久而久之，她就会相信，自己实力雄厚、无所不能。如果她对外人别无所求，且对这种独特的母女关系十分满意，那么她既不会对当前处境产生怀疑，也不会因为自身缺失备受折磨。在童年时期，她们时时惹人厌烦，处处以公主自居，谁的话也听不进去。长大后，她们变得愈加高傲冷酷、独断专行，对一切超出兴趣范围的事物都无动于衷。

如果在童年阶段，没有人指出她们的错误，纠正她们的误区，改变她们的人生轨迹，那么她们终将成为冷漠无情、极度自恋的女人，并对他人造成巨大的困扰。她们动辄指手画脚、自高自大，影响心情不说，还会妨碍他人，简直讨厌到了极点。她们集各种奇葩心态于一体，如果少了外界的阿谀奉承，简直就要活不下去。令人费解的是，虽然她们经常受人吹捧，却依然热衷于追名逐利，总想占据至高无上的社会地位。如果不是为了迎合潮流，或是为自身权欲正名，她们既不会口吐怨言，也不会求助于心理医生。至于怀孕生子，这要取决于日后的际遇，一旦内心的确定性产生动摇，她们就会做出不同的选择。当她们生下女儿，首先要做的就是摆脱父母的束缚，然后将毕生所学倾囊相授，并将自己的信念悉数灌输给孩子，如此代代传承，直到永远。在前文中，我曾提到四类母亲，最后一类便是如此。她们造成的危害日积月累，难免祸及后世，男孩受害尤为严重。

不过，如果母亲的眼神不再带有补偿的意味，问题也并未因此迎刃而解，反而变得更加棘手。因为母亲的眼神对女儿不可或缺，女儿会从中感受自己的存在，确认自己的身份。或许她凝视良久，却一无所获，或许她只在母亲眼中看到了恼怒与沮丧。但她别无选择，她深爱着母亲，如果付出无法得到回报，这对她而言简直不可想象。当然，母亲绝不会让她失望，母亲的眼神中饱含温柔、奉献，以及女儿期待的所有优点。这一切看似恰到好处，但由于双方的理解各有不同，落在女儿眼中，就可能成为一种失望的情绪，一种假意的敷衍。在特定的环境下，女儿会将母亲的反应解读为“没完没了！”认为母亲虽极力掩饰，却已然无法忍受。除此之外，她还会想象出各种言外之意，比如“我已经付出够多了”“你简直与我的婆婆一模一样”，或是“连我都不敢违逆母亲，你竟敢背叛我”。更有甚者，会认为母亲旧事重提：“我该如何应付那些盼我生子的人们？”“你让我想起来了当年的妹妹。”如果说这些想法尚可接受，那么以下猜测着实令人忍无可忍：“既然你都来了，我又有什么办法”，除此之外，还有更过分的：“我又不能把自己分成几半，我已是仁至义尽”。

类似的例子不胜枚举，都被女儿用来描述自己与母亲的关系。我在诊所里多有耳闻，但每个人的情况有所不同，我也无从得知还有多少具体案例。可以说，即便是双胞胎姐妹，与母亲相处的感受也是截然不同。在前来就诊的患者中，有人提到母亲就会气愤不已，有人则带着一肚子诉求而来，虽是老生常谈，说起来却滔滔不绝。尽管如此，大多数人依然表现出对母亲的支持，言谈中也不无维护之意，仿佛每个人都怀有一种隐秘的恐惧，不敢将心中的怨恨一吐为快，只是将其约束在合理的范围之内。她们通常会说：“这就是为什么我会变成这样，”随即加上一句，“我本可以更好，假如……”但话音未落，她又会急着辩解，“现在这样已经很好，总比一无所有强上许多。”

总而言之，每个人都在以自己的方式接纳和包容母亲，她们尽可能掩饰内心的沮丧，尝试着摆脱命运的安排，久而久之，她们就会明白，自己是如何在幼时受到母亲的禁锢。事实上，一个自恋的人和一个自我满足的人，她们的成长轨迹截然不同。鉴于人们的争论尚停留在表面，女儿也只能从早期教育中发现缺陷，这种缺陷伴随着她的成长，在她的一生中都将留下痕迹。她在身体构造上与母亲完全一致，但情感交流方面，她却无法找到能够替代母亲眼神的精神慰藉。最终，她会发现自己身无长物，既不能自我安慰，也无法欺瞒他人，甚至连心存幻想都不可能。换句话说，她一无所有。这会让她长时间地陷入思维混乱，无法将自己与母亲区分开来，同时也会阻止自我意识的培养。上述危险并非空穴来风，而是真实存在，并将对心理发育形成抑制。一旦类似情况反复发生，就会对女性造成困扰，她当然不会置之不理，迟早会对周围或更大范围的人群产生不利影响。然而，这是何等的悖论！这个女孩难道不是同性中的佼佼者？她不是未曾受到愚蠢、虚假、无用等男性特质的沾染，能够更好发挥她的女性优势吗？

我们随后对此进行了验证，结果发现，在偶然或是突发状况下，女孩能够意识到好运的降临。只要抓住这个机会，她就可以克服心理阴影，以一种游刃有余的方式与他人相处，从中发现从未有过的快乐。从那一刻起，所有的命运不公都将得到补偿，她从此拥有了洞察人心的天赋，也认清了自己原本消沉沮丧的人生，并会逐渐成为一位广受欢迎的社交达人。在接下来很长一段时间里，她都会为这样颠覆性的变化激动不已，但随着遇到越来越多类似的人物，她不禁念及旧日光景，怀念起曾经封闭而又安稳的人生。这一次，她依然需要经过漫长的等待，才会懂得自己一直身在福中。在不断成长的过程中，她从容应变，为自由而战，将自身命运牢牢握在了手中。如果她能做到这些，不仅对伴侣和亲友大有裨益，其子女及其后代也将受益无穷。

以上，我为各位呈现了两种极端情况，在此范围内，各种因素千变万化，每一种都足以对女性之间的关系产生影响，她们也许是母女，而且可能就生活在你我身边。虽说情况瞬息万变，但还不至于造成太大困扰，更不会落到无计可施的地步。恰恰相反，因为差异的存在，每个人才会显得如此与众不同。就像我们故事中的女主角，从始至终都屹立不倒，活出了最有生气的样子。

说到这里，还是让我们将话题转回格温奈尔的母亲吧。她是如此的命运多舛，但这么长时间以来，她似乎又什么都没做错。

她曾尝试修正自己的人生，可最终还是以悲剧收场，再次走上了母亲的老路。她努力成为一个简单而善良的女人，以此来迎合所有人的期待，甚至在很长一段时间里，连她都对自己的表现感到满意。如果不是母亲以冷漠待她，让她不得不保持沉默，并由此陷入命运的轮回，那么一切本可以变得更好。只要她的母亲能够发现女儿身上的优点，给予她真正的关怀，并尽快从丧子之痛中走出来，不再沉浸于过往的阴影自怜自艾，她的命运就会发生彻底的改变。可惜的是，她的母亲摆出一副听天由命的模样，任凭女儿远走他乡，结果自然是母女离心离德，日益疏远。正因如此，她才不得不在这条路上继续跋涉，希望为自己的行为找到依据。面对一次又一次的怀孕，她毫不犹豫地选择了流产，仿佛是为了完成母亲未能实现的心愿，但也是在那个时候，她的举动注定了自己日后的命运。只有拉乌尔的出生是个例外，她虽然一心将流产的计划付诸实施，但毕竟这个孩子与她的过往密不可分，于是她想将这个小生命献给母亲，以此来取代她早夭的婴儿。

说到这里，我们隐约可以猜到拉乌尔自杀的原因：他的生命与母亲息息相关，一旦后者不在人世，对他而言就意味着不可承受之重。不过这仅仅是一种猜测。我们还是继续上面的话题：正在犹豫不决时，她遇到一位产科医生，后者凭借自己的专业知识，断然阻止了她意欲流产的冲动行为。随后儿子出生，家中又多了一位布列塔尼的后代。正是在与儿子相处的过程中，她对母亲的无私奉献不知不觉变成了恐惧。因为他本不该活在世上，他就是那个夭折的孩子。无论是医生不够得力，还是她没有尽心，都会导致这个孩子的死亡。这与她的初衷背道而驰，但也激发了她前所未有的求生欲望，从她对待儿子的态度就可见一斑。直到有一天，她遇到了那位护工，在后者看来，她的所作所为绝对是别有用心。也正是这位鲁莽冒失的护工，让她付出了惨痛的代价，将她彻底打回了原形。

时至今日，我们再次回顾那个反复出现的梦境，就会发现完全不同的含义：格温奈尔的父亲和三个兄弟将他的棺材埋入土中，这表明在母亲心中，他本来就该死去，只有这样，她才能实现预定的目标。而孩子的父兄之所以身着紫衣，是因为她平日的无心之举对父子构成了侵害。不过在她看来，“紫色”与“侵害”固然读音相似，代表了一种隐喻，但受害人却不是父子四人，而是自己的母亲。事实上，这两种解释既未涵盖所有可能，也并非互相矛盾。不过，谁又能分辨孰是孰非？谁又在意问题的答案？与其纠结于此，不如向世人解释清楚，女孩是如何在母女关系的僵局中迷失自我。这些女孩始终弄不明白，自己为何“多余”，母亲又是出于何种目的，非要将自己塑造成她的翻版，过去如此，现在和将来也不例外。

她们的问题绝非无关痛痒，而是至关重要。即便我们不能一一回答，至少也要做到心中有数，多加思考。

要弄清这个问题，我们或许可以从女孩的玩具入手。众所周知，每个女孩都拥有好几个娃娃，比如当下最流行的芭比娃娃。这一现象并非毫无意义，因为娃娃就是母亲的象征，当她们与娃娃玩耍时，也是在体验母女间的相处之道。面对一个玩具，她们可以奋起反抗，幻想自己能够控制对方。不过，这些娃娃的命运也是各有不同：有的充当发型模特，有的备受宠爱，有的妆容精致，有的天天被主人亲吻，有的遭人训斥，有的则是受到惩罚。在这个年龄，女孩的情感世界尚是一片混沌，但她们通过这些举动，展现了不同的人格特点，以及生活环境对她们造成的影响。同样在游戏中，她们逐渐意识到自我的存在，换言之，她们开始将自己定位为一个有需求、有欲望的人。

在此我可以提出一个假设，即所有母亲都在潜意识中认定，多生女儿自有其道理，它既非挑衅之举，也不是什么彻头彻尾的坏事。我也毫不怀疑，母亲对每个女儿的爱同样深切，一般真挚，关于这一点，我在前文已经多次强调。至于母亲对女儿态度的差异，并不在感情薄厚，而是体现在别的地方。

在众多女儿中，母亲总喜欢对其中一个发号施令。正如我此前说的，母亲的选择往往与她的经历有关，同时也是出于对死亡的焦虑、对永生的执念。因此，选与不选并无必然联系，即便母亲在做女儿时不曾被她的母亲选中，她亦会做出相同的事情。可以说，这是人类的一种生物本能。不只女性，男性也是如此。他从众多儿子中选出一位继承人，既延续了自己的生命，也能赋予其更多的意义。

这就是世人公认的道理，而且我们都清楚地知道，没有一代人能够抗拒这一规律。

对于没被选中的女儿，她们亦明白自己并未被排除在外，而是始终背负着母亲的期待，否则母亲也不会让她们来到人世。但她们没有意识到，自己正在履行另一重责任，虽然艰难却也不失高尚。无论她们的母亲是否曾被选中，多少都对女儿的遭遇心知肚明，因此总想千方百计地保护她们。母亲所能做的，就是尽量远离女儿，还她们以自由之身。终其一生，母亲都在向往自由，可惜从未实现这一愿望。为了与女儿保持距离，母亲小心行事、锋芒尽敛，任由她们肆意妄为。不过，这些举动却会让女儿产生误解，感觉自己遭到了抛弃。起初，不少女孩对母亲的苦心一知半解，但时日一久总会懂得，并从此拥有了一份宁静而醇厚的幸福。当然，也有人无法理解个中原委，心中郁郁寡欢，有时甚至认为人生就是一场错误。她们想不通的是，为何母亲在与自己的姐妹相处时，会表现得紧张兴奋，为此，她们心中还多少有些嫉妒。从表面上看，母亲似乎对某个女儿情有独钟，但事实是她对这个女儿的自主能力最没信心，她既担心女儿有朝一日香消玉殒，也害怕自己无力对她的要求一一满足。如果女孩终日为此纠结，就会陷入一场永无止境的竞争。她希望通过不断的努力，让人们看到自身的优点，同时对其孝敬的美德表示首肯。

只要母女稍作交流，打开心结本非难事。但如果她们终日沉浸在沮丧之中，为了争夺虚幻的权力落入陷阱，或是无法挣脱往事的沉重枷锁，任由沉默毁掉一切，那么再多的努力亦是无用。事实上，真正做到上述几点并不简单，因为人们的习惯根深蒂固，更何况在一个万物速朽的社会里，人们往往只重当下，不愿花费时间进行沟通。不管怎样，只要善加调停，让母女理性看待彼此关系，一切就不会太迟，她们就能保持必要距离，避免陷入困惑或是招致不幸。

从一位父亲到另一位父亲

格温奈尔的母亲似乎懂得了调解的必要性，也明白了使命的重要性。在任何情况下，她总能服从于自己的使命。或许，她之所以投身这次冒险，正是因为她此前一直为安全庇护，她认定自己在完成使命前也将一如既往地得到保护。她虽然不能完全明白，却也隐隐感到，一味追随母亲的脚步并非万无一失，要想完成自己的使命，就需要强大的保护。她终日所盼，无非是像那些被选中的姐妹一样，得到母亲的关注。完成这样的使命再简单不过，最好的方法莫过于变成母亲的样子，与她融为一体、混为一体。如果有一天，能将一个毫无保留、全无差异的自己献给母亲，令母亲大吃一惊，那该是何等的快慰。这是母亲唯一和真正的翻版，女儿为此付出了全部心力，其中蕴含着满满的爱意，不掺杂一丝杂质。

然而，出于正直诚实的本性，她也十分明白：一旦向欲望妥协，她将从根本上背叛自己的使命。这样做会使她重走母亲的老路，无法做出任何的改变和修正。也正是出于这个原因，她逐渐认识到调解的必要和好处，而她也的确具备调解的能力。面对欲望和使命之间的斗争，她的能力可以使自己摆脱麻烦，避免走错方向，并激发强烈的自我意识。她立志重新来过、完成使命，并对母亲曾经走过的路进行修正，而这一切，都是她的主观愿望，并非遵从母亲的命令。

她曾向我讲起自己的父亲，在她的成长过程中，父亲待她十分慈爱，而她也投桃报李，一心为父亲尽孝。父亲对她的影响刻骨铭心，每当谈起父亲，她总是感到格外安心。她难道不是在告诉我，正因为父亲，也只因为父亲，她才甘于冒险，履行了自己应尽的义务？她的话语久久回荡在我耳边，在一个个细节中，我了解了接下来发生的故事，以及她如何调整方向，避免走上和母亲同样不幸的道路。

她和母亲一样，被安置在巴黎。但她并未遭遇想象中的恐怖情形。正巧，她的雇主也是医生，对她十分关心。他们待她如同父母一般，时时小心，处处监督着她的出行和交往对象。正因如此，她下定决心，要把未来的丈夫首先介绍给他们。在这些“真正浪漫”的福星庇护下，她很快就遇到了真命天子。

当时，她想出去散心，但又受到那个年龄段女孩子的好奇心驱使，草率地选择了一个休息日，独自一人参加巴黎一年一度在皇冠广场举行的集市。这一决定大错特错，因为她很快就引来一群小流氓的骚扰，而周围的人都对此袖手旁观。正在她不知所措的时候，她看到他来了，“他们的目光刚遇到一起”，她就感觉到自己得救了。他“帅气、结实、坚定、活力四射，像个运动员”。他“骑士般地为她提供了保护，他身材健硕又好心。那些坏小子立刻明白自己走了霉运，没等他说第二次，就四散逃窜”。后来，两个年轻人“再次碰面”，她自然向他表示了感谢。但是，她不知道要“怎么感谢他”，只是坚持要表达心中的“感激”。于是她让他“拿个主意”，并决定不考虑“会发生什么”。她给了他充分的“信任”。虽然不知为什么，但她觉得他“值得信赖”。她“确信他不会伤害自己”。于是他们“一起度过了午后的时光”。这是一个她“梦想中的午后”，她“完整地记得每个时刻”。夜幕降临，他要送她回去，她同意了。“他没有任何一个手势，任何一个表态”不让她为之“痴迷”。他们就这样度过了他们“共同生活”中的“最初几个小时”。他们仿佛“相识已久”，他们知道此后“再也不要分开”。此后，他们频频约会。她很快得知，他“在巴黎做修车工，是家中的独子，他的父母住在诺曼底，他们是从西班牙逃难来的”。他们认识几周后，他“带她去见自己的父母”，“未来的婆婆”当即给她“泼了一盆冷水”。但是，他们没有“在意未来婆婆的情绪”，他们不顾“未来婆婆的反对”，“共同选择了他们相处的方式”并“很快结婚”。她的父母在布列塔尼，直到他们结婚那天，才见到了女婿。那时她才刚刚17岁，他19岁。“直到格温奈尔生病前，我们的生活是一部完美的爱情小说。”她补充说。对此，我完全相信。

我倾听着她的故事，完全没有打断她的意思。我的大脑追随着她的经历不断转动。我一度感叹，我自己的保姆也遇到过类似的情况，却没有同样的运气。是因为坏小子变得更多了，还是周遭的人群愈加怯懦？是年轻女孩的好奇心又增了一层，还是“骑士般”的人已经彻底绝迹？各种想法正在脑海里飞速翻腾，她突然说了一句：“……您看，我遇到的最不幸的事，就是之前我首先是一个妻子，其次才是母亲；而现在，我首先是一位母亲……”

虽然我并不明白个中缘由，但这种想法着实让我不太舒服。许是为了缓和这番话对我的影响，我回忆起那个圣诞的早晨，我在楼梯间里偶然见到她和她的丈夫拥抱在一起，这一情景正是他们浓烈爱情的一大明证。她想向我诉说什么？我有意装聋作哑，匆忙结束了问诊，再没有多说一句。

这是怎样一位奇特而优秀的女人！虽然我已熟知她看世界的高度和眼光，但她还是再次让我感到震惊！她不断对自己的状况加以审视，这需要多少技巧和胆量。她运用概念又是如此的准确、笃定，连我都需要好几年时间，才能对她运用得是否恰如其分做出判断。

正如她此前向我提到的，拉乌尔进入叛逆期后，也曾面临难关，她非但没有加以斥责，反而送他一份礼物。如今，面对我的无能，她同样对我倾诉了内心的秘密，并将我拉回到现实之中。她只用了片言只语，就向我揭示了事物的本质特征，让我注意到一个此前不曾发现的世界。她以惯常的温柔帮我把事物分成两类并列比较，而我此前从没想过这是两类截然不同的事物，也不知道它们是自然并存还是存在某种等级关系。

我当然没有马上对她做出回应。在她的描述中，那些怪异的分裂、奇特的困境以及她特殊的生活方式对我来说到底意味着什么？我对类似的内心冲突毫无兴趣，此前也从未经历过这样的事情，又能采取怎样的立场？她提到的一切与我无关，对我而言，丈夫和父亲难道不是并行不悖的关系吗？我将其视为同一个角色的两面，没有看出任何的不同或是从属关系，但她却执意视情况给不同的角色命名。

然而，她的提法如此尖锐，令我无法将这一问题抛诸脑后。我虽然坚信自己是对的，却开始思考我所面对的内心冲突是否为女性特有或是独有？如果真是这样，那我对此不甚了了也就不足为奇。以我的妻子为例，尽管她是孩子的母亲，不也是我的伴侣吗？她会不会有其他感受？在我看来，妻子和母亲这两个角色在她身上已经融为一体，简单而没有分别。我所听到的这个秘密，由此想到的身份困境，我的妻子会有同感吗？我想象不出她从一种状态到另一种状态会有什么困难。我也不明白为何自己绞尽脑汁，思考她和孩子在一起时对我的态度，设想我们两人独处时她对孩子的想法。

这些考虑，即使我愿意听，在我看来也只是我和这位奇特的母亲的想法。她向我陈述的情况，我绞尽脑汁也无法想象。我从未经历过类似的事情，我本无意打扰别人的内心世界，但我最终还是打消顾虑、下定决心，我不应是唯一一个面对这些细微差别的人，因为这样做可能会出现问题。的确，每个人的内省力不尽相同。我们中的大部分人，在体验生活若干年之后，都建立了自己的心理防线，不愿质疑自己的选择和成见。我也是花了好几年时间，才懂得她提出许久的概念，因为在此之前，我无法根据自身经历触及这样的概念。我的母亲寡居，父亲虽已去世，但在家庭中的影响犹在，家中仿佛时时有他的影子。

我对我母亲的言论如此重视，并非过分解读，而是这些话促使我反复思考，试图从中获取哪怕是最为细微的含义。从某种意义上说，我此后的思考和人生经历都与此有关。我用了几年时间，来衡量她想让我拥有的视野有多广阔。当我迈出这一步时，我便深陷无尽的冒险不能自拔，这本书就是对探险旅程的纪念，虽然写得晚了一些，却是我能向她表示敬意，了却自身心愿的唯一方式。

我母亲曾对我说，妻子，在经历一些事情之后，会发现自己穿梭于不同角色之间的能力变弱，她最终会把自己定位为母亲。

这难道不是祖母很快就能明白的事情吗？显然，她并不是因为儿子才改变了自己的态度或想法。作为女人、妻子、母亲，她很清楚如何为人妻，如何为人母，她也懂得怎样充当一个然后是另一个角色，她还知道如何在两个角色间自由切换，比如怎样更好地扮演其中一个角色，怎样对几个角色进行排序，以及如何对自身角色进行取舍。在最后这种情况下，她通常会选择母亲这个角色。这一切源于她对优先排序的意义和结果的直觉，却并未产生良好的效果，而是为她平添了许多怨气。她事事以儿子为先，引起儿媳不满，结果自然难以为继。我们可以肯定地说，作为妻子和母亲，这段经历使她不抱任何幻想，而且她清楚地知道，在这种情况下，只能忍受而无法掌控。她的控诉只是为了表达失望的苦涩和痛苦吗？也许吧。尽管她不断询问自己的儿媳，但这些全部无济于事。如果她遇到的不是像我一样无动于衷、反应迟钝、麻木不仁的医生，那她还有可能从中受益。

难道只有女人才更了解何为生活？难道她们能够更好定义生命怒放的必要条件？这种假设，既肯定了她们的价值又可以讨好她们，也许能够成立。以至于许多母亲纷纷对此表示赞同，却忽视了自己肩头的责任，这会进一步加剧她们在生育后产生的巨大负罪感。

无论如何，这位母亲毫不犹豫地直面问题，为了阐明问题的意义和结果，她向我讲述了自己面临的奇特而又无可避免的分裂。

她的话中，哪些才是重点？她一直知道，自己既是妻子又是母亲，她在这两个角色间转换，并不感到困难。直到那时，她才感到自己更好地扮演了妻子而不是母亲的角色。当她从第一种角色转到第二种角色，就会产生一种被剥夺的感觉，而她在扮演第二种角色时，却感到第一种角色仍在持续。可以想象，她始终不曾忘记最初见面时他的魅力，而且通过回忆，这种魅力仍在不断强化。她本可以成为坚定的情人，并把爱情作为一切行动的首要原则。可以说，这是不少人梦寐以求的命运。然而，这里面存在着一个重要问题，在她独特决心的驱使下，她的命运总在不断地发生变化。她何以坚持如此长的时间，让最为敏感、最为强大的认知都甘拜下风？难道是因为她将提到的两个角色而不是第三个她想掩盖的角色放在优先位置？这是一种偶然吗？我们发现，她完全没有提及自己作为女儿的身份，而这确确实实是她的身份之一。她是认定早已经摆脱了这个角色，还是从未感觉自己扮演了这个角色，因此闭口不谈呢？除非她认为自己曾是女儿，而现在已经不是，那么以她惯有的智慧，她就会认为多说无益。

无论如何，她对此保持沉默多少有些说不过去。其次，她虽然描述了初见未来夫君时的环境氛围，却闭口不谈当时的内心挣扎。细腻如她，不可能感受不到游移在懵懂女孩和为爱所俘的少妇之间的情绪波动。对此她真的无话可说吗？也许不是。但她的言谈总是这般滴水不漏，加之又是无意提及，我只能期待她日后给出新的说法，并对此类事件给出新的提示。

不过，她还是着重讲述了他们的命运是如何迅速地结合在一起的。即便这不是一见钟情，至少这次见面的所有特点已被提前知晓，并满足了人们期待的所有要件，直到他们相遇，这种期待才得到了具体化的呈现。在这点上，她的经历堪称典范。只要我们把她经历中的要素提炼出来，就会发现她爱情的客体与她之前具有的长期以来形成的模式是严格吻合的——还需要再说一遍吗？就是她和她母亲的关系。

这个男孩对她来说绝非陌生。她早就知道他的存在，也清楚他能够，或是应该给她带来什么。她知道他们属于彼此，只是不知道什么时候才能遇到他。她只知道总有一天会与他相遇，而一旦遇到他，她就一定能认出他来。换种说法，他早已印刻在她的生命之中。

让我们再次回到白马王子这个经典主题，无论是找人试穿水晶鞋的王子还是亲吻睡美人的王子，王子并没有让她吃惊，而是令她惊喜。并不是他征服了她，是她找到了他——“总有一天，我的白马王子会来的”。幸运的是，他终于来了——这与她的经历何其相似——来到了他应该在的位置，而此前他并不知道到底是哪儿。他不是帮她解围了吗？让她免遭那些人的侮辱，不致一生为此所累。他不是很快与她正式结婚了吗？使得她永远不会犯下那个需要不惜一切代价避免的“错误”。就是他，就是这样的他，是她该遇到的人。他迷住了她，他帅气、年轻、强壮，她想要的不是一个年长的想要娶她的男人，就如同她的母亲找的那个男人。

其他女孩虽然同她一样投身爱情的探险之旅，也怀揣同样的期待，却没有她这么幸运，有时不得不通过试错机制才能找到合适的男人，这种试错几乎是不可避免的。即便如此，一些女孩最终也未能觅得良人！她，身陷险境，却立刻就找到了自己的另一半。他一贯如此，却在两人都不知情的情况下，成为她需要的完成隐秘使命的人。从此，他被赋予了新的使命——终结她此前的经历。她可以全身心地爱他，他正是那个让她找到最初感情的人。他为她重新开启了一段时光，他让她在现实中重拾过往，激励她勇敢迈向未来。他让她活跃起来，他占据了她的思想，使她成为一个新人。正是他，让她最终获得了自由。他成功驱除了她长期以来固守的生活模式，抹去了相关的记忆和痕迹，使得她能够对抗岁月的侵蚀。他就是她需要的最终的调解，她努力维持现状，希望他可以永远如此。在那目光交错的一刹那，她就知道可以把自己托付给他，他可以，终于可以使她摆脱母亲的控制。她在他身上找到的安全感，或许正是她曾在父亲身上体会到的，这种感觉如此一致，甚至可以替代父亲的付出，并在很多方面超越了父爱。她曾需要外界的支持，改变最初与母亲的同性之恋，因为这会掺杂着悔恨和背叛的感觉，而他却完全不受这两种感觉的困扰。她确实没从别人那里夺走任何东西，除了这位男孩的母亲，这是可以理解的，她们一见面，男孩的母亲就给她“泼了冷水”。但是她成功地把这件事列入不关心的范畴，而且这件事在相当长的一段时间内没给她造成任何困扰。

在她的讲述里，我隐约猜到了婚姻的象征意义。婚姻是种仪式，一对新人在社会的见证下，宣布彼此结为夫妻，并由此建立他们之间的亲密关系，这种关系取代了他们与各自父母的亲子关系。这也解释了为何在不同文化背景下，即使婚姻取决于父母之命，也可以存在下去，并不一定导致灾难性的后果——当然，这类婚姻的确造成了不少悲剧，而且现在仍是如此。因为，包办婚姻最重要的是，双方父母明确向各自子女宣布——他们自己也应该明白这点——子女再也不用为他们操心：在某种意义上说，这是清零后的全新起点。只有严格、精确地遵守代际传承的规则，新人才能以正确方式重新开启一段人生。

对她而言，这种方式意味着她作为女儿的经历已经结束：遇到他后，她变化明显，他们正式结合，许下更加美好的未来。之后的岁月证实了一切：她享受着平静的幸福，这让她更加相信婚姻为她带来的绝对好处。

如果让她对婚姻进行总结，她看到的一定是美好的一面。只要她的丈夫能得到应有的承认，她的母亲愿以某种方式将女儿托付给他，那么她的后半生便不用再奔波劳碌。然而我们都知道，那些失望的苦涩和未完的葬礼依旧埋藏心底，母女间的恩怨始终无法化解。

她将做出自己的决定，将陪伴母亲的责任交给父亲。父母注定会有这样一天，他们终将在孤独中渐渐老去，他们最好为此感到幸运，因为他们已经完成了使命，尽可能远地把孩子送上人生之路。他们的女儿将成为妻子，这才是为人母最重要的使命。妻子，幸福的妻子，她有足够的理由感到幸福。婚前，她对母亲的眷恋如此之深，如今终于有了可以替代母爱的爱情，这在最大程度满足了她的心愿。她终于完美地走完了这段旅程，再也不用深陷对母亲无法解释的背叛中。

在此，我必须简短地插入一句，以纠正长久以来的错误想法。这种想法我此前也曾提到：正如男人想娶的是和母亲或姐妹一样的妻子，女孩则会选择类似父兄的男子作为丈夫。这在日常生活中的确存在，不过意义并不相同。母女最初的分离，是通过父亲的介入实现的，但时机和方式都不足以使二人分开。女儿仍会感到对母亲过分的依恋，这种强烈的感觉让她感到十分害怕，她别无他法，只能复制母亲的方式并使其永久固定下来。然而，这样做只会加剧她和母亲间的附庸关系。

对父亲而言，家中诸人的角色定位绝非一成不变。父亲需要做的，只是确保女儿的第一次身份转换能够顺利进行。父亲可以鼓励女儿在生命之初、刚刚感受到爱的时候，就把父亲当作一个在内心而不是形式上遵从的典范。父亲帮女儿守护着独一无二的自我，摆脱虚情假意的诱惑，他知道总有一天，女儿选择的伴侣会接替他完成这一使命。这不是一件小事，承认对自己的爱，让我们拥有了生命的印记，使得我们有能力对抗死亡。同一性不能创造任何价值，差异才是个体存在的基本原则，只有它才能让人们意识到自己与众不同。于是，父亲执意让女儿和母亲分离，并亲手把她们送到选中的男人身边，无论什么时代，不管哪个国家，皆是如此。正因如此，一些人类学家才会用惊奇甚至夸张的方式，强调男性曾经并一直在交换女性。

不过，从更加宽泛的角度来看，上述行为与发动残酷的性别战相比，动机完全不同。这一行为的作用十分独特，我们仍然可以在格温奈尔母亲的经历里找到范例并对此进行解读。

这位女性最令人惊奇的能力，就是极其精准地概括人生。她涉足的领域很广，却能做到不差毫厘。她之所以做到这点，一个重要的原因是她曾是一位母亲，她十分清楚，在经历重大变故后，女性的心理变化面临巨大挑战，关于这一点我已经讲得很多，在此不再赘述。她一丝不苟地履行了对母亲的义务，然后把丈夫当作获取独立和自由的工具，并接连生下几个男孩。但她是如何评价自己作为母亲的经历呢？她说，母亲的角色很久以来一直位列第二，妻子的角色才是重中之重。

我们由此得知，她把妻子的角色而不是母亲的角色摆在首位——然而，为什么不是所有的女人皆是如此？——对她而言，这是确认自己身份最可靠的方式。不过在旁人眼中，她始终是父母的女儿，尤其是母亲的女儿。如果她没有成为母亲发号施令的对象，那么她还必须承担其他重要的使命，这在她被孕育之初甚至未被孕育之时，就已注定。

为了理解这种优先选择的重要性，我们只需回到先前讨论的身份问题，也就是我所提到的差异化器官。正是在两性的结合中，女性完全占据了这一器官，一举摆脱了挥之不去的焦虑心情，也化解了长期以来的心理困惑。她知道，而且当时一定知道，她再也不是母亲任何形式的翻版，她亲手埋葬了想要走母亲老路的梦想。显然，这种结合并不使她痛苦，相反，她有足够的理由喜欢它，为此付出，甚至是乐此不疲。她不会把物质作为生活的唯一寄托，她与那些追名逐利的女人不同，后者陷入一场狂热的竞赛无法自拔，她们不断挑选着伴侣，希望从中钓到理想的金龟婿。一段成熟、有益的婚姻得来不易，不少对婚姻不满的女性经常求助性学专家，请他们开出一张包治百病的处方，由此可见，这一判断绝非虚言，即便是我所描绘的和谐景象，也要比想象之中少上许多。换句话说，格温奈尔的母亲幸运地遇到了他的父亲，但这种美事并非俯拾即是。原因在于近几十年来，母亲对女儿的控制日渐加深，很少有人能够逾越藩篱。环顾当今社会，人们厌恶婚姻，离婚曲线上升，婚姻不稳定日渐明显。对此我们不必费心寻找理由，所有的答案尽在于此。

读者或许会对上述结论持保留态度，并将夫妻交恶归咎于性行为时间的相对缩短。此外，他们也很难接受我的看法，认为这些问题会对人的心理产生进一步影响。事实上，夫妻关系与性行为的频次和方式并无必然联系——性高潮不仅是身体的结合，也是心灵的留痕，它就像一道安全开关，能够让人们远离危险，这是何等神奇的事情！在此方面，可说的东西太多，我就不再一一展开，但我还是想与各位分享格温奈尔母亲对我讲述的一番肺腑之言。

为了便于解释，她将自己的关系体系比喻为单纯的横向关系网。她通过努力调解——说干预或许言之尚早——使自己避免落入纵向的体系，即她同母亲以及孩子的关系。她的言外之意十分明确：她与丈夫一见钟情，结婚后亦是相亲相爱，因此形成了良好的横向关系，而这正是理顺一切关系的前提所在。如果一位母亲能将陈年旧事抛诸脑后，把所有的精力都留给未来，那么过去的人物就不会显得如此面目可憎。一旦从过往中解脱出来，她的精神将得到极大的解放，创造力也会充分迸发。她的经历会完全属于自己，对她而言，这既是一种传承，也是难得的教训。相反，如果她不能和过去决裂，无法把持自己，总是沉溺于过往无法自拔，她便只会关注自己的孩子。此时关系网的纵向系统就会超越横向系统，并对后者的发展形成抑制。

建立令人满意的横向关系绝非一朝之功，众所周知，夫妻总会发生争执，进而引发危机，这种现象再寻常不过。我们无从预知危机将会导致怎样的结果，但争吵必然造成关系系统的指针向纵向倾斜。[1]双方在不自觉间被过往的恶魔控制，进而开始相互指责。面对无端指责，对方既不知道怒火因何而起，也不明白背后隐藏的移情现象。双方表现得如此愤怒，我们甚至不敢相信怒火还有消散的一天。但争吵也不是毫无用处，它让双方认识到，无论场面多么激烈，使用暴力终归无济于事。待到双方重归于好，尤其是恢复曾一度停止的性行为后，他们会更加清晰地意识到自己和对方的身份。至此，横向关系再度占据上风，而纵向关系则退回到它平时的位置上，我们可以将其视为一条虚线，只有经过一次次的试探，夫妻双方才知道如何守住底线。

我们可以由此得出结论：格温奈尔的家庭之所以幸福，不仅在于他有一个优秀的母亲，还因为父母双方相亲相爱，父亲的品质亦是无可指摘的。

承认这一点再简单不过，但理解起来却是十分困难。因为我虽然多次与这对夫妇打交道，但对父亲却是不甚了了。在大多数的时间里，我只看到他笨手笨脚、濒临崩溃、泣不成声的模样。这样的行为让我无法将他视为圣人。关于父亲

1 这种情况在通奸，尤其是女性通奸的案例中十分普遍。至少我们可以得出一个结论：情人的吸引力在于违禁，这与她的恋母情结不无关系。她想通过这种方式，阻止母亲对自己实施过强的影响。在她看来，伴侣正是充当了母亲和父亲情人的角色；于是，在移情机制的作用下，她打破了禁忌，移情别恋。

和他的职责，人们自有定论，与我干瘪的描述相比，无疑更加恰当，更为丰富。

不是吗？在大多数人看来，父亲应以各种方式参与孩子的生活；即便被人轻视，也要在产房里帮助伴侣，紧握她的手，帮她调节呼吸，在孩子出生时剪断脐带，给孩子洗第一次澡；他要处处体贴，时时为母亲着想，母亲不在家时，帮她完成全部或部分的日常工作，当母亲奶水不足或是孩子夜醒频繁时，拿着奶瓶喂饱孩子；他知道如何解决孩子的看护问题，还能签署合同，参加幼儿园的家长会，时常与儿科医生打交道，待孩子慢慢长大，他的交往对象就会变成幼儿园老师、小学老师、中学老师和学监；他完全有权参与孩子的生活，或许他会显得笨拙粗暴，但总得靠他才能把孩子和母亲分开；他要送孩子上床睡觉、发号施令，在孩子犯错时斥责惩罚，告诉孩子什么是不该做的，在家中树立权威，成为全家人的家长；我们还期待他检查孩子的作业、监督他们的学业及交往对象；虽然每个家庭成员都认为自己有权反对，但只要他下达命令，所有的争端都会销声匿迹；最终，他还是每个孩子——无论男孩还是女孩，迟早要“杀死”的那个人。

以上种种，似乎并不构成这位父亲的功绩，但我却要对他不吝赞扬。

他是否代表了我们对父亲固有看法的另一面？我们并不认为他可以做得更多，他的这些行为，无非是一种补偿，因为孕育孩子的不是他，他不曾经历大腹便便、身材走形的痛苦，从未体会母亲对腹中孩子健康的忧虑，更没有经受过分娩对体力的严峻考验——直到最近一段时间，硬膜外麻醉被广泛应用，才能勉强缓解产妇的痛苦。那么，这位父亲是在保护自己的小家，希望为家人提供舒适的生活和物质上的安全感，还是努力做到小心谨慎，却又时刻守护在妻儿身边，满心期待父亲的身份得到认同？当然，这样做并不需要花费太多力气，说到底，父亲只是个无足轻重的角色，因为他只需提供精子而已。如果他的一言一行始终这般谨小慎微，我可能真的会得出上述结论。

但是，他显然不符合社会期待的父亲形象，每当人们谈起他，总是毫不留情地将其排除在家庭之外。人们向他灌输为人父的方法，时时关注他出现的问题，为他的一举一动操碎了心，却不曾想到，这样做只会让他陷入焦虑、引发暴力。他们的最终目的是让他缄默，使之臣服，从而尽快适应固有的社会模式，并朝着这个方向不断努力。我没有弄错！面对众人的颐指气使，他别无选择，只能照章行事。这既不是还他以尊严，也不是助其找到应有的位置，而是为了让他失败，使其最终被社会同化。如果社会变得整齐划一，就不会有人达到更高的境界、发挥自己特殊的才能。

时至今日，我已记不清曾多少次与人谈及这些方法、定义以及众所周知的期待，尽管听众对我的观点不无惊讶，但我还是想以确凿的事实，揭示人们是如何不惜代价地将这位父亲改造成最极端的奶爸形象，在我看来，这无疑是一种极度虚伪的表现。当然，我也希望大家不要误解我的说法。我并不是说作为父亲，就不该从事上面列举的各种活计，绝非如此！正如他能随心所欲地从事其他工作，在育儿这件事上，他既有权忽视、承担以及加以改进，也大可乐此不疲或是沉醉其中，他是自由的。但无论做出什么选择，前提必须是他的所作所为完全出于自愿，而不是，也永远不是任何人以任何方式强加给他的。一旦他被强迫，那只会让他失职，因为这些事会使他屈服于外部的指令，剥夺他最初也是最基本的决策力和创造力。简而言之，为了不滥用父亲的影响，要尽量少去麻烦他，仔细考虑是否应该打扰他，不要贸然向他直接求助。

格温奈尔的父亲不属于人们定义的任何一种情况，但我仍然认为他具有优秀的品质。那么，他的例子可以从哪些方面为“什么是父亲”这一命题提供启示呢?

他的妻子曾向我讲述夫妻俩的共同生活，尤其是关于她本人的事情，从中我们可以清晰、准确地获取大量信息。我的第一个发现是，她有一个好父亲。这一点至关重要，我们可以据此推断，正因为拥有这样一位父亲，她才能依样画葫芦，为自己的孩子塑造一个同样的父亲。她毫不费力地从一种和解走向另一种和解，此前是为了保护自己，现在则是保护孩子。从某种程度上说，她从一位父亲走向了另一位父亲。

然而，要造就一位合格的父亲，没有比这更好的条件了。

事实的确如此。可以说，正因为她足够地了解自己的父亲对于女儿的重要意义，她才能从女孩变为母亲后，知道为孩子培养一个理想的父亲是何等必要。她有意识地像匠人一样塑造、打造一位父亲。她并不要他满足一些人为设定的条件，而是与他紧紧相依，最好是通过各种直接接触与他融为一体，其中性关系居于首位。如果这结论看起来过于突兀或是意义有限，我想这样说可能会更容易令人接受：定义父亲的最好方式莫过于承认他是母亲和孩子们的所爱之人，这种爱意贯穿始终、从未停歇。她深知其至关重要，它构成了她安全感与身份认同的基石。然而就本质而言，这种爱却是脆弱不堪、摇摇欲坠。我曾多次劝说那些不想让孩子继承父姓的母亲，告诉她们孩子有权从父亲那里获得姓氏，如同继承母亲的姓氏一般无二。

以上种种，在格温奈尔外祖父的事迹中亦有体现——对于这个家族，我只能了解到他这一辈，无法追溯到更早的先人，即便是他，我的信息来源也只是其女儿的讲述。显然，他年纪较大，却同意与一个名声不佳的女人结婚，他们建立的家庭不融于当地社会，其中包括他的父母。他是个“二手”男人——就像人们谈论的旧车一样——既不是她的主动选择，也不是她一见倾心的对象，但是他却很快地成了她的丈夫。在此基础上，他又成了父亲。妻子接连生下两个男孩——两个继承了他姓氏的男孩，这也成为她对丈夫表示感激的最好证明。他以强有力的行为介入母女之间，着实令人敬佩。他向妻子明确指出，决不能让女儿重走母亲的老路。这才是一个父亲应有的担当，是一位父亲首要的标准。这或许是人们给父亲职责下的最重要、最严格的定义：父亲是那个能够在事先获得同意的前提下[1]，把妻子——孩子们的母亲

1 这一前提绝非无足轻重。临床案例显示，如果夫妻双方没有预先达成一致，这项任务将变得十分艰难。并非父亲无法胜任，而是我们必须注重孩子的反应，如果父母关系不和谐，甚至为此争吵，孩子就可能出现一些症状。儿科病理学中，关于儿童应激反应的论述占据了大量篇幅，其中父亲的作用不可忽视。此外夫妻双方还得愿意为此磨合，而不是消极回避、一拍两散。在当今这个社会，离婚竟是如此方便，无比简单。

和孩子分开的人，是把妻子和她的母亲分开的人，也是把外婆和孩子分开的人。

上述行为不可能对孩子毫无影响，相反，父母为他们树立了榜样。父亲无可争议地成为孩子心中可以依靠的支柱，他令人信服，深受爱戴，堪为典范，对后代影响甚巨。这样说并不夸张，因为事实就摆在眼前：女儿在意识到父亲对母亲的重要作用后，会像我前文所说的那样，给自己孩子的父亲留下位置。男孩也一样，他会占据这个属于他的位置，未来会用平静而严肃的语气对他孩子的母亲讲话。这就是我所说的亲身经历的效果。当然，这种经历绝不是现代人极力压缩的生活片段，而是沉淀了几代人正在施加和已经施加的影响。无论夫妻琴瑟相谐，还是关系日渐扭曲，都会通过脆弱的传承，转移到下一代身上。因此，我们必须承认，真正会对孩子产生影响的，不仅是父亲发挥的重要作用，还在于母亲对父亲的态度。

父亲的位置，[1]仍然并永远取决于母亲的安排。归根结底，这件事与女人息息相关，他必须与女人打交道，在女人中间占据一席之地。换言之，成为什么样的父亲，取决于他

---

1 关于这个问题更深入的探讨，参看 *Une place pour le père*。

所选择的妻子以及与她相关及属于她的所有东西。

为什么？上述激进的说法如此难以被男性接受，也总被女性拒绝，原因各不相同。对男性而言，这种说法会让他们的角色变成次要甚至是低等；而对于女性来说，肩头的责任因此大大增加，这让她们无法忍受，她们不愿直面这种责任。此外，上述说法将使她们不得不放弃对孩子的控制，这几乎意味着母亲地位的丧失。

为什么这种激进的说法始终存在？

因为它建立在每个人人生之初的经历上，无论你是女孩还是男孩，无论你长大后成为女人或是男人。年幼时，我们都会拥有一个全能的母亲，说到这里，各位或许就会明白，为何我要花费大量篇幅阐述这一问题。我想再次强调一下，以免读者忽略了以下事实：这种无所不能并非母亲刻意为之，而是源于独断专行的天性。不管她是否愿意、做了什么，这顶全能的帽子都会落在她的头上，它与个人意愿或是欲望毫无关系，只是出于生物本能。这也解释了为何父亲永远无法做出同样的事情。虽然有些人希望对早期的父子关系进行调整，但无论父亲做什么或是想做什么，都很难令人感到满意，这是我通过长期观察得出的结论。孩子自知无法逃脱命运的安排，对母亲可谓既迷恋又害怕。在只有几个月大的时候，孩子就懂得自己的一身安危系于母亲一念之间，后者完全可以对他的求助置之不理，任他自生自灭。这种混乱、模糊且不成熟的想法，会对他造成潜移默化的影响，最终促使他四处寻找靠山。终有一天，孩子会在家中找到一个人，这个人不仅可以成功取代母亲，还能坦然面对母亲的无所不能且从未感到备受威胁。这个人对母亲的强权形成一定的制衡，缓解了孩子的恐惧，却浑然没有注意，自己已经掉入一个更大的陷阱。母亲是如此权势滔天、令人畏惧，要想与她对抗，需要何等强大的超能力！无论是超人，还是蝙蝠侠、蜘蛛侠，这些孩子们喜欢的电影无不反映了同一个主题：恶人横行，但总有一个比他更强大的人，经过生死之战将其制服。

长此以往，孩子对母亲的恐惧和迷恋就会出现分化。由于孩子心中始终保留着最初的记忆，迷恋会变得愈加笃定，更为强烈。而恐惧则改变了对象——转向那个代替母亲行使职责、对孩子严加管教的人。于是，亲子关系再次达成一种最低限度的平衡。在孩子看来，母亲有求必应，而新出现的人永远说“不”，后者既不赞同母子决裂，也不愿看到他们关系融洽，相谈甚欢。迷恋和恐惧两相碰撞，促使孩子重归母亲怀抱，而回归又会产生新的恐惧，如此循环往复，使得亲子关系呈螺旋式发展，由此造成的困扰或有解决的一天，但也可能永远无法消除。正是在这种情况下，孩子对父亲的作用形成了初步的认知。父亲的介入，既能起到辅助作用，也能让孩子陷入恐惧；既有可能不断发展、成熟定型，也有可能以失败告终，致使孩子终日惶恐、备受折磨。

正因如此，父亲的塑造与女人息息相关。在此，我想用怀孕作喻，为各位阐明整个过程。从某种程度上说，母亲不仅孕育了孩子，也孕育了孩子的父亲。前者需要生理机能和人体器官的参与，而后者即便有身体参与其中，更多的则是一种无意识行为。母亲要向孩子明确父亲的位置，就必须从自身经历出发，为自己找准定位。换言之，这些事情无法事先谋划，只能通过结果反映出来。正如我在前文所说，这就是经历带来的影响，尤其是女性经历产生的结果。

从理论上分析，这绝非难事。女性只需找到一个能让自己或多或少，或模糊或清晰地回想起母亲的男人——在与男性的接触中，直觉总能帮她做出正确的选择——并把她此前与母亲保持的、由于父亲的介入而放弃的炽烈的爱转移到这个男人身上。她接触他的身体，以此获得全新的发现，找到了自己梦寐以求的东西，这让她摆脱混乱，进一步明确了自己的身份。男性则只需找到一个让自己或多或少，或模糊或清晰地回想起母亲的女人，并把他此前曾和母亲保持的、由于父亲的出现而放弃的炽烈的爱转移到这个女人身上。他接触她的身体，这对他来说是一种重逢[1]，在她的允许下，他将自己的器官插入她的身体，从而确立了自己的身份。这身份曾让他或多或少地感到困扰，但他总是害怕失去，因为这能让他远离混乱。受行为逻辑的驱使，男人从成年到死亡，都对性行为[2]表现出明显的兴趣和绝对的喜爱。如果我们可以了解男性对女性产生兴趣的真实性质，那么这一切自然顺理成章。女性非常清楚这点，也懂得如何引起男性的兴趣——通过性行为获得的满足以及其他方面的满足感，会让他对伴侣产生足够的依恋，将其捧在手心、放在心尖。她或许会为他们共同的孩子过分担忧，而他的任务就是把她从这种状态中解脱出来。

正是在这一点上，一切开始偏离轨道。更糟糕的是，每当人们发现事与愿违，就要搬出理论解决问题，最后往往做下蠢事。

1 我在前文已经讨论过重逢和发现的不同，这里再简要地解释一下。重逢指的是无论男性遇到多少女性，当他接触后者的身体，对他而言都不过是第二次。发现指的是无论女性遇到几个男性，在身体接触上永远是第一次。这与男性的精神状态和意识形态毫无关系，而是因为他们都曾接触过母亲的身体并拥有各自的回忆。参看 *Parier sur l'enfant*, «De l'enfant au couple»。

2 这种逻辑我称为性交逻辑，与女性的孕育逻辑彼此对立，参看 *De l'inceste*。

一位女性对家庭生活感到拘束，以至于想要重新回到自己母亲身边，这是理所当然、不可避免且普遍存在的情况，在她看来，被母亲控制是一件开心的事情。在这种状况下，最好的结果是她帮助丈夫成长为合格父亲的心血付之东流，最坏的结果则是她的母亲取代了她丈夫作为父亲在家中的位置，并由此引发一连串的悲剧。关于这个问题，我的儿科同事曾经思考是否应该“杀死外祖母”，但是我们随后一致认为，这一建议毫无效果。因为死亡从来没有、以后也不会解决任何问题。母亲对女儿的影响并不存在于现实或影像之中，而是一种象征性的联系，无论是生是死，都不会对这种影响产生任何影响，也很难对其进行把握。即便母亲去世，她们对女儿的影响犹在，哪怕女儿已为人母也难以摆脱。现实生活中，这样的例子比比皆是。

但是，说外祖母取代父职，又是什么意思呢？乍看起来，这一提法荒诞不经，足以推翻这一章节，甚至与整本书的观点背道而驰。要理解上述说法，需谨记我们讨论的是父亲的职能，而不是繁育后代的职能。此外，我们讨论的内容也包括父亲在承认与孩子的血缘关系后所要履行的社会职能。以上三个职能都属于父亲，却从未经过严格区分。事实上，这些职能可以由三个或是更多的人来承担。父亲的职能在孕育孩子之时就已经确定，在三个职能中最易被辨认。可以说，这是一种具有参照价值的职能，它能通过各种方式对母亲施加影响，对母亲的权势加以制衡，并帮助孩子摆脱内心的恐惧。正是在这一职能上，母亲可以让外祖母取代父亲。事实上，外祖母更容易让女儿的权势土崩瓦解，因为女儿在考虑孩子时一定会参照母亲，在处理问题上也会顾及母亲是否同意，生活中类似的例子不胜枚举，甚至超出我们的想象。我此前曾多次讲过，为了满足女儿的需求，外祖母是何等的迅速、热心，甚至会主动为她创造需求，可以说，这种情况绝非偶然。

对孩子而言，他可能拥有三个甚至更多个像父亲一般的人。反观母系职能，我们更加认同由母亲个人承担责任。她既是生命的传承者，也必须一力担起社会职能。父亲的职能则能分割均摊，同时或轮流由机构和个人担当。在不少母亲和孩子眼中，父亲是一个具有象征意义，同时又十分疏离的角色，他有时拥有多个形象，但给人的印象总是与性无关——我之所以提到最后一点，就是为了再次强调横向关系的重要意义。这些机构和个人虽能各尽其责，却无法胜任性伴侣的角色。正因如此，母亲从他们身上获取的身份认知十分有限。当然，在与他人打交道的过程中，她也会对某人表示尊重，对某一机构所做的决定表示赞同，进而感受到自身的作用，增强行动的自信。这可以让她直面责任、勇担后果，她每向前迈出一步，就能更好地定义自己，更多地了解自己。说到此处，我们就能理解，为何她明明不需要养家糊口，却偏要在工作中全力以赴。因为无论她做些什么，她都是在完成一件作品，她在其中倾注了自己的创造力，展现了无可替代的能力禀赋。

由此，我们就更加理解，父亲的地位只能由女性的经历决定，只有孩子的母亲才能将这个位置让渡给他。终其一生，母亲都保留着随时将其收回的能力或是权利。这种让渡如此重要，以至于有时会发生这样的情况——而且应该经常发生——在重组家庭[1]中，母亲会把父亲的职能交给另一个男人。这对孩子大有好处，因为母亲爱的是这个男人，而不是孩子的生父。

在这种情况下，我们就像被关进一个封闭的场所，几位主角剑拔弩张，彼此对峙。他们手中的武器或是早已备下，或是由我们事先提供，就差我们帮他们将武器拿在手中。得益于过往经历，母亲竭尽所能，帮助父亲担负起父

1 详情参见 *Recomposer une famille, des rôles et des sentiments*。

亲的职能，从而避免了战争的爆发。但一旦战争势在必行，我们希望它能在文明的前提下进行，至少在形式上保持克制。因为当今社会呼唤和平安宁，倡导谨慎行事，并时刻关注着家庭的一举一动。事实上，这样做于人于己都不无裨益，毕竟我们不是生活在原始社会中，那时的人们可以不顾脸面，可以动用一切力量，甚至不惜制造恐慌，来达到扩张权力的目的。

在当前的社会氛围下，一切只能通过低调谨慎的方式加以实现。如今，谁敢对如胶似漆的爱情提出一丝质疑？尤其这种关系是以男女双方与各自母亲的关系作为范本，去除了所有杂质，可谓一尘不染。这才是人们缄口不语的理由，也是我们为自己编织的幻想。我们不断将其美化，殊不知它才是一切混乱的始作俑者！更不用说那些如影随形的谎言！这与研究问题时提出的先决条件与行为模型毫无关系，后两者并非幻想，而是以事实为据。幻想和谎言让人相信，爱情是纯洁的。如果有人将爱情吹嘘得无比伟大、珍贵，天上少有，那么他的思维一定还停留在启蒙时代，他只看到事情的表象，却从未认真观察、发现本质。只要重温本书第一章中的大段阐释，我们就能理解，女人比男人更易轻信谎言。在谎言的蒙蔽下，女人很难察觉长期以来忍受的情感暴力，不仅无法摆脱幻想，还会产生错觉。本来，她可以逐渐减少对母亲的依恋，这种转变不仅势在必行，而且十分有益，但她却认定自己背叛了母亲，并为此深感愧疚。而对男人而言，谎言的影响微乎其微。每当他们接触女性的身体，他们会毫不怀疑地认为，这是与母亲的“重逢”。我们知道这会产生什么后果。唐璜！唐璜万岁！一个唐璜倒下去，十个唐璜站起来！可悲啊，唐璜们的爱情信条竟是如此闻名于世。

除此之外，这个伤脑筋的问题还存在另外一面：如果父亲的职责取决于母亲的安排，那么这足以说明，他对履行职责完全是心知肚明、有意而为。他必须大大方方地承认，妻子对他的吸引力超过孩子，他愿意与他们一起生活，这一决定发乎真情、出自本心，可不是为了遵守什么规矩准则。如果他将这一点时刻放在心上，就会坚定不移占据父亲的位置，心甘情愿成为那个永远说“不”的人，那个孩子们不可避免会畏惧害怕的人。想通此事固然不易，身体力行则更加困难。为了弄清整件事情的复杂性，各位不妨参考我在前文根据思维结构对夫妻组合做出的分析，就能明白父亲之责是何等的令人畏惧，甚至会让不少人知难而退。

世上有多少父亲，由于受到周围环境的消极影响，不敢公然表露内心的犹豫，生怕孩子日后会指责自己？每当他们向我倾诉，我总会耐心地劝说他们，此举无异于浪费时间，因为无论他们做些什么，孩子对父亲的印象已然根深蒂固，因此他们永远都是孩子指责的对象、家人不满的焦点。他们的孩子、岳母，乃至孩子的母亲断不容许他与他们有着不同的感受。我对他们说，引诱是最差的办法，根本没必要尝试这样或那样的方法，按我的一位同行的说法，天下父亲一般黑，这种说法多少让他们感到一阵轻松。

一直以来，父亲的职能都面临诸多问题，而且很难找到解决方法。以上提到的内容，对破解难题大有助益，另外，我在其他书中也有大量论述，在此就不一一赘述了。[1]我只想提醒大家，父亲找到自己的位置并非易事，与此同时，他也很难承认自己在面对家庭冲突时的茫然失措。不过，一旦跨越这道难关，他将发现家庭关系变得焕然一新，处理起来亦是游刃有余。这样做还有一个好处，即促使父亲与母亲保持距离，他不再效法她的一举一动，将自己变成孩子的第二个母亲[2]，并以此为名与她争夺在孩子心中的地位。上述问题之所以一直存在，是因为男性的母亲对他倾注了太多感情。此前我就说过，父亲的角色与女性息息相关，祖母无疑在其中

1 参看 *Une place pour le père* 及 *Le Couple et l'enfant*。
2 这个词现已进入日常用语，对此我深表欣慰，因为早在 1985 年，我就第一次在 *Une place pour le père* 一书中提出这种说法。

发挥了重要作用，这也是为何我在提及“女人们的事情”时使用了复数。如果我们认真梳理，就会发现至少有三位女性参与了父亲的塑造，每个人都认为自己的行为合情合理、目的单纯，出于好心。她们将男性禁锢起来，只要后者提出要求或是稍做反抗，就会遭到她们的一致反对。她们对自己的观点深信不疑，享受着颐指气使的快感，如果不加阻止，她们就绝不轻易罢手。

在此，我想直奔主题，向各位介绍一下“母亲效应”，这一概念如今已经得到社会的广泛认同。我在其他书中曾经提及，并且揭示了背后的机制。[1]简而言之，父亲只有得到环境的支持才能成为父亲。然而长期以来，社会舆论肆意抹黑父亲的形象，将其塑造为独揽财政大权的人物。这是因为“母亲效应”根深蒂固，再加上身处消费社会，人们无法容忍有人仅凭一己之力，就能塑造和培育后代。一切为时已晚，我们需要做出太多妥协，才能帮助人们回归理性。我只想在结束这个话题之前，向各位历数不同关系的组合方式，并在女人塑造父亲这一问题上提出不同观点。在我看来，父亲的角色既取决于女人，也应该是男人自己的事情。正如我

1 参看 *Une place pour le père*。

刚才逐一列举了塑造父亲的几位女性，我也可以将外祖父、祖父，甚至是父亲本人纳入这个名单。回到格温奈尔的例子，有一点格外引人注目：他的父母都拥有比较优秀的父亲，但与我们的假设刚好相反，他们的后代并未因此感到安全。

这是为什么？

因为随着环境的变化，这个家庭亦在变动，但它所处的境地与它眼中的世界截然相反。一方面，这是一个传统的农村家庭；另一方面，他们是新来的移民，这两者与大城市的忙碌、冷漠和严酷格格不入。此外，这个家庭经历了太多的死亡和变故，不可能对此无动于衷，成员之间的人际关系也势必受到影响。当然，这些死亡和事故构成了一种自然的逻辑，悲剧接连发生，无非是家族发展过程中的一段经历。我固然不能将原因和结果混为一谈，但面对来势汹汹的灾祸，我也不知何时才是尽头。如果悲剧无可避免，团结一心又有何用，只会让人倍感绝望。这个故事有力地表明，社会对家庭负有不可推卸的责任，必须投入大量精力，帮助每个家庭跟上发展的脚步。如果没有大环境的支持，小家一旦遇到风浪，就不得不独自面对困难，冲动之下暴力在所难免，家人的默契也会随之打破，并在最薄弱处出现裂痕，最终导致夫妻失和、父子离心。我之所以将父亲视为脆弱的一环，是因为无论他如何坚忍不拔，父子关系都无法与母子之间与生俱来的关系相提并论。一旦双方突破界限、爆发冲突，深藏内心的陈年旧账就会浮出水面，夫妻俩你争我夺，再无半分情面。

除此之外，自然规律也会在父亲身上留下不可磨灭的印记。在解决问题的过程中，父亲和母亲一样如履薄冰。尤其是双亲中的父亲离世后，他的妻子就会重返舞台中央，以他之名重掌大权。早在格温奈尔尚在母亲腹中时，他的外祖父就离开了人世。去世前，格温奈尔的母亲对他极尽照顾。那么，格温奈尔和她的母亲到底发生了什么？她们又在想些什么？是什么样的挑战激起她关于背叛这个古老话题的思考？我不得而知。我只能假设格温奈尔的母亲对此并非无动于衷，只是因为父亲的离世，她才暂时没有同母亲秋后算账。

此外，母女关系还会受到模棱两可的思想观念的影响，对此我尤为反感，时常向人数说其中的坏处。当然，周围环境也发挥着不可小觑的作用，甚至能够左右事情的走向。我与这位母亲的相遇就是一个例子。

初见时，她正处于人生巅峰。过往的一切让她相信，她已达到目标，再也不用为一个完结的使命牵肠挂肚。她像别人一样，希望为自己的经历画上一个句号，然而这段经历并未终止，反而如影随形，仿佛一个无法填满的亏空。她不知道，至少不是很清楚，自己设定的妻子的角色在前、母亲的角色在后的顺序，正是她和全家安全感的重要来源。面对接二连三的打击，她虽然竭力挽救，却依然无法阻止天翻地覆的命运，这时她才意识到设定的顺序出了问题。她之所以向我提及，或是期待我找出问题的症结，或是希望我出手相助，帮她摆脱困境。可惜我无能为力，只能眼看她深陷悲痛无法自拔。

然而，我真的是无能为力吗？

这或许是最容易解释的一条理由。虽然我极力辩白，但如今时过境迁，如果我仍然无动于衷、装聋作哑，未免太不近人情。我曾提到自己心中满怀愧疚，回想起来，大概这才是负罪感的最大根源。

凭借着伟大的母爱，她一次次改变了儿子的命运，创造了不可思议的人间奇迹，为此我不吝溢美之词，对她大加称赞。我还多次强调，得益于我的鼓励、支持，她才能够充分施展一身本领。当然，我也没有忘记利用专业知识为自己辩护，以此证明错不在我。或许连我自己都没意识到，我的一言一行均建立在以往生活方式的基础之上，并受到过往一些决定因素的影响。每个人都是这样，我现在依然如此。正是从自己的经历出发，我才得以见证母亲能力的重要性，以及她们竭尽全力照顾子女的必要意义。从这个意义上说，我说的每一句话都饱含对母亲无私奉献的感恩。然而，我对格温奈尔母亲的鼓励，是否促使她将孩子视为生命的唯一？在当时的情况下，我是否无意中将自己与格温奈尔混为了一体？我不是因为他的病情好转而感到高兴吗？从一个所谓客观的角度来看，难道我不该将这一切记入我的功劳簿？难道这不是因为我曾与母亲保持着良好的关系？我不是义无反顾地接受了这样的关系，并为它寻找各种说辞吗？难道我的询问只是为了知晓她做过什么，又是如何影响我的生活？在我所处的文化中，亲密的母子关系无可厚非，而父亲在家中的地位亦是无可撼动。虽然我并非有意为之，但我的鼓励却促使格温奈尔的母亲将自己当作了参照系！当然，我可以推说这是她的主动作为，我只是在旁推波助澜。在双方的默契配合下，我们都让对方感到了快乐。但归根结底，这不过是一种拙劣的自我安慰。

我们之所以如此合拍，对一切有关母亲的话题兴味盎然，并为母爱大唱赞歌，是因为我不断唤起她作为母亲的经历，而她也让我想起了自己的母亲。我从未意识到，这样做会促使她在自己选择的道路上越走越远。此外，我还勾起了她对母亲强烈的记忆以及母女间剪不断理还乱的恩怨纠葛，我也不知道这样的关系是否还有理清的一天。

因此，当她向我倾诉当时的状况以及她对过往的怀念时，我是如此感同身受，以至于三缄其口、一言不发。虽然这看起来有些矛盾，但我依然履行着医生的职责，甚至超出了自己的职权范围。需要指出的是，我的干预只从整体考虑，而事实上孩子的病情仍在恶化。我为格温奈尔日夜忧心，每当她向我讲述孩子的状况，我总是急不可待，关怀备至。我一心想与她共同努力，推动病情不断好转，却从未考虑过她的承受能力。我是否应该提前想到，这个孩子可能会成为植物人，并把我的工作重心放在调整和巩固孩子父母的关系上来？这的确是个问题。但是，如果答案是肯定的，我们就会背离医者的初衷。作为医生，我们的职责就是听取问题并以合适的方式做出回答，而不必考虑其他，尤其是问题是否相关，意义如何。这种态度固然有失谨慎，却体现了医生治愈病人的强烈愿望，一旦医生有此执念，他就会不惜代价，全然不顾这样做会伤及无辜，带来惨痛的后果。这就是我现在的看法。只有一切尘埃落定，我才能够得出上述结论，在此我就不再多做论述。[1]

1 我曾进行过类似的讨论，参看 *L'Enfant porté*, Paris: Seuil, 1982。

但是，她究竟想告诉我什么？她重新规划了人生，将母亲定义为自己的唯一身份，并为此牺牲了横向关系，从心理层面将孩子的父亲排除在外。老父的离世，让她再次接受母亲的观点，踏上了母亲的老路。当一系列难以忍受的事情接连发生时，她嗅出了危险的味道，却浑然不知一切已经不可挽回。

没错，没过多久她就死了，年纪轻轻就撒手人寰。用一种委婉的方式来说，她死于长期疾病。去世前，她已经接受了拉乌尔的离世，也让亲友一并接受了这一事实。人生至苦，但唯有拉乌尔懂得她内心的折磨。她和拉乌尔属于同一类人，他们将爱视为自身的一种禀赋，可以任意挥霍。为了所爱之人能够继续存活，他们甚至不惜牺牲自己的生命。拉乌尔或许是在换取母亲的性命，关于这一点，我已经对个中缘由进行了解释。那么她呢？她是知道格温奈尔的命运已经注定，甘愿为他献出生命，还是为了自己的母亲才出此下策？即使最近几个月我不断与她见面，与她重温了我们共同经历的故事，我仍然无法轻下结论。

有一天，这层面纱在地铁里被无情地撕开，她的痛苦似乎也由此开始。一个自以为是的好人上前和格温奈尔搭话，“把他当成一只小懒虫”，说他已经“这么大”了，却还“让妈妈抱着”，尤其“妈妈看起来如此娇小”。她向我讲述了这段经历，我从未见过她这样悲伤。她补充道："我觉得他永远无法像其他孩子一样。他会被这个社会拒之门外。这些人太坏了。我不想回答那位先生，也不想向他解释什么，我不需要他们的同情……"自从认识她以来，我第一次见她哭泣。我试图对她表示安慰，希望她能恢复往日的心绪，却以失败告终。

几周后，或许是几个月后，我在一位女邻居家与她偶遇。她向我走来，用一种轻描淡写的语气说道，她的右乳发现了一个硬块，她确信自己患上了癌症。我立刻相信了她的话，这么久以来，我已经形成习惯，无论她说些什么，都不会产生任何怀疑。我十分担心，强烈建议她马上去看医生。在我看来，决不能再浪费时间，如果救治及时，或许还有希望。又过了一周，我们再次见面，她告诉我："外科医生说会尽力保住我的乳房。一开始，我曾问他能否将乳房切除救我一命，他显得非常吃惊。这些医生真是难以置信。他们不明白，我需要知道全部的实情，我有能力接受这些，我不需要他们用虚无缥缈的希望哄骗我。"

至此，她的生活被一分为二，一部分用于自己的治疗，一部分用来寻找格温奈尔的未来出路。她孜孜以求，不愿放弃，但结果却让她无比绝望，她为此付出了大量的精力。仿佛知道自己时日无多，她向我提出抗议：“看来你们无法测出他的智商，这种情况真是令人困惑，他无法进入能够正确引导他的评价体系。这可真棒！这些数字是什么？它凭什么来评价我的孩子？我的儿子不需要这些。他不需要以此来证明自己。他所需要的，是爱！”我能说什么呢？事实就摆在眼前。关于这种爱，她本人就是我遇到的最好的专家。正是这爱给了我们生命，也正是这爱让生命得以延续。我们执着地追寻，不确定它是否存在，也不知道是否为人所爱。我知道这爱一定存在，因为我曾见证它的力量，我以为痛失吾爱，为此疯狂寻找爱的蛛丝马迹。她用爱为孩子续命，日复一日为他注入新的活力。她不断证明，这是她竭尽所能换来的结果，她对此充满感恩、念念不忘，绝无一丝虚情假意。

过了一会儿，她同我谈起自己的病情，她很遗憾医生不肯据实相告。但她确信自己患上了癌症，并向我询问她的看法是否正确。我回答说，希望事实刚好相反。这算是伪善到底吗？我想我应该，也能够与诊治她的医生统一口径，绝不越雷池半步。我还能说些什么？我需要怎样的勇气才能把我知道的一一告知？难道我要对她说，她的癌症是最严重的类型之一，检查结果也是糟糕透顶？医生已经为她进行了那个年代最好的治疗，我觉得自己没有权利擅自下达死亡通牒。

在此之后，我又多次遇到类似情况。针对这一问题，最近出版了不少专著，但无一指出临终的时刻有多难熬。然而最令人绝望的，还在于爱的戛然而止。无论我们说得怎样天花乱坠，或是能够付出怎样的真情，最终都无法取代逝去的爱意，因为这份爱自诞生之日就从未得到满足。

后来她多次入院治疗。我每天都会前去探视，从未间断。这已经成为我们之间的一种约定，不仅有益彼此，而且不可或缺。

然而事情的发展急转直下。她入院的次数愈加频繁，住院的时间也越来越长。我眼见她日益衰弱，之后更是口不能言，病势凶险。

她最后一次住院期间，一天下午，我不得不出诊去看格温奈尔，他突发高烧，我费了九牛二虎之力才为他做了检查。他不停地叫喊、挣扎，无论我如何努力也是徒劳，他还抓住我的胳膊，试图将我制服。我花了很长时间才弄明白他在寻找什么。当我把他抱在腿上，让他紧贴我的胸口蜷成一团时，他突然安静下来，慢慢停止了哭泣。就在这时，他抬眼望我，接连喊了几声“妈妈”，而且声音越来越大。在此之后，他就不再挣扎，而是任我摆布。检查发现，他的咽颊有个肿块，这在平时极为罕见，但我还是开了处方。

第二天，我得知他的母亲已经去世。我注意到，她去世的时间刚好是他大声呼唤妈妈的时候。这让我立刻联想到几个月前令人震惊的一幕。当时，我刚刚得知拉乌尔的死讯，而格温奈尔又发起了高烧，他的家人请我到家中问诊。刚一进门，他就急匆匆地向我走来，把我拉进客厅，指着墙上原来挂枪的地方，大声喊道："啊呜！啊呜！砰！砰！砰！砰！啊呜！"当时的我是何等愚蠢自大，吃惊之余，还在思忖脑瘫患者是否也有潜意识存在！

如今时隔多年，我终于开始为这一切寻找意义，虽然当时并未做到，但依旧希望事后有所弥补！

善意能否掩盖缺陷？人类共同分享的到底是明智还是愚蠢？

今天，这些问题难道不比以往更值得思考？我们到底要走向何方？

后记

至此，本书画上了句号。

是的，我终于完成了这部作品。或许读者会感到莫名其妙，书中充满了拐弯抹角的情节、不计其数的槽点、眼花缭乱的描写、不可理喻的沉默和无法容忍的漏洞，有些表达含混不清，甚至会严重影响读者的理解。但在这些缺点之外，笔者也进行了大胆的尝试，并为此付出了无数心血。

许久以来，我就计划撰写这样一本书，然而在此过程中，我竟不自觉地踏入了一个深不可测的领域。由于能力不足，我不得不放弃最初的野心，从非专业的角度对问题进行了简练而审慎的论述。但我也不是信手拈来，我为此收集了大量材料，绝对货真价实、值得一读。需要指出的是，我无意将自己的研究成果作为母女关系的最终结论。

作为一名儿科医生，我凡事都以此为出发点，本书也不例外。我知道，每个人的身体里都住着一个孩子，即便多年后长大成人、为人父母，也依然渴望人生圆满，渴望得到命运公正的对待。

为了引出我的观点，我讲述了一个终生难忘的故事。故事的主人公是一位男孩的母亲。虽然我曾想过她的存在是否有些文不对题，但最终还是打消了疑虑。因为在本书中，我一直在通过实例证明自己的观点，而她为我的论断提供了最有力的证明。

更何况，不是所有的母亲都有女儿，但她们无一例外都是母亲的女儿，这难道不是众所周知的事实吗？性别差异造成了人生的不对等，或者更直白地说，人生来就没有公平可言。这种差异决定了一切。言及于此，我认为有必要对自己研究的要点略作解释。

同样从母腹中诞生，男人的童年就是在摆脱束缚中度过的，终其一生，这样的经历会不断上演，而女人就没这么幸运了。如果说命运赐予男人“重新来过”的机会，那么女人则注定深陷家庭的羁绊。这种选择并不像人们想的那样，旨在改善夫妻关系。如果稍作思考就会发现，此举实属情非得已、万般无奈。男人固然留恋旧日时光，但他们迟早会懂得平复心情，勇往直前；相比而言，女人更愿将记忆深埋心中，相信总有一天能够派上用场。

这就是男女与生俱来的认知差异。男人终有一日会脱离母亲的羽翼成家立业，一旦他成为父亲，就会更加意识到独立自主的必要性；对女人而言，她则可能会不自觉地走上母亲的老路，即便日后生儿育女，也不会发生太大的改变。

我们不禁要问，女人的天性算是一种缺点吗？

仿佛为了证明这是个愚蠢的问题，在法国，数十万女性毫不犹豫地选择独自生下孩子，而在世界范围内，这一数字高达数百万之多。为此，吹毛求疵的政府部门颇费了一番心思，将他们归于“单亲家庭”一类。在历史长河中，不同文化的人们根据两性的不同特点，形成了一些奇特而微妙的组合。但时至今日，那些未结婚的同居者、离异者，以及家庭破裂又尝试“重组”的人们，纷纷以“后后现代”的个性崇拜为名，对这些历史产物提出了质疑。

男人摆脱束缚，而女人则紧紧抓住孩子，仿佛此举能够为她们增加分量，在她们看来，这一切天经地义，既不应受到质疑，更无须多加询问。不过近一段时间以来，有人再次提及父亲的作用，认为父亲将重回舞台中心，通过建立秩序扭转混乱的局面。这种想法着实天真，须知上述社会言论纯属空谈，虚伪至极，它只顾恢复父亲在家庭中的权利，却没有提出任何配套措施。如今，哀叹世风日下，人心不古已经成为一种时髦，每个人都在捶胸顿足，却从未尝试寻找恶的根源，我想，至少我们应当回顾过往，理清家庭偏离正轨的演变过程。

然而，即便有人愿意尝试，比如我这个从业二十余年的儿科医生，最终仍会走上老路——这就是我所提到的初始认同和环境影响。社会环境绝非中立，它只会将初始认同推向极端。[1]因此，当父亲争相成为孩子的第二个母亲，而母亲只想重复过往的经历，我们也就见怪不怪，处之泰然了。

说到这里，肯定有人跳将出来，大谈特谈命中注定。在他们看来，任何人的任何行为都是无意识的结果，而且这种状态完全不受控制。对于上述观点，即便全世界都表示支持，我也绝不认同。的确，这是问题的核心。但无意识不是今天才有，也并非最近才被发现，甚至不是起源于弗洛伊德时代。无意识一直存在，只不过它从未妨碍社会规则的建立，也没有阻止人们超越分歧、求同存异。当然，有人会反驳我说，它虽未造成损失，却未能推动事情向着更好的方向发展。面

1 我此前曾经在 *Parier sur l'enfant* 一书中讲过这个观点，也许在我成书的那个时代，这一观点过于超前了。

对这种似是而非且无据可循的观点，我既懒于辩驳，也无意分析个中意图，我只想提醒各位，它唯一的目的，就是鼓吹无意识的重要意义，并把每个人都置于无能为力的境地。如此一来，无论人们做下怎样的错事，都能找到开脱的理由，无论我们崇尚怎样的道德，都会被斥为压迫的工具。除非提倡全国人民终日卧床，无所事事，否则总会发生新的情况，据此得出新的结论……这真是个棒极了的恶性循环！

这一想法着实有趣，因为无须付诸实践，它就已经注定失败。有些父母曾接受过心理分析，或者本身就是心理分析师。通过观察他们的所作所为，我们会发现一个道理：为人父母本就是一件头疼的事情，无论父亲母亲，都在承受一样的痛苦。可以说，问题的症结存在于心理层面，单凭言语根本无法触及问题的本质，哪怕你是巧舌如簧，或是字斟句酌。

不过，这绝不意味着所有的问题都只剩死路一条。事实上，为人父母对每个人来说都是独一无二的经历，不妨直击症结，尝试打开心结或是攻克难题，这首先对父母本身大有裨益，其次也将造福孩子乃至后世子孙，不过前提是父母必须在各自的性别范围内安守本分，不断成长。

因为无论从哪个层面来说，差异都是最重要的因素。

然而，由于两性差异的存在，无论父亲有何意图，怎样行动，都会成为家庭成员不满的对象。他生来就是为了切断母亲与孩子的紧密联系，而母子二人对这种关系既有期待，亦存畏惧。一方面，它能起到安抚作用，让母亲与孩子坚信，集两人之力对抗死神，他们必有更大胜算；另一方面，它却与禁止乱伦的法则背道而驰。即便如今世风日下，各种诱惑如日俱增，人们也未曾对这一法则提出质疑！

乱伦让人欲罢不能，却又让人避之不及。面对死亡这一头等威胁，我们惶恐不安，不得不低下头来。与此同时，我们又能感到生命在体内跃动，即便不懂如何让生命变得更加充盈，甚至连这样的意识也不曾有过，我们的内心仍会有所触动。可惜啊，只是因为自身的粗心和懒惰，我们总会模仿已有的例子，踏上父母走过的老路。一旦选择了这种方式，我们就放弃了为生命打上独特印记的好机会，人生从此进入周而复始、毫无意义的缓刑期。

通过对一些家庭的处事方式进行观察，我们很容易发现，他们鼓励后人重复上一代的经历，尤其是母亲，总是要求女儿追随她的脚步。这首先是因为母女之间普遍存在的生物关系。她们沉醉于美好的过往无法自拔，这段经历让女性逻辑，即孕育的逻辑得到了淋漓尽致的发挥：在此过程中，她成了一个不可或缺的人，收获了无穷无尽的满足。她竭尽全力，确保孩子生活无虞，同时与自己保持着密切的联系。如果将形容这一关系的词语翻译成拉丁语，就是incestus（乱伦）。除此之外，还有一个理由是母亲拒绝放手，不想任由孩子自生自灭。她们当然知道死亡不可抗拒，于是日夜盘算，希望帮助孩子战胜死神，也为自己赢得一线生机。如果她们生下的是个女儿，这种幻想就更加强烈，在周围人的鼓励下，她们会执意把女儿变成自己的翻版，男孩则因性别不同免遭此难。每当母亲反复下达指令，乱伦的冲动就会愈加强烈。这就是弗朗索瓦丝·埃里捷所说的"基本的乱伦"，她还解释说，如果乱伦是"和自己做同样的事"，那么当事人一定会用尽手段，以最小的代价达到目的。[1]

不过，如果母亲养育了几个女儿，她的指令往往只会针对其中一人。这个女儿会嫉妒姐妹们得到豁免，而其他姐妹则会羡慕这个女儿被母亲选中。

在破解上述奥秘的过程中，我发现这与每个人成长都要经历的恋母阶段息息相关。为避免同性之恋的命运，即爱上自己的母亲，女儿别无选择，唯有向父亲求助。这种转变既

---

1 详见 Françoise Héritier, *Les Deux Filles et leur mère*, Paris: Odile Jacob, 1994; *Opus*, 1998。

不为众人认可，还有可能引发过度解读，因此给女儿带来了一定压力。在很长一段时间里，她总是隐隐感到，自己背叛了母亲。如果她是那个被选中的女儿，那么只需遵从母命，就能消除背叛的感觉。对于那些未被选中的姐妹，获得解脱则更加困难，因为她们所谓的背叛，不过是一种纯粹的想象。旁人只看到她们富有奉献精神，有时甚至太过殷勤，却不知道那个被选中的女儿，苦于肩头的千斤重担，恨不得与她们交换命运。

以上种种，都会对母女关系造成影响，并形成一种意想不到的紧张局面。我们只需倾听母亲对自己母亲的评价，就能一窥端倪。令人吃惊的是，这种紧张被小心翼翼地隐藏起来，当事人含糊其辞，全盘否定，反而营造出一幕母女俩性情相投、相处融洽的假象。显然母亲并不知道，正因女儿心怀愧疚，她才能够独断专行，滥施权力。对于手中的这一大权，她珍惜异常，不时就要搬出来教训女儿。女儿纵要反抗，却是投告无门。这种情绪日积月累，总有一天会借机爆发，并通过情感转移，发泄到丈夫身上。我们都知道，她们的伴侣正是参照母亲做出的选择。

正如女性通过抗争，迫使社会承认了自己享受性爱的权利，如今，对她们来说最重要的事情，莫过于打破染色体的

禁锢。这能让她们感知，并毫无怨言地承担长期以来母亲对她们施加的情感暴力，也能帮助她们摆脱从属地位，不再需要借助移情来解决问题。这对夫妻关系有利无害，对子孙后代更是受益匪浅。

当然，要将这一切付诸实践，她们必须采取主动，并且不被环境掣肘。换言之，她们的兄弟不能从中作梗，尽管他们对母亲充满依恋，但也不可以暗中阻挠她们与母亲进行交流。说到底，这不过是男性主导权力的一种表现，背后则贯穿着当今社会的可怕逻辑：人只是一种可被锻造的资源——不是有人讲“人力资源”吗？——社会只想消费这些资源——失业就是明证——并以尽可能低的成本生产出来。我写这本书的目的，就是要告诉那些排斥父亲的人们，作为家中的调解因素，他过去是，现在是，未来也是不可或缺的一分子——尤其是女儿，她永远比儿子更需要父亲。

1997年12月22日，巴黎